U0925789

Project Management

企业项目管理

框架与实务

祝 波 著

復旦大學出版社

目　录

管理的时代

现代社会是知识爆炸的时代，又是信息泛滥的时代。多变的世界充斥着各种各样装饰精美的书籍，也不乏各类慷慨激昂的演讲培训。所谓的"文化商人"用快速集成的知识，通过讲课或者书本快速传播给企业管理者。每个讲师或每本书阐述着各自具有局限性特征的知识框架体系。"知识快餐"可能会给企业管理者带来一定的启迪，但是，信息的泛滥给企业管理者带来了更多的困惑。芸芸众生，仁者见仁，对同一个管理问题，不同的人提出不同的看法，有些人，故弄玄虚地靠否定传统观点，突显自己所谓的高明。在这种背景下，善于学习的企业管理者发现，很多讲师之间或书本之间的观点是互相冲突的，这让学习知识的企业管理者们陷入迷茫：到底谁是对的？到底什么是正确的？企业管理者出现了"学得越多越糊涂"的状况。针对这种状况，我们要探讨其背后的原因，是方法问题，还是机制问题。面对浩瀚的学海，管理者首先要学会学习的方法，淡泊以明志，宁静以致远，真正做到博学笃志，知行合一。企业管理者的学习大致可以分为三个层面：第一个层面是最高层面，是"思维方式"和"管理理念"的学习。对于此类学习者来说，在听课和阅读书本获取知识时，紧密结合自己的实践经验和感悟，实现思维方式的转变，批判地吸收管理理念，企业的"高层管理者"应该特别关注思维方式和理念层面的学习。第二个层面是管理"方法"的学习。方法处于理念和工具之间，管理方法有合适和不合适之分，适当的管理方法可以借鉴和采纳；企业的中高层管理者应更多地学习方法层面的知识。第三个层面是管理“工具”的学习。管理工具往往是可以直接拿来使用的，在“理念”正确和“方法”适当的前提下，工具可以直接接受并使用，管理工具是管理学最基础的知识。

战略规划问题、组织变革问题、流程优化问题、全面预算问题、投资管理问题等经常困扰管理者。高层管理者非常盼望学术界可以提供先进的管理思想和适用的管理工具。然而，学术界的学术研究成果很多情况下并不能给企业带来直接的指导和帮助，理论与实践的严重脱节和不匹配阻碍了学术界和企业界的呼应和彼此支持。学者们往往专注于复杂艰涩的模型和实证研究，而企业界需要的是管理理论对实践的有效指导。学术界的学者们往往缺乏企业管理经验，对企业的指导缺乏有效性和针对性。如何让艰涩的理论变成可操作性的方法，如何让绕口的专业术语简单化，这是给学术界提出的新课题。企业界希望学术界为企业管理者提供直接、简单、有效的管理理念、管理方法和管理工具，解决企业管理过程中困扰管理者的问题。学者们有义务、有责任搭建理论与实践的桥梁，为企业的实践者提供支持和帮助。我期待着项目管理的理念和方法可以为企业管理者提供有价值的指导和启迪。

在信息化的时代背景下，企业的每一个管理者都会面临一个问题：每天需要处理的信息越来越多，总是有许多事务待审、待批、待决策，要随时准备接受上级检查或布置新任务，还要经常解决突发事件。管理者们经常陷入了一个怪圈：越是卖力工作，就有越多的事没有做完。不少企业管理者在困惑和疲倦之余，开始怀疑自己的能力，甚至重新审视自己的职业定位。管理学的价值在于解决实践中的问题，我们可以借助项目管理的思想，把企业管理与项目管理进行系统融合，提供一种解决问题的方法。如果让项目管理成为企业管理的思维方式和重要方法，管理者的生活状态就会开始改变。凡事有目标、有计划、有控制、有验收，一切都在掌握之中。我国采取项目管理的面还不够广泛，项目管理主要用于工程项目管理或投资项目管理。直到今天,很多人还认为项目管理只是针对工程项目而言的管理,而没有认知到到项目管理理论内涵和外延的发展,没有认识到项目管理与企业管理的融合发展。企业管理和项目管理相融合的企业项目管理框架和方法,将快速发展并得到广泛应用,给企业管理带来巨大变革。我们应该认识到,企业项目管理的思想和方法是项目管理理论的重大发展,是项目管理与企业管理相结合的完美体现,为企业管理提供了崭新的理念和方法。

从德鲁克大师提出发挥每个知识工作者的作用,到稻盛和夫的“阿米巴”小单元的经营模式,再到柳韩-金伯利的前CEO文国现先生依靠“班组”员工智慧获取成功的经验,企业管理大师们都看到发挥每个“小微团队”的智慧是企业取胜的重要因素。同一企业里可能存在多个项目工作团队,这些团队能否进行有效工作,能否发挥所谓的“战斗堡垒”作用,对企业的整体绩效有重要的影响。项目管理的方法对企业里“小微团队”的功能发挥是适当的,而且是有效的。企业的战略规划、经营计划、投资、研发、培训、会务、接待等具有“一次性”和“独立性”特征,这些经营工作都可以按照项目来运作,采取项目管理的方法来管理。企业项目化管理如果组织得当,既可以发挥项目团队灵活决策的优势,又可以保证各个工作团队之间协同作战,实现企业的整体绩效提升。对于每一个管理者来说,很多事务围绕在身边,包括团队事务、组织事务、社会事务和个人事务等。事务量和信息量的加大对企业管理者提出挑战,这是一个趋势,无法回避。管理者借助项目管理的思想和方法,把要做的事情条理化和系统化,形成一种有条不紊的管理模式,这是企业管理者希望获取的一种方法。企业的成长最需要关注两个问题:一是发展获利问题,二是风险控制问题。发展获利是企业立足之源,风险控制是企业生存之本。做任何事情,都出于某种动机,都需要经历一个过程,都会产生一个结果。企业做战略规划、组织变革、流程优化、全面预算、投资决策等关键问题,都是动机、过程和结果的统一体;

运用企业项目管理的方法实现了动机、过程和结果的融合，恰好反映企业项目化管理的核心价值。

本书当然希望传播新的管理思想和管理理念，但毕竟闪光的思想或理念是稀缺资源，而且管理思想和管理理念的形成都需要一个艰苦而漫长的积累和升华过程。所以，退而求其次，在推介某些管理理念的基础上，更多的是传播项目管理的方法和工具，希望对于企业实践者有所帮助，有所启迪，解决了企业的部分困扰。在中国特定的发展阶段，很多创业者和他们的管理团队把工作当作一种乐趣，把工作当作一种生活方式；如果能借助项目管理思想，把项目管理与企业管理者的工作与生活结合起来，企业家们将获得一种崭新的生活方式。这里需要强调，人的思想和理念是丰富的、鲜活的，我们不去追求生搬硬套的项目管理模式，而是借助项目管理的思想，并把其融入到企业的管理中来，使企业管理者的生活和工作状态得到改观，这是作者所期待的效果。

祝波

2013 年 2 月于上海

第一篇　基本框架

第1章 项目管理基础知识

本章精要

项目是指在TQC的约束条件下完成一件事情；项目管理是一种理念，是一种方法，是一种工具；项目管理的精髓是确定目标、人员安排、责任分配、制订计划、组织实施、过程控制、验收和后评价；项目管理要按流程办事，关注流程，关注界面；建立项目管理的思想，让项目管理成为一种生活方式。

1.1 项目管理的内涵

一、项目管理是什么

1. 项目管理是一种理念

项目管理(Project Management)的最高境界是一种理念。理论是灰色的，而思想是鲜活的。如果管理者把项目管理变成了可以自觉运用的理念，而且转化为一种思维方式，管理者就达到了一定的境界。从人性的角度来说，思维方式至关重要。稻盛和夫指出，思维方式对人生的成就起着决定性作用，对同一个事情，不同思维方式的人有不同的反应，可能产生截然相反的结果。管理者应该建立和培养积极的、独特的思维方式。如果管理者把项目管理看作一种理念，建立一种项目管理的思维，人的生活和工作状态可以大大改变。在工作和生活中，按照项目管理的思维方式来运作，凡事有目标，定计划，按计划推进，进行时间管理、成本管理和质量控制,管理者的工作和生活会变得井井有条,该管理者的工作和生活会保持相对良好的状态。

2. 项目管理是一种方法

项目管理为管理者提供了一种方法。项目管理的方法表现为做任何事情都要先定目标,结合目标制订计划,然后进行过程控制,项目结束后,进行验收和后评价。在工作和生活中,无论做什么事,都要明确所要达到的目标,然后,制订进度计划、成本计划和质量计划。在项目进展过程中,要对进度、成本、质量进行过程控制;要善于及时发现存在的问题和隐患,控制可能发生的风险,保证达到预期效果。项目结束后,要及时进行总结验收和后评价,保证实现项目目标。按照项目管理的方法来处理事务,可以提高工作效率、生活效果和企业效益,给管理者带来绩效的快速提升。越来越多的企业管理者认识到项目管理方法的重要价值,开始学习和采纳项目管理的方法,提升企业的管理水平和能力。

3. 项目管理是一种工具

项目管理是一种理念,是一种方法,也是一种管理工具。在项目管理过程中,目标、计划、组织和控制等都需要管理工具的支撑。项目管理本身提供了各种管理工具,如工作分解结构、责任分配矩阵、网络图计划、甘特图进度计划、里程碑进度计划、关键路径分析、资金使用计划等,这些工具为企业的管理提供了有效支撑。见图 1-1。

理念	理论是灰色的,但思想是鲜活的,让项目管理变成一种理念,让项目管理成为一种思维方式,管理者的生活和工作状态都会发生变化,一切变得很轻松。
方法	项目管理是一种有效的做事方法,精髓在于对于任何项目确定目标,制定计划,过程控制,并进行项目验收和后评价。
工具	项目管理也是一种管理工具,为项目管理的方法提供了很多工具,如WBS、责任分配矩阵、网络图、甘特图、里程碑计划表等。

图 1-1 项目管理是什么

二、项目管理的核心要素

1. TQC 是项目管理的三大核心要素

项目(Project)就是在工作范围内和 TQC 的约束条件下要完成的一件事情。TQC 是时间(Time)、质量(Quality)、成本(Cost)三个要素的简称。对于任何一个项目来说,如果 TQC 确定了,项目的目标也就基本确定了,即花多少钱,用多少时间,达到怎样的质量效果。只有满足时间、成本和质量约束条件的要求,且完成了工作范围之内的事项,才算达到了项目目标。如果时间延期、成本超过计划,或者质量没有达到要求,该项目就认为是不成功的。项目管理就是针对项目目标,明确责任,制订计划,进行过程控制,验收和后评价,最终实现预定目标的过程。

2. TQC 在工作范围内实现相对均衡

"时间"反映了项目持续的长短,"成本"反映了项目所需的投入,而"质量"反映了项目的品质要求。在项目的工作范围内,TQC 形成一个相对稳定的铁三角关系。用适当的时间,花费适当的成本,达到适当的质量水平,从而实现一种相对均衡。见图 1－2。如果缩短了时间,要达到同样的质量要求,必须增加赶工成本,才能完成同样的工作任务。如果缩短了时间,付出同样的成本,而且要完成同样的工作任务,质量要求就很难达到。所以,TQC 的计划是一个很重要的环节,应该进行审慎、周密的规划,保证 TQC 的科学性和适当性。项目是否能按照 TQC 计划完成,取决于两个方面的因素:一是 TQC 计划本身是否合理,二是项目管理过程是否有效。计划本身不合理,或者过程管理不得力,都可能导致项目不能按计划完成。项目能否按照 TQC 计划完成,可以反映出项目管理团队的管理水平。

三、项目管理的过程

项目管理通常需要首先确立项目目标,设置组织结构,进行工作任务分解,明确责任分配。在此基础上,制定进度、成本和质量计划。在项目执行过程中,进行进度、成本和质量控制,进行风险管理、信息管理、合同管理和安全管理。项目结束时，进行项目总结验收和后评价，完成项目管理的整个过程。

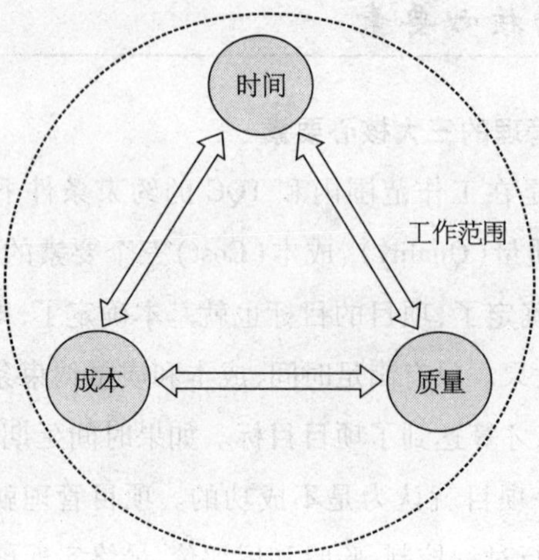

图1-2 TQC关系图

1. 项目管理从决策开始

项目管理应该从决策开始。决策的主要作用在于保证项目团队在做正确的事。决策是项目的起点，对项目成败起到关键作用。如果决策错误，方向背离，过程做得越好，损失可能越大。项目决策首先取决于决策人的特性。决策人可能是风险偏好型、风险中性或者风险规避型，这对决策起到很大的影响。项目决策还取决于决策的方法和能力。如果采取正确的决策方法，具备较强的决策能力，就会大大降低决策风险。决策的第一步是要正确地界定问题，明确要做什么。然后，建立多个可供选择的方案，进行多方案的比较和选择。有效的决策应该是多方案的比较，而不仅仅是针对一个方案的判定。决策可以是简单的判断，但更多的是重大的抉择。对于培训项目来说，是否培训或何时培训就是一个很小的判断，判断失误也不会有重大损失。但绿地投资或兼并收购就是一个重大抉择，需要对内部条件和外部环境进行战略性考虑，建立多个方案，对方案进行反复的可行性论证。对于重大项目来说，如果决策失误，就会给企业带来灭顶之灾，必须充分论证，审慎决策。德鲁克对于决策有效性给出过精辟的论述：有效决策首先要界定问题，确定边界条件，在此基础上，设计多个可供选择的方案，确定最终方案之后开始行动；在执行过程中，及时反馈修正，如此反复，保证决策的有效性。

2. 项目启动和项目计划是基础

选择项目经理,组建有效团队,建立合适的组织结构,这是项目管理过程中的组织环节。项目管理成败的关键在于团队,优秀的项目团队具有良好的沟通机制、和谐的氛围和互补的专业知识,为项目成功奠定了基础。只有组织结构问题得到有效解决,才能组成高效团队,才有能力去做一件具有挑战性的事情。在此基础上,工作团队进行工作分解和责任分配,做到权责分明,各司其职。项目管理的重要环节是制订计划,包括成本计划、进度计划、质量计划、人力资源配置计划、资源分配计划等。细致周密的组织和科学完善的计划是项目管理成功的基础,是衡量项目推进效果的主要依据。有些人轻视计划,认为做事心中有数即可,没必要花费时间制定出可视化的计划;有些人认为制订计划没有意义,在后续推进过程中,计划肯定会变的,用不着制订计划。这些观点都有失偏颇。实际上,制订详细计划的过程,就是工作团队思考和交流碰撞的过程,是全体队员智慧结晶的过程,对项目管理起到重要作用。制订计划的过程促使很多问题提前浮出水面,为后续的控制提供警示和依据。有了计划就有了依据和参照系,在项目执行过程中,进度、成本、质量控制的参照系就是计划。对于多数中小型项目,要严格按照TQC 计划推进,不能有任何偏差。对于周期长,不可控因素多的项目,计划是可以调整的。正如指挥一个战役,需要制订详细的作战计划。但是,在战斗过程中,往往不能完全按照计划进行。优秀的指挥官要以变应变,要根据战场情境及时调整作战计划,如果预先设想的战场条件或战场环境变化了,仍然生搬硬套地按计划进行,多数情况下要吃败仗。这里需要强调,即使计划需要调整,也不能没有计划,因为计划是后期调整的基准点。特别是对于大型项目,必须制订详细的、合理的、可视化的项目管理计划。

3. 项目实施和项目控制是管理过程

构建了有效团队,制订了详细的计划,接下来就进入项目实施阶段。在项目实施的过程中,以成本、进度、质量计划为基础和依据,进行成本控制、进度控制和质量控制。同时,进行风险管理、安全管理、合同管理和信息管理,并进行有效的沟通和协调。过程管理非常重要。在项目实施过程中,及时发现问题并解决问题,可以避免问题的扩大,可以把损失降到最低。如果忽略过程控制,只强调最终的结果,很多问题的损害已经发生,最终的结果已经出现,损失就很难挽回。即使发现的问题可以解决,也会带来很多的后续麻烦,浪费了宝贵的时间和资源。项目实施的过程就是项目控制的过程,两者同时进行,没有先后次序。在推进项目的过程中,及时发现实际和计划的偏差和存在的风险,并采取有效的措施解决问题,实现项目的有效推进。

4. 项目验收与后评价是项目的终结

任何项目都有始有终,项目的"一次性"特征决定了要对项目进行验收和评价。在项目结束时,要组织人员对项目进行总结验收。验收过程是对整体工作的经验总结和教训吸收过程,是对最终成果的把关过程,也是审查项目管理效果的过程。而且,项目验收运行一段时间之后,要进行后评价。后评价的主要功能是对于运行一段时间后的项目进行评估,判断该项目是否达到预期的目标。验收和后评价是对项目管理工作的反思和经验总结,是项目后期管理的重要体现,是必不可少的项目管理环节,应给予充分重视。图 1－3 比较直观地反映了项目管理的过程。

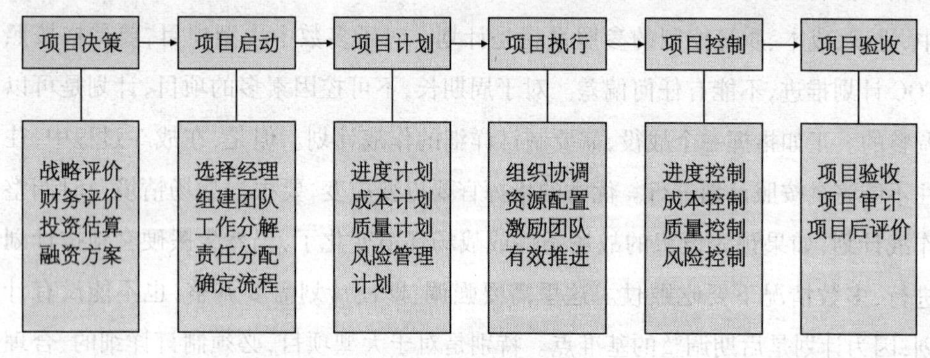

图 1－3　项目管理过程

四、项目的生命周期

1. 项目具有生命周期特征

生命周期(Life Cycle)表示任何生命都是一个过程,都具有生死更替的特征。经济学家雷蒙德·弗农(Raymond Vernon)(1966)提出产品生命周期理论,认为任何产品都经历创新期、成长期、成熟期、标准化期和衰退期的过程。产品生命周期理论诠释了发达国家对外贸易和投资的原因。从营销学角度来说，产品生命周期的存在，要求企业在不同阶段采取不同的营销策略，并且要适时进行新产品开发，满足市场的需要。生命周期也揭示了项目的重要特征。任何项目都有开始，有结束，所以，项目具有典型的生命周期特征。

2. 项目生命周期的启示

项目生命周期揭示了一个道理：任何项目都有起点和终点，可以分为启动阶段、计划阶段、实施阶段和验收后评价阶段，这为项目管理提供理论基础。见图 1－4。决策阶段是项目管理的起点，验收后评价是项目管理的终点，而计划、实施和控制是项目管理的过程。正确的决策保证做正确的事，制定目标和计划，以及过程控制是用正确的方法做事，而验收和后评价是检验正确方法做事效果的手段。项目生命周期理论告诉我们，项目管理组织不是常设组织，项目任务结束后，项目管理组织即告解散，相应人员回到原来岗位，或者可能离开本单位。所以，有关项目的事宜尽可能全部完成，不要遗留问题。

项目的不同阶段具有不同的特点，项目管理者要根据不同阶段的特点，对各种资源进行合理的配置。在制订资源计划、进度计划和成本计划时，项目管理者要充分考虑项目的阶段特征，既要保证资源投入的合理性，又要保证资源供给的及时性和充裕性。在项目启动和计划阶段，资源投入相对比较小；但进入项目执行阶段之后，在较短时间内需要大量的资源投入，包括人力资源和资金投入。所以，制订资源分配计划时，要充分考虑项目生命周期的阶段性特点，保证人力资源、财务资源和物质资源配置的及时性和有效性。特别是在项目实施阶段，要做好充分准备，保证资源供给，满足项目的需要。见图 1－4。

五、关注项目管理的流程和界面

项目管理的重要内容是流程管理（Process Management）和界面管理（Interface Management）。首先要注重流程管理。对各项重要工作进行管理，通过设置科学合理的流程，提高项目管理水平。同时，通过流程进行控制，在关键节点进行把关,控制可能出现的风险,保证完成子系统的成本、进度和质量目标。其次要重视界面管理。处理好各子系统之间的界面,做好接口管理。通过管理各个界面,处理好各部门或各工序之间的衔接问题,避免界面的信息流失和对接不完全,保证对项目界面的全面监控。

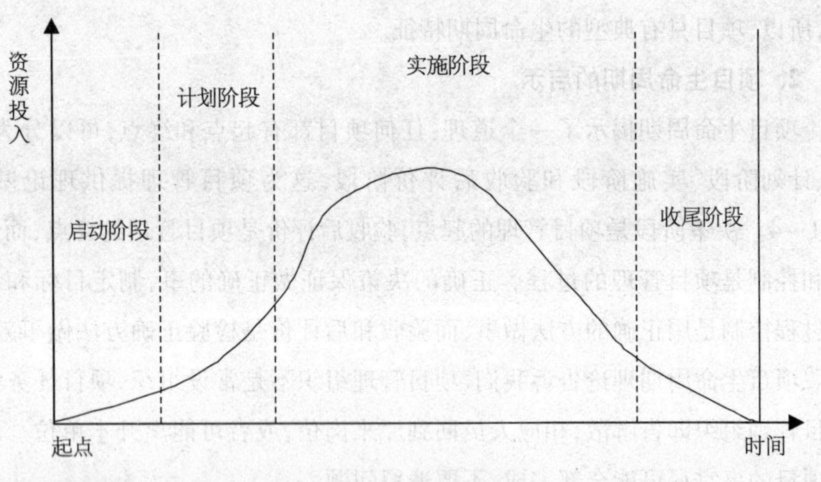

图1-4　项目生命周期

1. 流程管理的价值

无论是从事管理学研究的学者,还是身居企业管理第一线的企业管理者,都必须建立项目管理的流程管理观念。对于项目管理人员来说,把握流程图的管理内涵,把抽象的流程具体化和可操作化,这种能力是每一个项目管理人员必备的素质。流程管理的重要环节是流程设计。流程设计是一项既复杂又耗时的工作,看似简单的流程图,其中蕴涵着深刻的管理思想,不同的流程创造的价值可能相差很远。通过流程控制可以避免或减少在项目执行过程中的随意变更行为,保证在可控制范围内进行成本费用变更、进度变更或质量标准变更,从而达到对项目的成本、进度和质量控制。对项目管理流程来说,因为整个过程比较复杂,不可能面面俱到,也不可能非常详细,但是必须把握关键性流程或核心流程。所谓关键性流程,就是对项目执行能起到重要影响作用的流程。

2. 界面管理的价值

界面概念最早出现在工程技术领域,又称为接口,是各子系统之间区别和联系的纽带。界面概念后来推广到项目管理领域，界面分为纵向界面和横向界面。纵向界面是上下层面或前后工序之间的衔接问题；横向界面是各单位之间、部门之间的接口问题。界面管理是项目进度、成本、质量控制的重点环节。强化界面管理有利于促进项目管理的成功。项目管理中涉及的部门和事项比较广泛，界面是项目管理中最敏感的部位和环节。如果不能界定和解决界面问题，就会出现各单位之间的扯皮问题，就会影响进度，引发质量、进度和成本问题，有时甚至会引发整体项目的矛盾，使整个项目系统陷入混乱。

1.2　项目管理的内容

项目管理首先要清楚完成该项目需要做哪些具体事项。通过对工作进行分解，明确工作范围，称之为“工作范围管理”(Scope Management)。项目管理需要清楚花费多少时间，如何安排时间，称之为“时间管理”(Time Management)。项目管理还需要掌握总投资和费用支出计划，称之为“成本管理”(Cost Management)。项目管理还需要控制好预期的品质要求，称之为“质量管理”(Quality Management)。项目管理还需要关注项目面临的风险，进行风险评估和控制，称之为“风险管理”(Risk Management)。

项目管理就是对项目进行工作范围管理、时间管理、成本管理、质量管理和风险管理等，这几类的管理构成了项目管理的主要内容。图1-5反映了项目管理的内容框架。

一、范围管理

项目具有独立性特征，而且受时间、成本和资源等约束条件的制约，只有明确本项目需要做哪些事，才能抓住关键，有效突破。在实际工作中，存在项目管理边界不清的现象，说明界定工作范围没有做到位。项目管理有明确的目标，如果管理者花了很多的时间和精力去做本不属于该项目的工作，自己的本职工作反而没有足够的时间和精力来做好。因此，项目管理首先要明确哪些是本项目的工作范围，哪些不是本项目的工作范围；哪些是前一个环节的工作，哪些是后一个环节的工作。在此基础上，根据某一标准进行分类，把工作范围之内的任务分解成若干类。对每一类任务再向下层层分解，直至分解到每一个具体的工作任务，最终形成工作任务分解结构（Work Breakdown Structure，WBS）的形式。

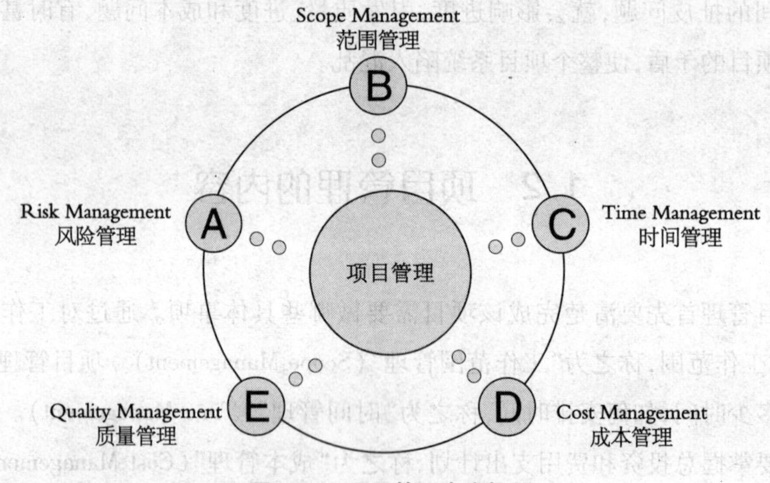

图 1－5　项目管理内容框架

二、时间管理

时间管理是根据项目需要，推算项目需要的总时间，在此基础上，编制合理的进度计划，按进度计划推进项目进展。对于出现的进度偏差，采取有效措施进行纠偏，保证按进度计划进行。时间计划包括项目持续总时间（Activity Duration Estimating）和时间表进程安排（Schedule Development）。时间管理包括时间的计划和时间的控制。时间管理对项目来说非常重要。管理是否有效，取决于管理团队的水平和能力。

首先，时间管理需要制定科学合理的时间计划。第一个层面，时间计划表明了整个项目的时间安排，也直观表述了什么时候做完什么事。第二个层面，只有合理的时间计划，才具有可执行性和可操作性，才能保证项目在正常情况下可以顺利完成。第三个层面,时间计划是进一步编制资金计划、人力资源计划及采购计划的基础。如果时间计划不科学,其他计划都会出现问题,整个计划系统将陷入混乱。

其次,时间管理需要严格执行进度计划,及时纠偏。在准确估计总工期的前提下,协调各个方面的关系,在计划工期内完成该项目。在项目执行过程中,必须树立严格遵守项目进度计划的理念。如果实际进度与计划进度发生偏离,必须及时采取有效措施,通过赶工等途径追回延误的时间。追回进度需要精确规划和计算,进行系统性调整。多数情况下,通过赶回甘特图进度,保证实现里程碑计划。里程碑计划不能拖延,否则,整个项目的总时间就会延误。

三、成本管理

项目成本管理的基础是成本计划。根据项目目标,进行成本预算,编制资金使用计划表。制定成本计划的过程包括编制资源计划(Resource Planning)、进行成本估算(Cost Estimating)和成本预算(Cost Budgeting)。科学合理的成本计划是成本管理的基础。资源计划描述了项目所需的人、财、物等各种资源,在资源计划的基础上,进行成本估算和成本预算。成本估算大致计量了整个项目所需的资金总额,而成本预算则是把成本总额分解成各子单元,形成了成本的分解结构图。

项目成本管理还表现在成本控制(Cost Control)方面。有效的成本控制可以保障项目实际发生的成本在成本预算范内,按时、按质、高效地完成既定目标。成本控制主要表现在两个方面:首先是资金总额的控制,保证项目在资金总额范围内完成。其次是按照成本预算进行费用支出,保持实际支出和计划支出的基本一致性。如果实际支出和计划支出之间发生较大偏差,就要进行深入分析,找出导致偏差的主要原因。如果实际支出远远小于计划支出,可能有两方面的原因所致,一是实际进度没有赶上计划进度,实际支出远小于计划支出;二是资金使用计划本身不合理。如果实际支出远远大于计划支出,要么是资金支出控制环节出了问题,要么是资金使用计划本身存在问题。通过资金支出的节奏和数量调整,可以控制项目的资金支付进程。

四、质量管理

质量管理就是指为保证项目的质量目标而开展的项目管理活动,其根本目的是保障最终交付的项目成果能够满足项目的质量要求。质量管理的内容包括制定质量计划(Quality Planning)和项目执行过程中的质量控制(Quality Control)。质量管理需根据项目特点和要求,编制质量保证计划,规定该项目的质量保证措施,并进行质量管理的责任分配。在项目执行过程中,按照过程控制流程,设置质量控制点,严格执行“不合格控制”的流程等。对于大型项目来说,周期长、环节多、界面多且影响因素复杂,质量管理具有艰巨性。质量管理需要全过程管理、全员管理和全面管理,树立全体员工的质量意识,提高全体员工的质量技能。

五、风险管理

风险管理是项目管理的重要内容,包括风险识别、风险评估和风险处置三个环节。首先要发现和识别项目存在的潜在风险,然后评估风险的发生概率和可能的损害程度。在此基础上,制定项目的风险预防和控制预案。在项目执行过程中,采取有效对策,处理项目执行过程中的风险问题。项目风险管理计划由项目负责人牵头,组织各相关部门人员针对各自领域可能出现的风险进行梳理。对于各部门梳理的成果进行系统性整理,形成项目风险管理计划。项目风险管理计划是项目管理各部门和项目管理各环节风险管理措施的集成,是项目管理风险控制的基本依据。

1.3 项目管理的误区规避

一、项目管理缺乏系统性思考

项目管理是精细化管理的过程。作为项目管理者,需要进行系统性的思考,包括计划的系统性、组织的系统性、协调和控制的系统性。项目管理团队，从项目的总负责人到项目团队成员，都必须树立项目的系统性管理理念，并且能正确、有效地运用项目管理的各种方法和工具。首先，建立项目目标体系。项目目标包括总目标和子目标。总目标可以分解为子目标，构成目标体系。通过确定总时间、界定投资总额、界定需要达到的质量要求，为项目管理提供明确的目标。其次，建立专业知识互补、合作意识强、质量有保证、数量满足需要的项目管理团队。对于项目管理团队，应加强项目管理理论和实务的学习，强调计划性和过程控制的理念。特别需要指出，项目总负责人要具备一定的专业知识、管理能力和项目管理经验，还要具备一定的执行力和沟通协调能力。再次，制定系统性计划。系统性计划是进度计划、成本计划、质量控制计划等综合体，彼此相互兼容、相互支持；具体分为网络图计划、甘特图计划、里程碑计划和资金使用计划。项目管理团队要反复进行集体研讨，在内部专家意见的基础上，形成经过论证的、切实可行的计划。一旦形成定论，全员必须协同配合，严格按进度计划推进。在按计划推进的过程中，强调执行过程的协同效应。另外，进行全过程控制是实现项目目标的重要保证。进度计划的科学性与合理性是有效控制的前提，缺乏合理性的计划既无法按期完成，又无法做到有效控制。在项目实施过程中，项目管理者全程跟踪，提前介入关键节点，并定期落实进展情况。项目管理团队定期召开碰头会，及时沟通，对于出现的问题，落实责任，奖罚分明，并及时解决问题。

二、项目管理的界面太多且太大

项目管理的界面可以表现为内部管理界面和外部管理界面。内部管理界面主要是项目团队之间或者项目管理者更换出现的界面。外部管理界面主要是外部参与项目的单位之间存在的界面。界面管理需要认真对待，运用机制来保证界面管理的有效性。首先，项目管理团队要保持稳定性。中间尽可能减少内部管理界面，也就是项目管理团队尽可能不要大面积换人，但对个别不适合的队员进行调整是可以的。最理想的做法是，前期认真选拔，选择具有合作性、具有专业知识的队员，组成专业功能齐全、搭配合理的项目管理团队。中间不更换项目管理团队的人员,关键人物更不能轻易调换。其次,涉及多个外部主体时,尽可能减少外部主体之间的管理界面。最好选择一家管理到位的总承包商,而且对总承包商提出要求,尽可能不要把业务分包,这样可以大大减少管理接口。如果确实需要分包给更专业的第三方,业主方要经过认真考察分包商的资质和专业水平。再次,尽可能选择较少的外部供应商。选择实力雄厚的1—2家供应商作为主体供应商,最好不要分拆采购。如果一套设备,业主从好几个供应商那里采购,就会给系统兼容、技术配合、安装调试方面带来很多麻烦。多家供应商供货,容易导致责任不清、安装混乱,还可能导致设备系统不能有效运行。因此,要保证设备的界面和设备安装的界面不能太多。

三、项目管理过程中变更的随意性较大

项目管理流程的价值在于建立工作路径,设置控制点,规避各种重大风险。流程的设计是一个系统工程,是管理理论、方法、思想的综合运用。科学的流程体现在风险的控制和效率的提升两个方面。项目管理流程的首先任务是控制风险。对资金的支付来说,需要多个部门或责任人审核,如果缺乏某个环节的确认,就可能带来支付风险。其次的任务是提高工作效率。建立工作流程之后,大家都按照工作路径进行,前后环节的衔接、沟通就会比较顺畅。大家熟悉工作流程以后,会大大提高工作效率。项目管理要做到按流程做事,流程是经过反复实践而得出的工作程序,充分考虑了工作路径和规避风险的因素。流程一旦经过讨论决定之后,任何人不得随意变更流程,任何人不得违反工作流程。

以建设项目为例。前期项目可行性研究阶段,对项目方案要进行充分论证。对技术工艺、设备、电气等进行充分论证,给设计单位提出明确的设计条件和设计要求。对设计单位提供的设计成果,业主方要进行深入论证是否达到预期效果。这样,经过充分论证的设计方案为减少设计变更奠定基础。一般来说,设计团队具有各个方面的专业知识和经验,他们的设计以科学的数据为基础,应该相信并尊重专业设计人员的设计成果。对设计成果来说,有些设计单位设计得保守一些,即安全系数高一些,业主方可以安排进行优化设计。设计变更可以由业主提

出，也可以由施工企业提出，但要经过设计单位来进行设计变更。设计变更应该按流程进行，没有经过设计单位的许可，任意变更设计都会埋下很大的风险和隐患。因为设计本身也是一个系统，需要集各方面专业于一体，是系统性的成果。如果一个因素发生变化，可能带来系统性问题。比如，可能出现功能无法满足实际需要，或者出现部分与整体不协调、不匹配的情况。在施工工程中，尽可能减少变更，杜绝随意变更；如果进行设计变更，必须遵循一定的流程。工程是一个系统的集成成果，如变更过多，可能导致一系列的问题需要解决，最后演变成系统性困境。

四、项目管理缺乏内部协同和外部协同的统一

项目管理强调内部协同和外部协同的统一。内部协同主要表现为项目管理团队的上下级之间的协同。外部协同主要是业主与外部主体之间的协同。业主方项目管理团队做到内部协同的前提下，对外部机构要做到全方位介入和全过程监控，达到外部的协同效应。以建设项目为例。对于设备供应商，通过提前介入、监管和协调，实现外部协同。很多建设项目的设备采购和安装环节比较复杂，设备供应商也比较分散。在诚信度不高的大背景下，外部设备能否按时提交并安装设备，能否提供满足质量要求的设备，这都关系到项目的成功与否。业主项目管理团队要求供应商根据进度计划，提供设备的制造、安装计划。在推进过程中，业主方根据进度节点，定期派员到设备供应商的制造现场查看，主要查看设备制造进度能否符合要求，设备质量能否符合合同要求。业主方派到供应商查看的员工，必须提供调查报告，对设备供应情况给出专业判断。对于可能出现的延误状况，业主方要及时预警，要求设备供应商采取措施，保证按计划交货并安装。对施工承包商，业主方以月为单位定期提出要求，根据施工进度计划，落实每一个进度节点和质量要求。项目组可以通过月度工程例会的形式对施工企业提出要求，并与第二个月度例会逐点检查落实情况。对承包商可能出现延期或质量问题的状况，业主方要未雨绸缪，及时指出可能出现的进度问题或可能出现的质量问题。通过预警方式督促承包商在某些关键环节加强现场管理和监控，同时安排监理公

司旁站。对可能出现的延期,责成承包商增加人工,加快资源配置,保证按照业主方要求进行推进。对出现的延期或质量问题,给予相应的经济惩戒。同时,对完全符合业主方进度要求和质量要求的,可以给予适度奖励,并结为战略合作伙伴关系。

★ 自测题

1. 项目管理理念和方法的重要性体现在何处?

2. 项目管理为什么要强调管理流程和管理界面?

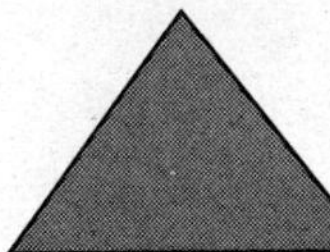

第2章 项目管理基本要素

本章精要

项目管理需要明确项目目标,确定项目发展的方向,选择合适的项目组织结构,促进信息传输和组织协调。选择一位具有广博知识、较强沟通能力和丰富管理经验的项目经理,有利于提升执行力。进行工作任务分解和责任分配,把合适的人放在合适的位置上。制定周密的计划是项目管理的基础,计划包括资源分配、进度安排、成本预算和质量计划。采购商品或劳务时,招标是竞争最为充分的采购方式。项目执行过程中,随时把实际进度和计划相比较,及时纠错补差。强化合同管理与信息管理,保证原始记录完整,及时归档。项目验收和后评价是项目管理的最终环节。

项目的种类很多,项目管理框架也存在一定的差别,但项目管理的基本要素框架是相同的。任何项目管理都始于决策且目标导向,经过计划、执行和控制环节,进行组织安排、工作分解和责任分配,通过范围管理、风险管理、合同管理、信息管理和安全管理,最终结束于验收和后评价。项目管理基于目标导向,形成了一个相互依托、相互支撑和动态演进的大系统。项目决策明确了项目目标,根据目标设置合理的组织结构,进行工作分解和责任分配;根据目标制定资源分配计划、进度计划和质量保证计划等,在此基础上,进行风险管理、信息管理和安全管理;根据目标进行进度控制、成本控制和质量控制,最后,进行项目验收和后评价。见图2-1。

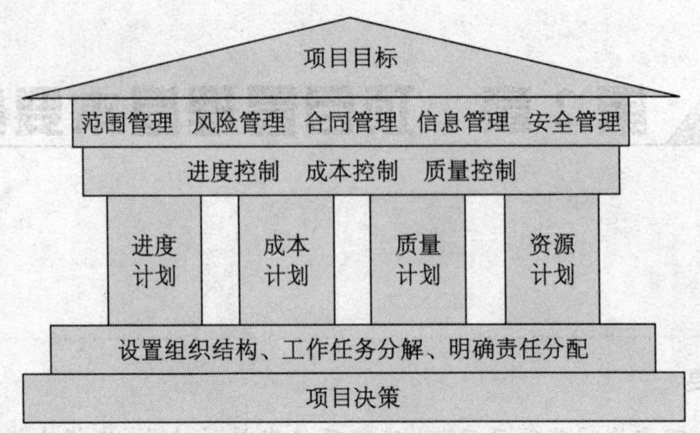

图 2－1 项目管理要素框架

2.1 项目管理的启动

一、明确项目目标,指明项目管理工作的方向

合理的目标是项目管理的基础。项目目标是项目管理团队努力的方向,是项目管理团队需要担负的责任,也是项目管理团队作出的承诺,还是衡量项目管理团队工作成效的标准。项目管理目标是指在一定的时间范围内和投资范围内,交付满足预定质量要求的最终成果。具体包括:

(1) 成果要求。满足 TQC 的条件下,项目所要达到的效益目标、规模目标、功能目标或市场目标。

(2) 时间要求。项目实施控制在总时间范围内,按照进度计划推进,不得出现延误和超时。

(3) 成本要求。项目支出控制在投资总额的范围内,按照成本预算和资金计划支付和分配资金,不得超过预算。

(4) 质量要求。按照质量计划执行,保证预期的效果和质量。

项目的目标由多个目标组成,除以上目标以外,还包括安全目标、环保目标等,项目的多个目标之间要相互匹配,确保目标之间的平衡性和系统性。项目目

标应该符合 SMART 原则,即目标是具体的(Specific)、可衡量的(Measurable)、可实现的(Attainable)、相互关联性的(Relevant),以及具有时效性(Time-Based)。项目目标可以进一步分解,形成项目目标体系。目标体系要与进度计划、成本计划和质量计划形成一个相互对应、相互匹配的有机整体。时间目标要在进度计划中体现,其中,里程碑计划是实现时间目标的关键节点。成本目标要在成本计划中体现,子项目成本控制是实现成本目标的关键环节。质量目标要在质量保证计划中体现,旁站和设置验收点是实现质量目标的关键措施。

二、设置合适的组织结构,满足项目管理的需要

基于项目目标,搭建合适的项目组织结构。组织结构既是一种人力资源的配置方式,又是一种信息传导的制度安排。组织结构可以反映对人力资源配置的基本思想,也可以反映组织内部信息沟通的路径和方式。合适的组织结构既能充分发挥全员的智慧,又可以保证信息的传输通畅,合适的组织结构是提高项目管理绩效的基本保障。项目组织结构的设置应遵循一定的原则:

- 有利于信息传播的通畅。在信息社会里,信息传播的通畅程度关系到组织的效率,应该把有利于信息传播作为组织结构设置的首要原则。
- 符合项目的实际需要。合适的组织结构是最好的组织结构,不必生搬硬套复杂的组织结构。简单、有效是管理的最高境界,也是项目管理的最高标准。
- 与原来的组织结构相兼容。项目管理的组织结构最好不要与原公司的组织结构相冲突,否则会增加协调成本,造成组织的混乱。

(一) 选择合适的项目组织结构

大多数企业是层级式组织结构,根据规模大小,从直线职能式发展到事业部制,反映出传统职能式的层级管理特点。相对于传统的直线职能式的组织结构,扁平化组织结构比较适合于以目标为导向的项目管理。扁平化组织结构强化发挥项目团队的主观能动性,能将快速适应外部市场需求和实际工作需要。项目化管理的企业应该根据项目化管理的程度选择合适的组织结构。部门控制式组织

结构仍属于传统直线职能式组织结构，而团队型组织结构和矩阵型组织结构属于扁平化组织结构。

1. 部门控制式组织结构

部门控制式组织结构是企业项目管理中最简单的组织结构形式。在传统的层级组织结构中，组成面向任务的多个项目组，每个项目组挂靠于某一职能部门，称为部门控制式组织结构，又称为内嵌式组织结构。部门式组织结构把某个项目放在某一职能部门之下，属于职能部门负责人领导。不同类别的项目由不同的职能部门负责，实行项目的对口职能管理。如，研发项目属于研发管理部管理，建设项目属于工程管理部管理，培训项目属于人力资源部管理。每个项目经理组建项目管理团队，从属于职能部门负责人的直接领导，对职能部门负责人负责。见图2－2。部门控制式组织结构的优点在于容易发挥职能部门的专业优势，做他们最擅长的事，可以减少外部协调环节。缺点是需要外部协助时，其他部门不一定很好地配合，有时需要更高层级的领导出面协调。

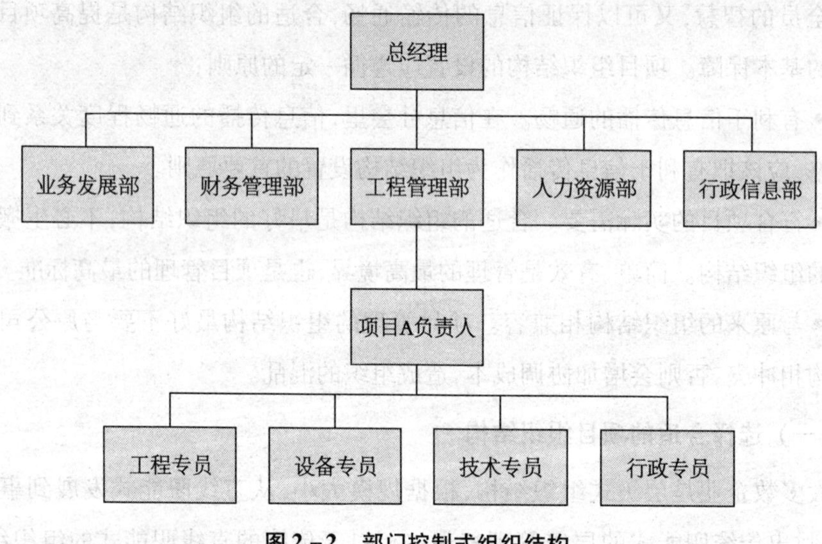

图2－2　部门控制式组织结构

2. 矩阵型组织结构

矩阵型组织结构是从职能式组织结构向扁平化组织结构过渡的一种组织结构形式。很多企业虽然采取职能式组织结构，但实际上运行的是矩阵型组织结构形式。矩阵型组织结构既设置了传统的职能部门,又设立了很多独立的项目组,具备两种组织结构形式的特征。项目组多数属于跨职能的工作团队,项目组的队员来自各个职能部门,可能需要接受项目经理和职能部门经理的双重领导。在矩阵型组织结构框架下,项目组可以充分利用各职能部门的资源与信息,降低协商成本。在项目组的引导下,各层次人员各有其独特的重要作用,相对比较容易完成任务。矩阵型组织要求组织有较好的管理基础,需要管理者具有较强的管理能力,同时要求被管理者具有较高的素质。矩阵型组织结构是一种比较灵活的组织,非常适合项目化管理,越来越受到企业的重视。

矩阵型组织结构既能满足传统的职能需要,保证常规连续性工作的正常开展,又能满足项目化管理的需要,保证项目化工作的有效推进。矩阵型组织结构主要适用于既需要多个部门协作才能完成的项目,又有连续性工作的公司。项目负责人对项目的全流程负责,虽然项目牵涉多个部门,但是起主导作用的还是项目负责人。所以,项目负责人要注重协调沟通,进行全流程的管理和控制。项目负责人在制订计划时,要与各职能部门的负责人协商进行。尽可能保持工作的协调性和一致性。因为对于员工的考核可能涉及双重考核,所以,如果项目负责人和职能部门经理产生分歧或工作发生冲突时,可能使被考核者处于两难境地,无所适从。矩阵式组织结构见图 3 - 10。

3. 团队型组织结构

团队型组织结构(Team - based structure)是扁平化组织结构的典型形式,是以“项目团队”为基本构成单位的组织形式。见图 2 - 3。团队型组织结构的主要特征是各个项目团队实行目标管理和自我控制。根据公司的工作需要,设置若干个项目团队,针对某一具体任务展开工作。对于每一个团队,指定项目管理团队负责人,选择合适的队员,设定具体目标,集中资源完成某项任务。项目团队掌握一定的资源和能力,需要做出决策,需要对结果负责。在每个项目团队里,只有分工,但没有层级,属于团队式管理。虽然设定项目负责人,但负责人与队员之间是团队协作关系。队员之间更多的是通过沟通和讨论的形式,进行信息交流,从而解决存在的问题。团队式管理可以更多地发挥每个队员的主观能动性。见

图2-4。亨利·明茨伯格(Henry Mintzberg)(1983)提出企业应该废除界线和职能的分工,可以根据实际需要,组建各种工作团队,构建团队型组织结构形式。其主要战略思想就是发挥团队型组织结构的开放性和灵活性优势,以促进团队队员自由发挥创造力,保证完成预定事项。在团队型组织结构框架下,项目团队具有相对独立性,不受外界干扰。团队型组织结构可以发挥团队的整体优势和各类人才的集聚优势,可以集中时间和精力做好一件事,大大提高工作效率。团队型组织结构可以适应快速变化的市场环境,发挥团队协同作战的优势,越来越多的企业开始尝试团队型组织结构。当然,团队型组织结构也有一定的缺点。项目结束后或任务完成后,项目管理团队可能解散,如果项目出现后续问题,在协调解决问题的时候可能会遇到难题。

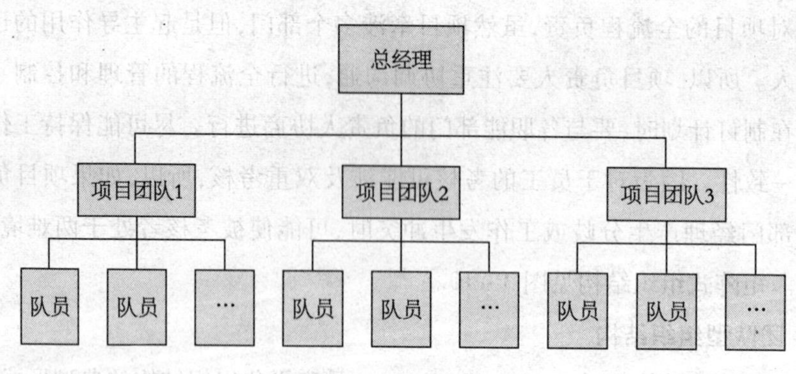

图2-3　团队型组织结构

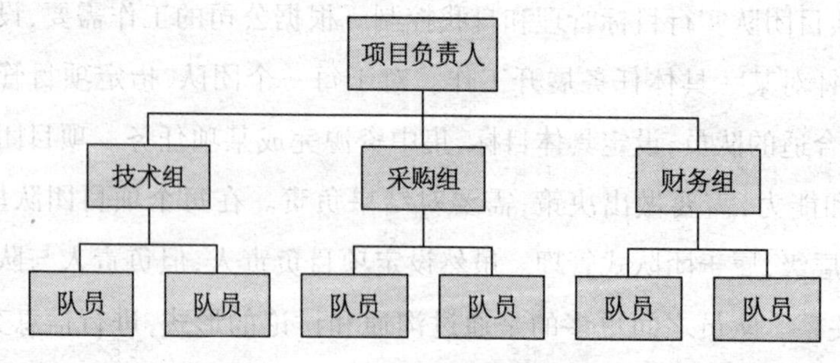

图2-4　项目团队组织结构

（二）选择合适的、能胜任的项目负责人

人力资源配置的基本原则是“把合适的人放置在合适的岗位上”。项目本身需要什么样的人才，需要多少个人才，这需要整体的人力资源规划。通过内部选拔和外部招聘等途径，选择合适人选，完成人力资源配置工作。千军易得，一将难求。选择合适的项目负责人对于项目的成功起到重要作用。在项目管理过程中，一个善于沟通且做事果断的项目经理是项目成功的基础。项目经理既要能调动企业资源，又要善于发挥员工的积极性，项目经理的做事魄力和组织协调能力有时成为项目管理成功的关键。

项目负责人应该是知识、能力和经验的综合体。首先，合格的项目负责人应该具备较为全面的知识基础。项目管理是一个系统工程，需要全面把握和整体协调。项目管理者应该具有系统论理念，协调好各种资源的配置，防止出现考虑局部而破坏整体的状况发生。项目负责人应该了解人的行为特性，采取针对性措施进行人力资源配置，发挥员工的潜能。面对管理信息化趋势，项目负责人应具备信息管理的基本知识。项目负责人应该具备可行性研究的基础框架知识，包括市场分析、方案设计、投资估算、融资方案、财务评价、经济评价、社会评价、环境评价和资源评价等因素。

其次，合格的项目负责人应具有较强的能力，包括执行力、领导力和凝聚力。项目负责人要有能力推动项目，并进行成本、进度和质量控制。项目负责人要善于协调多方面之间的关系，保证各个主体之间的工作协同。项目管理团队往往是由多种专业背景的知识工作者组成，知识工作者组成项目团队给项目负责人提出更高的要求。项目负责人要有能力设置激励机制，发挥这些知识工作者的积极性，促进知识工作者之间相互协调和配合，产生协同效应。通过有效激励，激发团队合作精神，让每个队员感受到团队的力量。发挥每一个队员的主观能动性，让员工有成就感，保证团队处于有效工作状态。通过团队合作创造价值，保证团队绩效。

再次，合格的项目负责人需要具备丰富的项目管理经验。一个合格的项目负责人应该从项目管理的基础工作开始做起。一般来说，先后应该经历过项目计划工作、过程管理工作、采购工作、项目助理工作和小项目经理工作。一般认为以上

每项工作都应该操作两年才能进入更高层级，而且每一项工作都应该独立操作过几个项目。只有具备丰富经验的管理者才有资格担任大项目的负责人。项目管理经验是管理实践的积淀，是管理时间的积累。在项目管理过程中，任何人随便跳过经验积累的阶段，担负更大的责任，都有可能付出惨重的代价。

三、进行工作任务分解，界定工作任务范围

工作任务分解是确定工作任务范围的重要依据。首先，工作任务分解把复杂的项目具体化，展现了整个项目的结构和所要做的具体工作，便于组织协作和范围管理。其次，工作任务分解把项目大系统变成具体的"小任务"单元，使复杂问题变得简单且可控制。每个成员可以清楚自己要做的事情，也知道同事要做的事情，彼此之间易于协调和配合。再次，工作任务分解的表现形式是工作任务分解结构(Work Breakdown Structure，WBS)。WBS是成本估算、进度安排及资源分配的基础，为成本预算、进度安排和资源分配提供了良好框架基础。

1. 工作任务分解的原则

(1) 工作内容不遗漏原则。所有的工作任务在工作分解图中都能得到体现。如果出现工作任务的遗漏，在责任分配、成本预算、质量保证方面都会有连锁反应，整个项目管理将出现混乱。

(2) 工作内容不重叠原则。每个工作任务都相对独立，彼此不能有重叠。如果出现工作任务的重叠，就会出现责任不清、分工不明的状况，最终可能相互推诿，不能有效完成任务。

2. 工作任务分解的方法

根据不同的依据，将项目的工作任务一层一层地向下分解，直到不能或不需要分解为止。工作分解结构为成本预算和人力资源的配置提供基础框架。成本预算可以按照工作任务分解结构进行成本分解，而人力资源配置也可以按照工作任务分解结构进行人员安排。

工作任务分解可以根据不同的依据来展开，形成不同的工作任务分解结构。具体按照哪种依据进行分解，取决于分解的方便性和项目管理者的偏好。首先，

可以按照“工作进程”进行工作任务分解。按照项目的工作进程,把整个项目分为几个阶段,对每一个阶段分别进行工作任务分解。以投资建设项目为例,按照工作进程的先后顺序,可以划分为投资决策、工程设计、工程施工、设备采购、设备安装、竣工验收等。其次,可以按照“项目的时段”进行工作任务分解。根据项目的时段分解为第一期、第二期、第三期等,对每一期工作进行工作任务分解。另外,可以按照“子系统”进行工作任务分解。把整个项目工作分为几个子系统,各个子系统之间处于平行地位,对每一个子系统分别进行工作任务分解。如分别对采购子系统、安装子系统、生产准备子系统等进行工作任务分解。

3. 工作任务分解结构图

工作任务分解的工作量比较大,但是非常有必要,是不可或缺的环节。工作分解结构图可以很复杂,也可以很简单,从上到下可以分为几个层级,最下面一层是购买某种材料、某种设备或某一个具体的任务。对某一个层级来说,要做到不重复、不遗漏,要反复检查,任何细节都不能疏忽,细节往往决定着项目管理的效果。在工作分解结构图中,应该设置编码,编码根据层级数来编制。工作任务分解结构样式见图2-5。

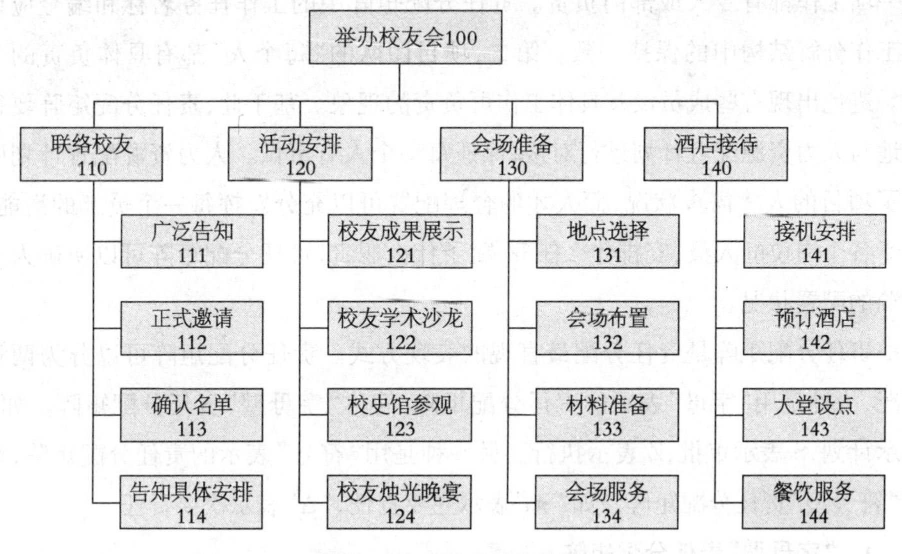

图2-5 工作分解结构图

四、根据组织结构进行责任分配

合理的组织结构和明确的责任分配可以大大提高团队绩效和协同作战能力。通过责任分配，把项目各个责任人的责权完整地、清晰地表达出来，使各方责任明确，各司其职；同时，便于各方协调，有利于对项目的控制。

责任分配可以采取直观的文字来表述，直接描述每个队员的具体岗位和责任，文字描述是传统的表述方式。如果基于可视化的需要，也可以采用直观的责任分配矩阵形式。责任分配矩阵简单易懂，每个管理者都很容易看清楚自己的责任，也清楚每个队友的责任。责任分配矩阵提供一个可视化的管理平台，保证每个团队队员明确自己应该做哪些工作。同时，每一个团队队员也可以清楚地知道自己队友应该做哪些工作，以便彼此的配合和协调。责任分配遵循两个原则，第一，工作范围内的"每项任务"都有人负责。避免出现工作责任不明确，甚至出现有些工作无人负责、相互推诿的情况。基于此，责任分配矩阵要很好地与工作任务分解结构进行对接。工作分解结构里列举的工作是项目的全部工作任务，保证每一项工作都有专人或部门负责。责任分配矩阵中的工作任务名称和编号应该与工作分解结构中的保持一致。第二，项目团队的"每个人"都有具体负责的工作。避免出现有些成员没有具体工作可负责的现象。基于此，责任分配矩阵要很好地与人力资源配置计划进行对接，保证每一个人有事做。人力资源配置计划明确了项目的人才需求状况，而人才的合理配置可以充分发挥每一个员工的潜能。对于各个岗位的人员，安排什么任务，赋予什么职责，责任分配矩阵可以明确人力资源的配置状况。

责任分配矩阵是责任分配最直观的表现方式。责任分配矩阵可以分为两种情况，一种是用"字母"表示的责任分配矩阵，简称"字母型"责任分配矩阵。如J表示计划，S表示审批，Z表示执行。另一种是用"符号"表示的责任分配矩阵，简称"符号型"责任分配矩阵。如"★"表示主要责任，"Δ"表示次要责任。

1. "字母型"责任分配矩阵

"字母型"责任分配矩阵是矩阵式图表。图表的纵向表示各个具体的工作任务。这些任务来源于工作任务分解结构,任务编码要与WBS的编码相一致。表格的横向表示项目组的各个部门或个人。纵横交叉的地方就是可以填写责任分配的区域,可以用赋予一定含义的字母表示每个部门或者每个人的主要责任。赋予字母的含义可以有多种方式,常见的是每一个工作责任用其对应的英语单词表示,而取英语单词的第一个字母代表其含义,如P计划、D决策、E执行、C检查。每一个工作责任也可以用汉语拼音代表含义,如F负责、C参与、S审批、J监督等。"字母型"责任分配矩阵见表2-1。

表2-1　字母型责任分配矩阵

编码	任务名称	项目办	设计部	生产部	计划部	财务部	质量部	项目经理	其他
111	总体方案	C	F	–	C	C	J	S	–
112	技术方案	C	F	–	–	–	J	–	–
113	外部形状	C	F	–	–	–	–	–	–
121	发动机研究	C	F	–	–	–	–	S	–
122	发动机组装	C	C	F	–	–	J	–	–
123	发动机测试	C	F	C	–	–	J	–	–
131	内控研究	C	F	–	–	–	–	S	–
132	内控组装	C	C	F	–	–	J	–	–
133	内控测试	C	F	C	–	–	J	–	–
141	总组装	C	C	F	–	–	J	S	–
150	项目管理	C	C	C	C	C	C	F	–

注:F负责;C参与;S审批;J监督。

2."符号型"责任分配矩阵

也可以用符号表示每个部门或者每个人的主要责任。符号没有统一规定,可以根据习惯进行设置。根据作用效果不同,符号型的责任分配矩阵可以分为两种形式:一种是用符号直观地表示每个部门或某个人的职责。告知部门或个人在项目中应该承担那些具体工作,表明了某一项工作由谁负责,谁参与,谁审批,谁监督。另一种是可以用符号表示每个部门或某个人承担责任的大小。从而在项目进行过程中发挥主观能动作用。多数情况下,项目管理工作需要多个部门合作才能完成,在责任分配矩阵里应该标明主要责任方和次要责任方。"符号型"责任分配矩阵见表2-2。

表 2－2　符号型责任分配矩阵

任务类型 \ 责任方	项目经理	项目总工程师	采购部	财务部	生产部	人力资源部	计划部
工作分解责任分配	★	▲	■	■	■	■	■
成本预算	■	▲	■	★	■	■	■
进度计划	■	■	■	■	■	■	★
采购	■	■	★	■	■	■	■
成本控制	★	■	▲	▲	■	■	■
项目报告	★	▲	▲	■	■	■	■
质量保证	★	■	▲	■	■	■	■

注：★主要责任；▲次要责任；■必须了解

2.2　项目管理的计划

一、网络图计划、甘特图计划和里程碑计划

网络图计划（Network Diagram）、甘特图计划（Gantt chart Schedule）和里程碑计划（Milestone Plan）都是项目进度计划的表现形式，三者之间具有不可替代性，同时又具有紧密的关联性。网络图计划反映了整个项目各项工作任务之间的工作次序，包括各工序之间的前后关系和左右关系，反映了各个工作之间的逻辑关系。甘特图计划通过“横道图”的直观方式，标明每一项工作任务的起始时间和终止时间，直观地反映出每个工作任务的持续时间，也可以反映各个工作任务之间的一个大致先后次序。里程碑计划揭示出项目的关键性工作及其重要时间节点。所以，实际项目管理工作中，三种计划不可替代，都应该编制；而且，要保证三个计划之间的一致性，使它们彼此相互补充，形成一个完整的进度计划体系。

制订进度计划之前，要正确地估算项目持续的总时间。有些工作持续的时间是可以准确确定的，而有些工作的时间不能确定，需要用概率方法进行估算。项目持续总时间的估算需要认真对待，总时间安排是否合理，会影响到进度安排、人

力资源配置、成本计划和资源配置等后期工作。有些项目需要持续几天,很容易准确算定,而有些大型项目的持续时间可能需要几年,很难准确界定。总时间的估算需要有经验的专业认识,运用专业的方法来确定。对于投资建设项目的持续时间,运用最多的是专家估算法。具体有两种方法:第一,类比估算方法。根据以前类似工作的实际持续时间来估算计划工作的持续时间,这个方法也称专家估算法。第二,三时估算法。分别对每一项工作估计三种时间,即最乐观时间、最保守时间和最可能时间,然后通过加权平均法,计算出每项任务的估算计划时间。

1）最乐观时间 a:假设一切条件都顺利时,该项工作所需时间;

2）最保守时间 b:假设一切不利条件都出现时,该项工作需要的时间;

3）最可能时间 m:根据以往的经验,这项工作最可能用多少时间完成;

估算计划时间 $T_{ij} = \dfrac{a + 4m + b}{6}$

对于投资建设项目,工作时间的估算就是总工期的估算。总工期估算的准确性非常重要。如果工期过于仓促,可能出现质量问题或承包商无法完成建设任务。如果工期偏长,超过实际所需的时间,就会浪费本来可以获取收益的时间。如果准确估计工期,既不会感到时间仓促,又不会造成浪费。总工期估算的基本指导思想是既要安排紧凑,又要留有余地,把该考虑的时间因素一一罗列出来。估算工期下的工夫越大,总工期估算越准确。

1. 网络图计划

编制网络图的过程,就是项目管理团队对整个项目进行系统规划的过程,促进项目管理者进行逻辑性思考,明确各个工作之间的相互关联和依赖关系,以及各个工作的重要程度。项目管理团队应该掌握编制网络图计划的方法,具备编制网络图计划的能力。网络图可以分为双代号网络图或单代号网络图。项目管理者可以根据自己的偏好选择其中一种。在网络图中,各个工作任务之间的先后关系或左右关系构成工作的先后逻辑关系。逻辑关系具体包括工艺关系和组织关系,工艺关系是由生产工艺过程或工作程序决定的,而组织关系是由组织安排的需要确定的。工作顺序应该合理安排,既反映时间进度安排,又反映各个工作之间的逻辑关系。表2－3表示工作先后关系。

表 2－3　工作先后关系表

编码	任务名称	工期(月)	后继工作
110	可行性研究	3	120、150
120	工程设计	2	130
130	施工招标	2	140
140	土建施工	5	160
150	设备采购	6	151
151	设备安装	5	152
152	设备调试	5	160
160	竣工验收、审计	2	170
170	投产运营	2	–

(1) 双代号网络图

一项工作由唯一的箭头和相应的两个编号组成,故称为双代号网络图,见图 2－6。箭头表示工作,既要占用时间,又要消耗资源。箭头始点表示开始,箭头终点表示结束。虚箭头表示虚工作,表示前后相邻工作的逻辑关系,既不占用时间,又不消耗资源。

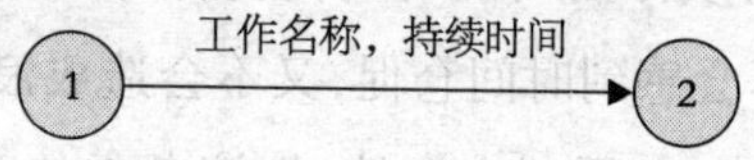

图 2－6　双代号网络图原理

双代号网络图样式可以手工绘画,也可以通过 project 软件绘画。简单的项目可以用手工绘画,如图 2－7。复杂一些的双代号网络图用软件生成,如图 2－8。

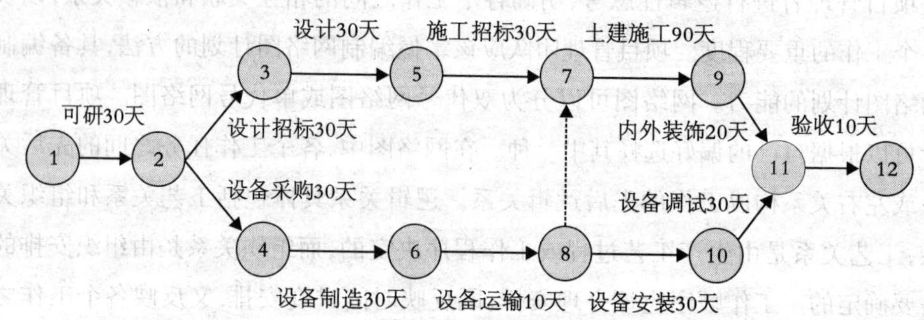

图 2－7　双代号网络图样式

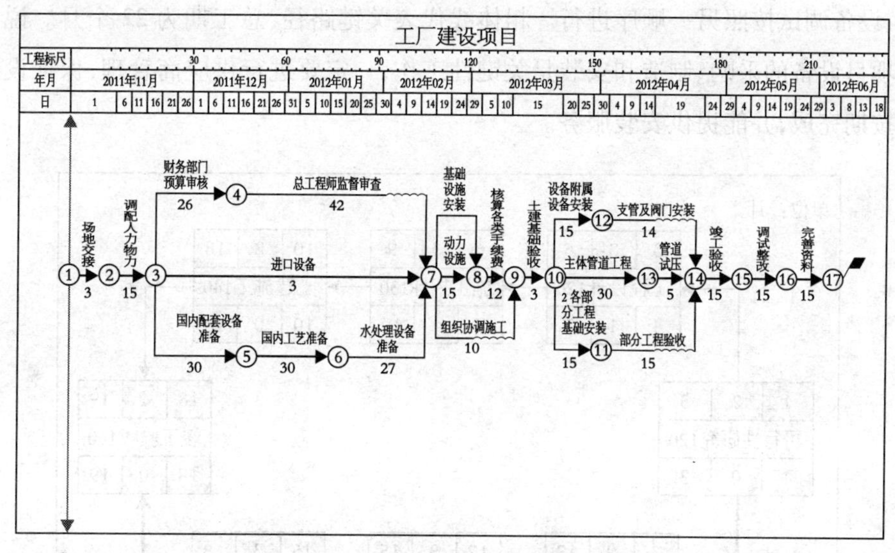

图 2－8　双代号网络图样式

（2）单代号网络计划图

单代号网络图的每个节点表示一项工作，一项工作有唯一的一个节点和相应的编号。箭头便是相邻工作之间的逻辑关系，表示工作的进展方向。单代号网络图中不设虚箭头，因为无需用到虚工作。参照项目管理的单代号网络计划图表示方法（丹尼斯·洛克，2007）（图 2－9），单代号网络计划图节点的含义如下：

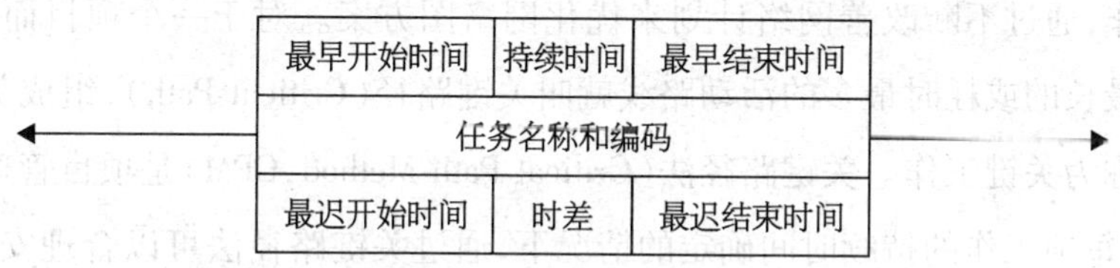

图 2－9　单代号网络计划图原理

网络图的时差指在一定前提下可以机动的时间。其中，工作总时差指在不影响总工期的前提下，本工作可以利用的机动时间；工作自由时差指在不影响其紧后工作的前提下，本工作可以利用的机动时间。

参照表 2－3 所示的各项工作先后关系，给出单代号网络计划图。见图 2－10。其中，工程设计、施工招标和土建施工先后进行，而设备采购、设备安装、设备调试按照另一顺序进行。粗体线代表关键路径,总工期为22个月。说明该项目设备的采购、制造和安装是关键性工作,一定要进行供应商管理,保证设备能按期完成,并能提供安装服务。

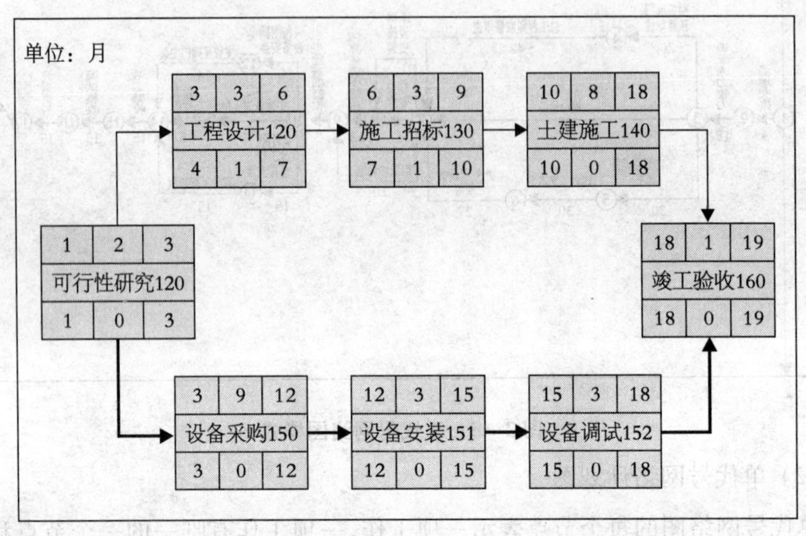

图2-10 单代号网络图

(3) 网络图中的关键路径和关键工作

无论单代号网络图还是双代号网络图,都可以通过网络图找出关键路线和关键性工作,通过不断改善网络计划来优化网络图方案。对于一个项目而言,项目网络中最长的或耗时最多的活动路线就叫关键路径(Critical Path),组成关键路径的活动称为关键工作。关键路径法(Critical Path Method,CPM)是项目管理的重要方法,在每项工作的持续时间确定的情况下,通过关键路径法可以合理安排工序,有效控制成本费用。在线路上总的工作持续时间最长的线路,或者总时差为零的线路,或者从头到尾全部由关键工作所组成的线路就是关键路径。关键路径可能有多条,但各条关键路径的时间总量一定相等,即可完工的总工期。关键路径是可以变化的,关键路径有可能变为非关键路径,而非关键路径也有可能变为关键路径。关键路径上所有活动的持续时间总和就是项目的总工期,若缩短关键路径的总耗时,就可以缩短项目总工期;反之,则会延长整个项目的总工期。但是如果非关键路径上工作的时间延误,也不一定影响总工期。对于一个项目而言,组成关键路径的活动称为关键工作,其中任何一个关键工作的延迟都会导致整个项目完工时间的延迟。关键路径上的总时间就是可以完工的最短时间量,每一个关键工作之间的进度安排反映了进度计划。如图 2－10 和图 2－11,粗线的箭头代表关键路径,关键路径上的工作就是关键工作,关键工作持续的时间就是总工期。

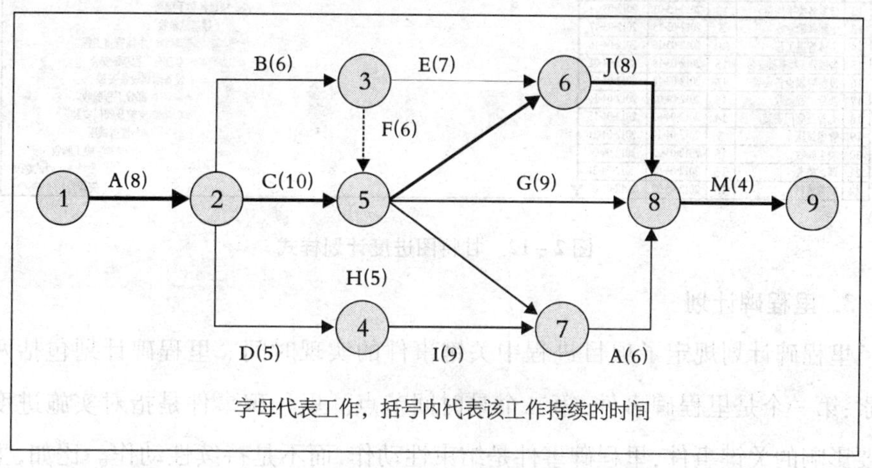

图 2－11　网络图中的关键路径

2. 甘特图计划

甘特图(GANTT 图),又称为横道图,是美国的管理学家 GANTT 在 20 世纪 20 年代率先提出的。甘特图计划的主要特点是,工作任务名称明确,界定每个工作的开始时间和结束时间,并用“横道图”直观地标示某项工作持续的时间。甘特图的优点是易于编制,工作任务齐全,工作先后顺序一目了然,且标示的进度直观明确。甘特图的缺点主要体现在各工作之间的逻辑关系不能全部明确表达。甘特图的纵向表示各阶段工作任务名称,横向表示时间的安排,包括开始时间和结束时间,进度情况用“横道图”表示。甘特图计划可以用 word 或 Excel 手工制作,也可以用 Project 软件自动生成。使用 Project 软件可以制作非常精确的横道图。如图 2－12。对于大中型项目,甘特图是项目管理者安排进度的有效工具,也可以供企业管理层直观地了解进度全局。

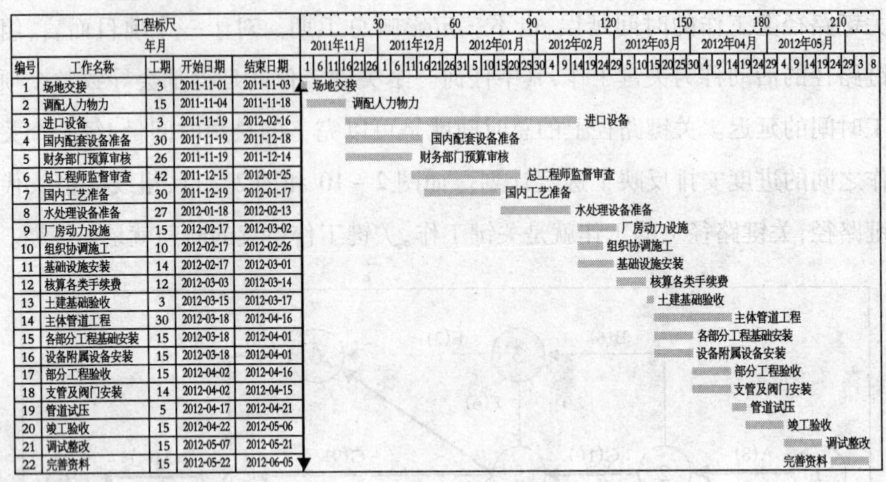

编号	工作名称	工期	开始日期	结束日期
1	场地交接	3	2011-11-01	2011-11-03
2	调配人力物力	15	2011-11-04	2011-11-18
3	进口设备	3	2011-11-19	2012-02-16
4	国内配套设备准备	30	2011-11-19	2011-12-18
5	财务部门预算审核	26	2011-11-19	2011-12-14
6	总工程师监督审查	42	2011-12-15	2012-01-25
7	国内工艺准备	30	2011-12-19	2012-01-17
8	水处理设备准备	27	2012-01-18	2012-02-13
9	厂房动力设施	15	2012-02-17	2012-03-02
10	组织协调施工	10	2012-02-17	2012-02-26
11	基础设施安装	14	2012-02-17	2012-03-01
12	核算各类手续费	12	2012-03-03	2012-03-14
13	土建基础验收	3	2012-03-15	2012-03-17
14	主体管道工程	30	2012-03-18	2012-04-16
15	各部分工程基础安装	15	2012-03-18	2012-04-01
16	设备附属设备安装	15	2012-03-18	2012-04-01
17	部分工程验收	15	2012-04-02	2012-04-16
18	支管及阀门安装	14	2012-04-02	2012-04-15
19	管道试压	5	2012-04-17	2012-04-21
20	竣工验收	15	2012-04-22	2012-05-06
21	调试整改	15	2012-05-07	2012-05-21
22	完善资料	15	2012-05-22	2012-06-05

图 2－12　甘特图进度计划样式

3. 里程碑计划

里程碑计划规定了项目进程中关键事件的实现时间。里程碑计划包括两个要素：第一个是里程碑事件，第二个是时间节点。里程碑事件是指对实施进度有重要影响的关键事件，里程碑事件是结束性动作，而不是持续性动作。比如，主体厂房封顶是一个里程碑事件，但主体厂房的建设过程就不是一个里程碑事件。时间节点是一个截面性质的时间，而不是一个持续的时间。比如，2016 年 8 月 8 日是一个里程碑计划的时间节点，但 2016 年 8 月至 2017 年 6 月就是一个持续的时间，而不能作为里程碑计划的一个时间节点。表 2－4 表示一个建设项目的里程碑计划。

表 2－4　里程碑计划

序号	里程碑事件	时间节点	备注
1	施工企业进场	2013－01－01	－
2	主体厂房封顶	2013－10－01	－
3	设备安装完毕	2014－02－01	－
4	竣工验收完成	2014－05－02	－

网络图计划、甘特图计划和里程碑计划彼此相辅相成。网络图反映进度计划中各个工作之间的逻辑关系，甘特图反映进度计划中各个工作的持续时间和先后

次序,里程碑计划则反映进度计划中关键事件的时间节点。如果甘特图计划发生延误,可以通过赶工等方式赶回,而里程碑计划不一定延误,不一定会影响整个项目的总工期;但如果里程碑计划中的关键事件推迟,整个工期就会延误,所以要密切关注里程碑计划,确保里程碑计划的实现。

二、资源需求计划、成本预算和资金使用计划

资源需求计划(Resource Requirements Planning)、成本预算(Cost Budget)、资金使用计划都是成本计划的表现形式。资源需求计划是成本管理的基础,成本预算是成本管理的重点,资金使用计划是资金准备和资金支付的依据。资源需求计划服务于项目进度计划,什么时候需要何种资源,要根据项目进度计划而确定。根据资源需求计划进行成本预算,列出成本总额和成本明细,这是成本控制的主要依据。在此基础上,编制资金使用计划,分“科目”和“时间”两个维度。纵向表示科目,可以来自项目的工作任务分解;横向表示时间,根据项目的需要,时间可以按照日、周、月或年来划分。每一个科目所需要的资金分解到具体的时间,形成了整个资金使用计划。

(一) 资源需求计划

资源需求计划反映项目需要用的人、设备、材料等资源以及每种资源的需要量。因为项目的资源需求包括人、财、物,所以,资源需求计划可以分为资金需求计划、物质资源需求计划和人力资源需求计划三大类。资金需求计划在成本计划中得到体现,这里的资源需求计划主要包括物质资源需求计划和人力资源需求计划。

资源计划的编制需要遵循一定的流程。首先,需要进行资源需求分析,通过分析确定工作分解结构中每一项任务所需的资源数量、质量及其种类。其次,进行资源供给分析。资源供给可以从项目组织内部解决,也可以从项目组织外部获得,要分析资源的可获得性、获得的难易程度,以及获得的渠道和方式。再次,进行资源分配与计划编制。资源分配是一个系统工程,既要保证各个任务得到合适的资源,又要努力实现资源总量最少,并且保证资源的使用平衡。在合理分配资

源时，所有项目任务都分配到所需资源，而所有资源也得到充分的利用。

人力资源需求计划是资源计划的重要组成部分。人力资源的需求与工作任务紧密相关，根据工作任务分解，可以明确该项目需要做的工作，每一项工作都需要安排合适的人员来担当。见表2－5。人力资源的需求还与项目成功运作后的工作岗位需求有关。项目正式投产后，需要多少技术工人、多少管理人员和多少工程师等。样式如图2－13所示。

表2－5　电动车研发项目的人力资源计划

编码	任务名称	人力资源种类	工 时	人 数	工期(周)
111	总体方案	工程师	2 000	20	1
112	技术方案	工程师	1 500	5	2
113	外部形状	工程师	1 500	8	2
121	发动机研究	工程师	3 000	5	5
122	发动机试制	工人	5 000	5	6
123	发动机测试	工程师	1 500	8	5
131	控制系统研究	工程师	6 000	5	5
132	控制系统试制	工人	7 000	20	8
133	控制系统测试	工程师	3 000	12	5
141	总组装	工人	3 000	25	3
142	总体测试	工程师	1 500	25	2
150	项目管理	管理人员	3 000	5	26

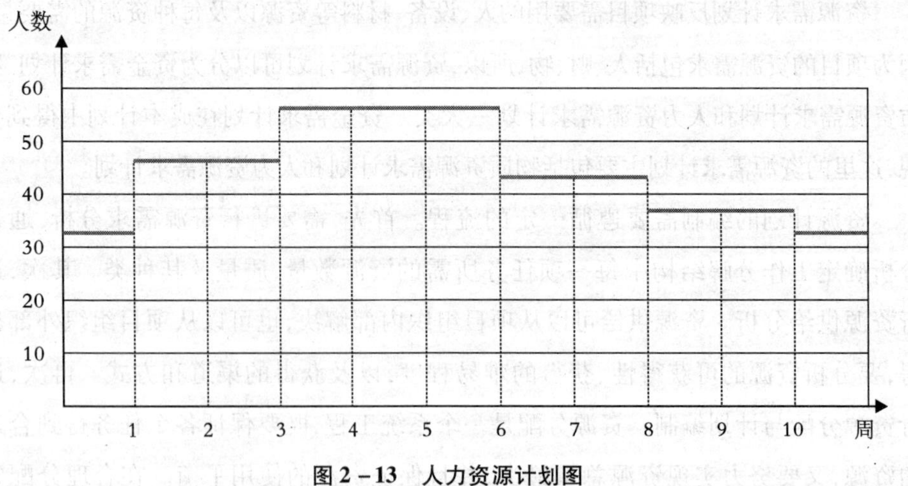

图2－13　人力资源计划图

（二）项目成本预算

1. 成本估算是成本预算的基础

在项目决策阶段，首先要进行成本估算，界定大致的项目成本范围。美国项目管理学会（PMI）成本估算的方法是，在对项目的建设规模、技术方案、设备方案、工程方案等研究的基础上，估算项目的总投资，这种成本估算方法与我国项目投资估算基本相似。成本估算的方法主要有以下几类。

（1）专家判断法。专家判断法是组织专家运用其项目管理理论及经验对项目成本进行估算的方法，该方法适用于项目成本估算精度要求不高的情况，也可以称作自上而下法。专家判断法可以采取专家集体讨论法，也可以采取德尔菲法（Delphi Method）。其中，专家集体讨论法通过专门成立成本估价专家小组，专家们根据经验提出自己的见解，然后共同讨论，达成一致意见，最终得出成本估算额。而德尔菲法是指专家们互不见面，由一名协调者汇集专家意见并整理，编制项目成本估算。

（2）工料清单法。根据项目的工作分解结构，把较小的、相对独立的工作单元的估算成本加总，然后计算出整个项目估算成本的方法。它通常首先估算各个独立工作的费用，然后再从下往上汇总估算出整个项目费用。工料清单法的优点是直接参与项目建设的人员更清楚项目涉及活动所需要的资源量，在“子任务”级别上对费用的估算更为精确，并能尽可能精确地对整个项目费用加以确定。工料清单法的关键是组织项目最基层的工作单元负责人参加成本估算，并止确地对其估算结果加以汇总。

（3）参数估算。参数估算又称参数模型法，根据项目成本重要影响因素的特性参数，建立数学模型来估算项目成本的方法。通常是将项目的特征参数作为预测项目费用数学模型的基本参数，模型可能是简单的，也可能是复杂的。如果模型可以依赖于历史信息，模型参数容易量化。

2. 成本预算是成本估算的深化和具体化

在做好成本估算的基础上，接下来最重要的就是要进行成本预算。成本预算就是把项目的总成本分解到各工作单元中去,或分摊到各个工作阶段。成本预算是成本估算的深化和细化,详细地反映了成本的具体构成或分布情况。

(1) 项目成本预算的原则

第一,在投资总额的约束条件下,追求资金使用效率最大化。在制定成本预算时,要尽可能做到准确。如果对某一个工作单元分配资金过多,会造成浪费;如果某一个工作单元分配资金过少,会造成无法完成预期任务或质量无法保证的结果。因此,成本预算的过程就是在投资总额的约束条件下,进行资金合理分配的过程。第二,编制成本预算,要留有一定的余地,即预算应具有一定的弹性,使预算具有一定的适应条件变化的能力。通常可以在整个项目预算中,留出一定比例的不可预见费用,以应付项目进行过程中可能出现的意外情况。

(2) 项目成本预算的编制方法

最常用的项目成本预算编制方法是成本费用分解法,可以按照工作类别进行分解,也可以按照时间进度进行分解。根据工作分解结构,项目被分解为多个工作任务单元,形成一种系统结构。项目成本预算就是将投资估算总费用准确地分配到 WBS 的每一个组成部分,从而形成与 WBS 相同的系统结构。具体预算可以采取自上而下预算或自下而上预算的方法。自上而下预算是指以类似项目的实际成本为基本依据,通过经验进行调整,把投资总额分摊到各个子任务中去。项目组可以根据工作分解结构进行成本费用分摊,并编制该项目的成本预算表。自下而上预算则是将项目任务分解到最小单位工作单元,对每个工作单元进行具体的成本预算,然后通过逐层汇总,累加起来就是项目总成本。项目相关人员都要参与项目的预算,通过交流沟通可以避免成本预算争议,而且预算比较准确。两种方法都需要成本预算者具有较为丰富的预算工作经验。

(3) 项目成本预算的步骤

第一步,进行成本的部门化预算。部门化预算可以采取自上而下的分解预算,借助项目工作分解结构图,把总成本层层向下分解,全部分解到各个子任务单元或者部门。如果采取自下而上预算,先对各个工作任务单元进行详细预算,然后汇总形成整体预算，最终确定项目总成本。部门化预算可以详细地反映各个工作任务单元的成本预算情况，见图 2－14 和表 2－6。第二步，进行成本的阶段化预算。把成本按项目进度计划分解到项目的各个阶段，建立每一时段的项目预算成本，并制定累计预算成本，以便在项目实施阶段进行成本控制。基于时间的成本预算分解图按照时间进程进行预算，反映了各个阶段需要的成本。见图 2－15 和图 2－16。

（4）项目成本分解图

在投资总限额范围内，把成本费用分解到各个具体的工作任务，确定每项工作分配多少费用才能完成。成本分解样式见图 2－14。

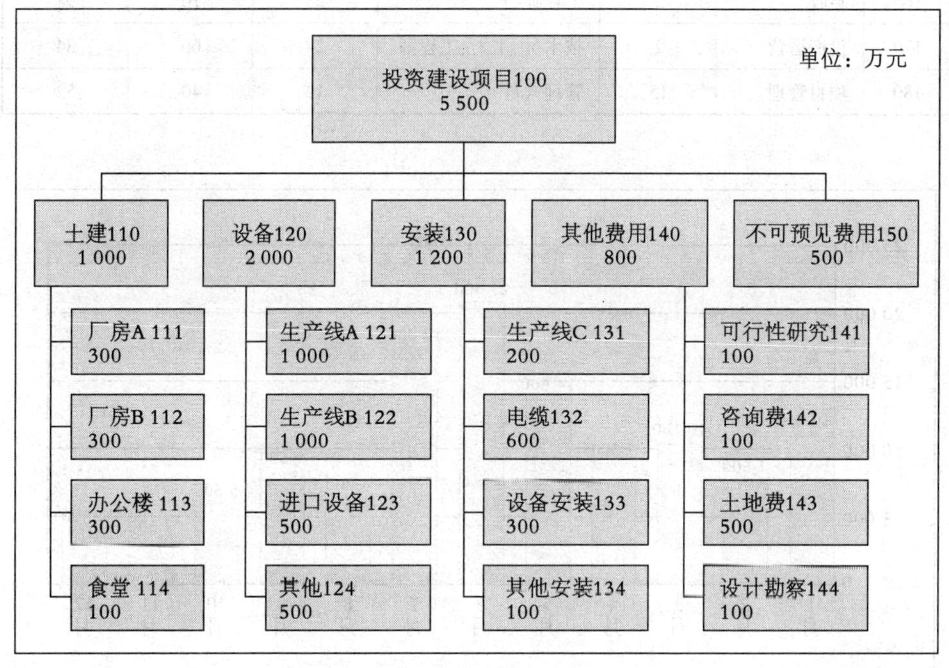

图 2－14　WBS 成本结构图

确定每项工作的人力费用与材料费用，然后汇总。假设工时费用为工程师 80 元/小时，管理人员 60 元/小时，工人 40 元/小时。成本分解表样式见表 2－6。

表 2－6　成本分解表

编码	任务名称	工期(月)	人力资源种类	人力费用(万元)	材料费用(万元)	总费用(万元)
110	可行性研究	3	工程师	6	–	20
120	工程设计	3	工程师	12	8	20
130	施工招标	2	工程师	12	2	14
140	施工安装	5	工人	200	800	1 000
150	设备采购	10	工程师	200	50 000	50 200
151	设备安装	4	工程师	30	100	130
152	设备调试	2	工程师	48	50	98
160	验收	2	工程师	28	70	98
170	投产运营	2	技术员、工人、工程师	24	60	84
180	项目管理	15	管理人员	12	40	52

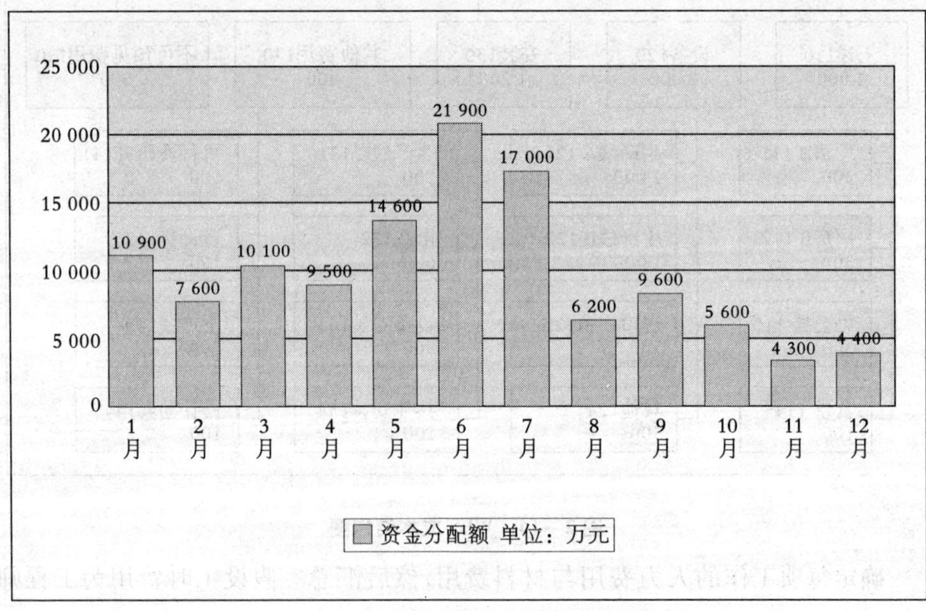

图 2－15　费用分配图

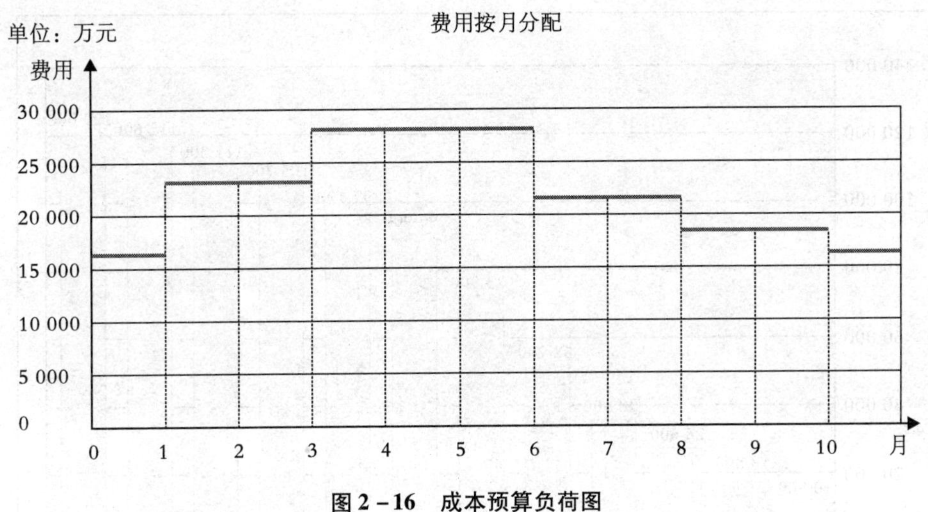

图2－16　成本预算负荷图

（三）资金使用计划

资金使用计划是在成本预算的基础上编制而成。资金使用计划可以分为两个维度，纵向代表科目，科目的内容来自 WBS，可以按照不同的依据来划分；横向代表时间，可以选择天、周、月、季度或年。具体选择哪种时间单位，要根据项目持续时间长短进行选择，遵循"满足需要"的原则。资金使用计划具有重要作用。首先，项目资金使用计划把每月或每周所需的资金非常清楚地呈现，为项目管理提供直观的资源支出趋势的参照系。其次，项目资金使用计划反映了资金的预算，为财务部门准备资金提供了依据，也为成本过程控制提供参照标准。表2－7是资金使用计划表样式。图2－17是累积资金使用计划曲线图。

表2－7　资金使用计划样式　　单位：万元

	小计	1月	2月	3月	4月
土　建	4 000	500	1 000	2 000	500
设　备	24 000	8 000	4 000	4 000	8 000
安　装	5 000	500	1 000	3 000	500
工程其他费用	8 000	2 000	2 000	3 000	1 000
预备费用	2 000	500	500	500	500
总　计	43 000	11 500	8 500	12 500	10 500

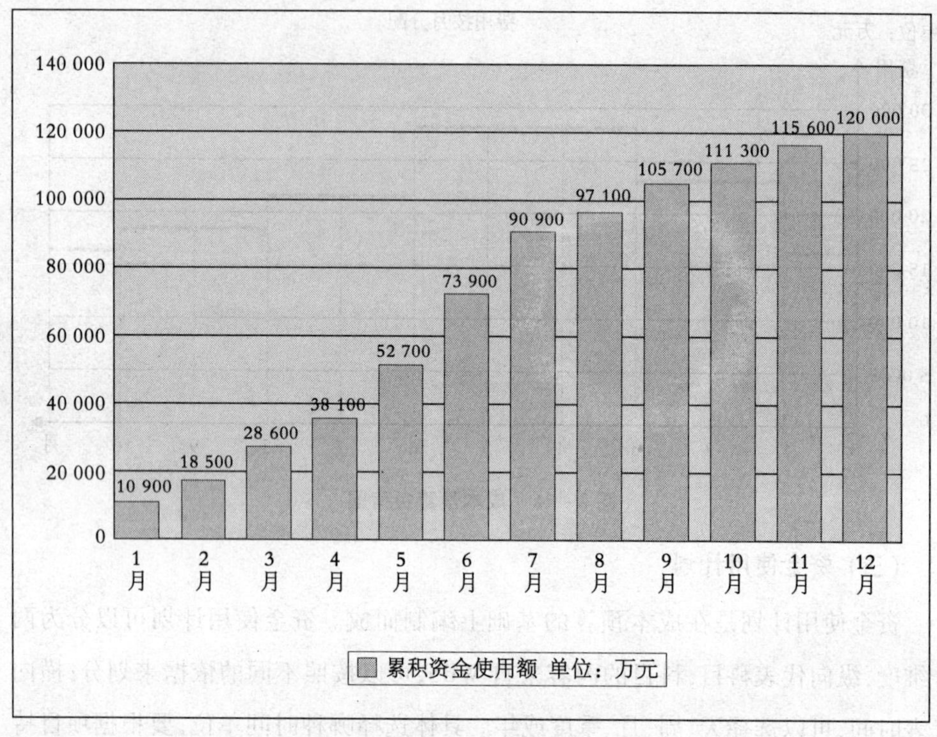

图 2－17 累积资金使用计划曲线图

三、质量计划

项目质量计划是根据项目的特点和要求，专门为项目编制的、规定该项目质量目标、保证措施、资源优化配置和活动顺序的项目管理文件。项目质量计划在项目初始阶段由项目经理组织相关部门进行编制。质量计划是项目主体对项目全过程进行质量控制的基本依据，是达到项目质量的重要保障。质量计划也是向客户展示其具体实现质量目标的措施和方法，是客户对其质量活动进行监督的依据。质量计划具有系统性特征：首先要明确质量目标，即本项目要达到的质量管理目标，包括功能质量目标、效益质量目标、产品质量目标等。其次，明确质量管理职责，明确质量管理责任主体，为质量保证提供组织保证。再次，确定质量管理流程和验收准则，保证质量计划的系统性。接下来，确定过程风险和质量控制点。

最后,还要明确对过程和产品进行测试的计划和方法。

2.3　项目管理的实施

项目实施的过程是项目资源配置的过程,是组织、指挥、协调和控制的过程。项目实施过程中,要保证信息流、实物流和资金流的通畅,并保持“三流”的相互配合与协同,促进项目的有效实施。首先,组织资源,有效配置。项目正式实施后,需要大量的资源,包括人力资源、财务资源和物质资源。这些资源在前期已经做好了充分准备,现阶段主要是有步骤、有计划地对这些资源进行有效配置,保证资源有效发挥作用。其次,指挥协调,协同一致。项目涉及多方主体,项目管理团队需要协调好多方的行动,保持信息流、实物流和资金流通畅,按照计划协同行动,达到协调一致的效果。对于出现的不一致现象,要做好沟通和协调工作,保证按计划推进。再次,对团队队员进行有效激励。在项目实施过程中,要保证项目管理团队处于有效工作状态,通过对每个队员的精神激励和物质激励,发挥每个员工的主观能动性。通过团队队员的工作成效,让每个员工富有成就感。另外,对团队队员工作绩效进行评估。缺乏绩效评估的组织是没有战斗力的组织,应该对组织和成员的工作态度、工作状态、工作成效进行定期评估。对于做出成绩的成员,要及时肯定并进行奖励,对于工作不力的成员要及时指出并帮助,保证团队处于有效工作状态。在项目实施过程中,如果能做到组织有力、指挥得当、协调有序,项目就会顺利进行。在项目实施过程中,风险管理、采购管理、合同管理和信息管理是重要内容。

一、风险管理

(一) 风险管理的内容

项目需要投入大量的资源,如果对风险认识不足,没有事先准备应对的预案,一旦风险因素爆发,可能导致无法挽回的损失,所以风险分析和控制是风险管理的重要环节,应引起项目管理者高度重视。

1. 编制项目风险管理计划

项目风险管理计划是项目管理各相关部门和项目生命周期各环节风险管理措施的系统集成,是项目风险管理的总则和日常风险管理工作的依据。危机管理预案是针对项目建设中可能会遇到一些突发性危机而制定的计划。一旦紧急事件发生,危机管理预案启动,可以减少损失,有效处理危机。科学合理的风险分析和评估以及风险管理预案为风险管理提供了保障。

2. 进行风险管理监控

风险管理部门和相关人员要有强烈的风险管理意识,促进风险管理工作的常态化。风险控制部应当编制风险管理日志,定期组织召开风险管理例会报告项目风险状况,对项目的风险实施持续管理和日常跟踪。对于出现的风险要及时采取有效措施,进行风险控制。

(二) 项目风险管理的方法和工具

风险管理分成三个环节,第一个环节是寻找到关键的风险因素,第二个环节是进行风险度量,第三个环节是风险控制和规避。首先进行风险因素(Risk Identification)分析,找到项目存在的风险因素。在此基础上,进行风险度量(Risk Quan-

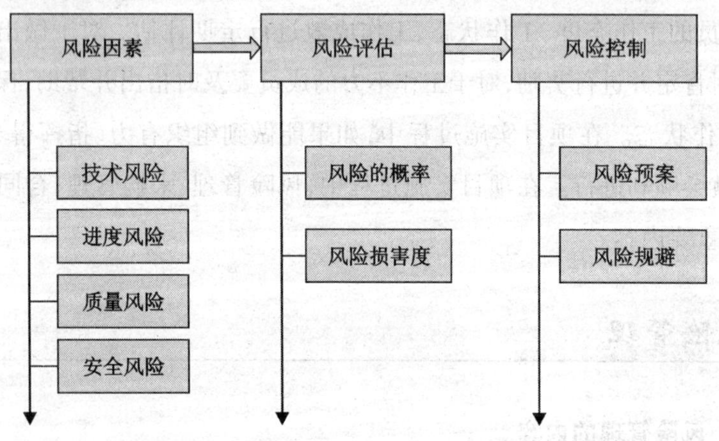

图 2-18 风险管理过程

tification),判断风险发生的概率和可能带来的损害程度,以及导致风险的关键要素。然后进行风险控制(Risk Response Control),制定风险对策,进行有效控制。风险对策是针对风险影响关键因素而制定的,具有针对性、经济性和可行性的特点。见图2-18。

1. 识别风险因素

各个项目的特点不一样,存在的风险因素肯定相差很远,根据项目的种类,寻找相关经验丰富的专家,采取风险分解法或专家调查法,列举出项目面临的主要风险因素,以及引起风险的主要原因。如某项目的风险因素可以分为市场风险、技术风险、财务风险、工程风险和管理风险,见图2-19。

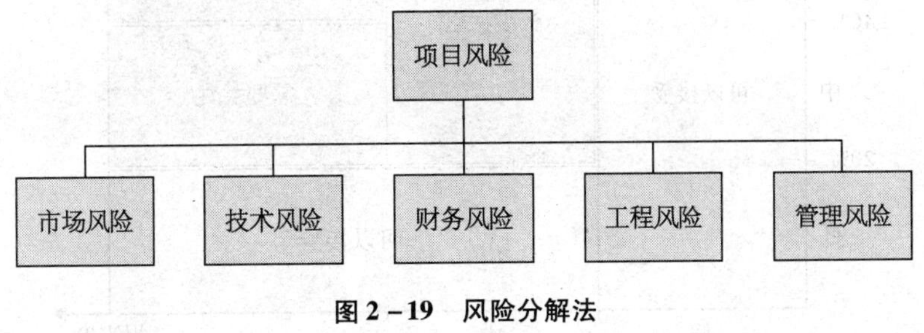

图2-19 风险分解法

2. 进行风险度量

风险度量的过程是相对量化风险的过程,通过风险度量,评估风险发生的可能性、对项目的影响程度,以及导致风险的关键要素。

风险评估常用的工具之一是风险的概率—影响矩阵,用横坐标表示风险带来的损害程度,用纵坐标表示风险发生的概率。把整个区间分成三个区域,风险分析矩阵可以判断风险的状况,从而采取有效对策。见图2-20。风险发生的概率也可以分为五个层级:很高、较高、一般、较低、很低。风险发生的概率"很高"是指该风险发生的概率在80%以上;风险发生的概率"较高"是指该风险发生的概率在60%到80%;"一般"是指该风险发生的概率在40%到60%;"较低"是指该风险发生的概率在20%到40%;"很低"是指该风险发生的概率在0到20%。风险可能造成的影响程度也可以分为五个等级:重大影响、较大影响、一般影响、较小影响、可忽略影响。风险的"重大影响"是指可能带来的损失很大,使项目由可行变为不可行,如果采取有效的应对措施,项目仍可以正常实施。“较大影响”是指可能影响项目的重要目标,但在项目可行性的接受范围之内。“一般影响”是指一般不影响项目可行性,但对于项目的目标有一定的影响。“较小影响”是指局部的可能产生的阻碍性的影响,但不影响整体目标。通过建立风险的概率—影响矩阵,可以比较直观地表示本项目的风险状况,包括风险出现的概率和风险的影响大小。

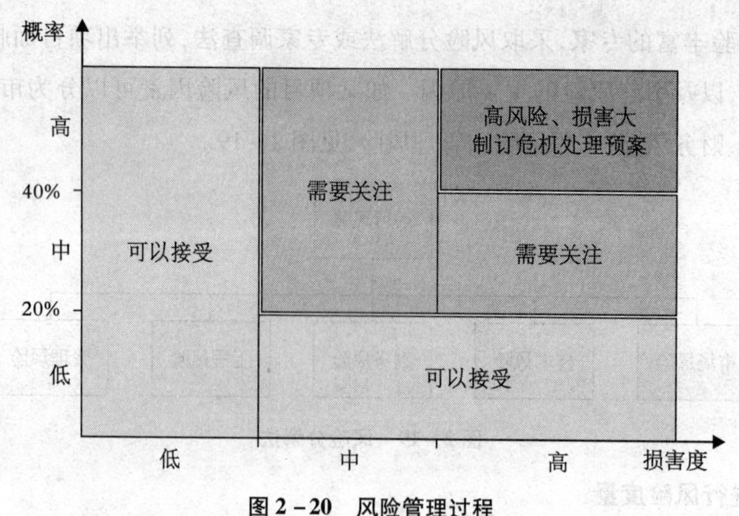

图 2－20　风险管理过程

对横坐标的风险概率和纵坐标的风险影响可以采取专家定性评估法。可以设计风险评估调查表,以信函、会议或其他形式向相关专家进行调查。每位专家依据自己专业知识和经验独立完成对各类风险因素影响程度的评估,最后汇总专家意见,得出项目风险的状况。根据经验数据,专家人数一般在 20 人左右比较合适。风险影响程度—风险概率评估见表 2－8。

风险评估工具之二是风险综合评价法。风险综合评价取决于两个因素:一个是风险的重要性,另一个是风险发生的可能性。两个因素的乘积反映了风险程度。风险综合评价法首先列出投资项目的主要风险清单,判断每个风险因素对项目影响的重要性。根据专家意见,赋予该风险因素权重,所有权重之和等于 1。然后,估计每一个风险发生的概率,很高 5 分,较高 4 分,一般 3 分,较低 2 分,很低 1 分。根据风险因素概率的评分与权重相乘,分别得出每一个风险因素的风险程度。

表 2－8　风险影响程度评估表

风险因素		风险影响大小					风险发生的概率					备注
		重大	较大	一般	较小	可忽略	很高	较高	一般	较低	很低	
1	市场风险											
	实际供需与预测偏差		√				√					
	产品价格			√				√				
	竞争对手					√						
2	技术风险											
	新技术出现			√					√			
	设计缺陷									√		
3	工程风险											
	地质条件				√			√				
	水文条件		√						√			
4	费用风险											
	费用分配不当			√						√		
	延期费用				√			√				
5	进度风险											
	单体进度	√					√					
	供需不合理								√			

表 2－9 是风险综合评价表。这里风险加权平均数为 3.1，处于一般风险以上，表示该项目具有一定的风险程度。也可以进一步细化，直接列举具体的风险影响因素，赋予权重，估计发生的概率，然后打分。表 2－10 是另一个风险综合评价表。这时的风险评估更加具体准确，因为风险因素更加具体，容易做出准确的判断。这里风险加权平均数为 2.4，处于较低风险和一般风险中间，表示该项目风险程度较低。

表 2－9　风险综合评价表

风险因素	权重	风险发生的概率					风险程度
		很高 5	较高 4	一般 3	较低 2	很低 1	
1. 市场风险	0.2		√				0.8
2. 技术风险	0.4			√			1.2
3. 工程风险	0.2				√		0.4
4. 费用风险	0.1		√				0.4
5. 进度风险	0.1			√			0.3
合　计	1						3.1

表 2-10 风险综合评价表

风险因素	权重	风险发生的概率					风险程度
		很高 5	较高 4	一般 3	较低 2	很低 1	
实际供需与预测偏差	0.1		√				0.4
产品价格	0.05			√			0.15
竞争对手	0.05				√		0.1
新技术出现	0.2			√			0.6
设计缺陷	0.2					√	0.2
地质条件	0.1				√		0.2
水文条件	0.1					√	0.1
费用分配不当	0.05			√			0.15
延期费用	0.05			√			0.15
单体进度	0.05			√			0.15
供需不合理	0.05		√				0.2
合　计	1						2.4

3. 风险管理的职责分工

项目经理是项目风险管理的主要负责人。项目经理的主要职责是建立项目风险管理组织机构,制定风险管理计划并确定相关责任人。项目经理需要组织相关人员对项目生命周期各环节的风险进行识别、评估和分析,组织相关部门和人员选择符合项目特点的风险管理方法和技术,全面把握项目风险管理计划的动态适时调整。风险控制工程师是项目风险管理的专业人员,具体负责项目风险管理的现场操作和技术处理,编制项目风险因素分析和风险评估报告,汇总各部门的风险管理报告并采用恰当的方法进行技术处理,为编制项目风险管理计划提供基础依据,并根据项目风险管理计划实施动态风险管理和现场跟踪。项目风险管理专职人员负责项目风险管理计划的具体实施、现场协调和流程监控,协调并汇总各相关部门的风险管理措施,定期对各部门进行风险管理流程跟踪检查,组织实施风险管理计划的更新和调整。

4. 制定针对性的风险对策

针对每一个风险因素的影响程度和发生概率采取不同的风险规避方式,可以自己控制、承担,也可以转移或回避。对于发生概率小,或者损失不大的风险,可以选择“接受风险”的对策。项目中不可避免有大量问题出现,在后果不严重的情况下,多数风险都是可以接受的。对于发生概率较大、带来的损害较大的情况,可以选择“风险控制”对策,采取相应措施,阻止或减轻风险对项目的影响,这是风险管理中的积极策略。对于具有高概率且损害大的风险,应当采取“风险转移”的措施,寻找更多的合作伙伴,风险就会分摊给合作方,也可以通过保险的方式转移给第三方。对于高概率、大损害的风险,可以选择“回避风险”的对策。当然,终止项目不是风险管理的目的,积极防范和化解风险才是风险管理的关键。见表2－11。

表2－11　风险对策

风险类别	风险内容	主要后果	风险措施	风险处置
技术风险	技术的先进性 技术的可靠性 设计缺陷	产品先天不足	选派一流的技术人员,选择先进的、成熟的设备和技术	承担风险
管理风险	关键人物离开 采购风险问题 权责不清问题	影响进度、成本、质量,项目失败	慎重选择 制度管理 加强控制	回避
费用风险	费用分配不当 延期风险	工作效率低 进度无法按时	费用分配合理化 加强控制	减少风险
时间风险	工时、工序安排不合理 单体进度控制不好	影响项目进度 影响项目进度	加强实施过程中的管理与控制	控制风险
市场风险	市场供需关系实际情况与预期发生偏离 项目产品市场竞争能力或竞争对手情况发生重大变化 项目产品和主要原材料的实际价格与预期价格发生较大偏离	影响效益	根据实际环境,及时调整策略	控制风险
工程风险	工程地质条件、水文地质条件与预测相比发生重大变化,导致工程量增加、投资增加、工期延长	进度问题 成本增加	加强前期论证和管理	控制、转移保险
资源风险	资源类开发项目矿产资源的储量、品位、可采储量、工程量等与预测发生较大偏离,导致项目开采成本增加,产量降低或者开采期缩短	未能实现目标	获取真实信息 加强前期论证	转移或回避

二、采购管理

（一）采购商品或劳务

1. 采购对象包括商品和劳务

任何项目都会涉及采购，这里的采购是一个广义的概念，包括商品采购和劳务采购。采购管理是项目执行过程中的重要管理内容。小项目的采购量不大，采购管理相对比较简单，但是，对于大型项目来说，采购的范围很广，采购管理至关重要。大型建设项目的采购既有商品采购，又有劳务采购，项目的勘察、设计、施工和监理等劳务主体的选择属于劳务采购，而设备、材料等供应商的选择属于商品采购。

2. 招标是采购商品或劳务的重要方式

大型项目的采购量非常大，招标是选择合适供应商的有效方式。招标是选择供应商的过程，是市场经济条件下的一种有组织的商品交易行为，是竞争最为充分的采购方式。由福利经济学第一定理可知，在不存在外部效应的情况下，任何竞争性的均衡都是“帕累托有效的”。招标可以发挥信息广泛传播的功能，让更多具备条件的企业来应标，为业主选择合适的供应商提供了良好条件。多家供应商同台竞价，通过市场化方式确定交易价格，容易发现均衡价格。通过招标方式，让实力强大、管理先进的企业或具有比较优势的企业参与竞标，可以使业主方进一步了解投标方的技术能力和管理水平，对技术及设备方案的完善起到促进作用，保证配置资源和整合资源效率最大化。

（二）选择合适的招投标方式和组织形式

招投标方式包括公开招标和邀请招标。公开招标是指以招标公告形式，邀请不特定法人投标。邀请招标是指以投标邀请书的方式，邀请特定法人投标。一般情况下，公开招标是得到广泛认可的招标方式，特别是政府投资的大型项目，一般采取公开招标方式。招投标的组织形式包括自主招标和代理招标。招标人自主招标的，需要招标方具有编制招标文件和组织评标的能力和经验。拟自行招标的,应按照《工程建设项目自行招标试行办法》的规定报告书面材料。如果企业没有编制招标文件和自主评标的能力,可以采用委托招标机构代理招标的方式。对于大型项目,选择供应商的招标需要选择招标代理机构。招标代理机构是依法成立的、从事招标代理业务的社会中介机构。招标代理机构具有编制招标文件和评标的专业力量,并建立评标委员会的经济技术方面的专家库。选择了合适的委托代理招标机构以后,业主方需要与委托代理招标签订合同,明确双方的责任和义务,并及时进行全方位沟通,确保满足业主要求,并符合招投标法规。

招标的基本流程是制定招标方案、编制招标文件、发布招标公告或投资邀请、发售招标文件,然后进行评标、开标、定标,签订合同。依据《招投标法》,招标文件包括投标邀请书、投标须知、合同条款、附件等,是招标人最基础、最重要、最完整的法律性文件,是向投标人公开提供的编制投标文件的唯一依据,是评标委员会评标选用的评标标准的根据,也是投标人与中标人签订合同的基础。在投标与开标阶段,首先要对投标人进行资格审查,包括资格预审和资格后审。资格预审是在投标前对潜在投标人进行资格审查,这样可以减少不合格投标人的投标,只选择实力较大且信誉较好的投标企业,可以减少评标工作量,缩短评标周期。当投标人过多时,招标人可以从中选择 7 家以上的投标人参加投标,这是被较多采用的审查方式。资格后审是在开标后评审投标人资格。投标人制定投标文件,按照招标文件规定的时间进行投标,并缴纳投标保证金。在招标文件规定的截止日期前,投标人可以补充、修改或撤回已提交的投标文件。投标人少于 3 个的,视为流标,招标人应当依法重新招标。在评标管理阶段,首先进行评标准备工作。选择和确认评标委员会成员身份,评标委员会成员要符合《招投标法》的规定,不得有其主管部门或其他行政部门的代表参加评标委员会。评标委员会成员人数是单数,且在 5 人以上,其中技术、经济方面的专家占总数的三分之二以上。评标的主要程序如下:首先,进行符合性检查,主要是投标文件的有效性、完整性、与招标文件的一致性。其次,进行技术评审,主要审查投标方的技术能力能否满足施工的需要。再次,进行商务评审,主要是对投标报价的评审,给出最后的评标价。接下来,进行投标文件澄清,主要是对投标文件中有些含义不清的地方,需投标人澄清与说明。最后,进行综合评价,进行排序,编制评标报告,推荐中标候选人。一般情况下,满足招标文件实质性要求的,经评审后排名第一的中标候选人就是最终选中的中标人,如果排名第一的企业出现不可抗力因素或其他变故不能履行合约的,可以选择排名第二的候选人作为中标人。评标过程中投标文件会出现偏差问题,偏差可以分为细微偏差和重大偏差。细微偏差是指投标文件实质上响应了招标文件的要求,但是投标文件里个别地方的数据或技术信息方面存在不准确或不一致现象,细微偏差不影响投标文件的有效性。在评标过程中,如果出现细微偏差,可以用书面方式要求投标人在评标结束前予以补正。重大偏差是指投标文件没有实质上响应招标文件的要求,表现为项目期限超过招标文件规定的期限、投标文件中的技术规格和标准不符合要求等,重大偏差的视为"废标"处理。在合同签订阶段,中标通知书发出30天内,招标人与中标人签订书面合同。根据招标文件的规定,双方权利义务达成一致,在签订书面合同的过程中,任何一方都不得改变招标文件规定的实质性内容,不得提出其他附加条件。

三、合同管理是项目执行环节的管理核心

在项目管理过程中,合同管理是核心。项目的参与主体可能比较多,各参与方与项目业主的关系都是通过合同来维系,业主通过合同管理实现预期的目标,业主在合同管理中处于主导地位。同时,项目涉及大量的信息,信息管理与合同管理相互渗透,信息管理包含了合同管理的内容,合同管理也包含着信息管理的内容。

1. 项目合同的地位和作用

合同是项目管理的重要内容。合同是规定项目业主与第三方之间权利和义务的契约。为了保证合同的全面履行,要保证合同的合法性、严密性和可追溯性。项目合同管理分项目合同签订前的管理和合同签订后的管理。项目合同签订前的管理是指收集有关项目信息、拟定招标方案、合同起草、合同谈判、签订合同等工作。项目合同签订后的管理是指合同的执行和合同执行情况的监督,包括合同内容的变更、相关索赔、纠纷的处理等。合同管理在项目管理中处于中心地位,是

项目管理的依据和手段，是双方权利和义务的保证，也是解决争议的法律依据。在合同管理中，业主是最终风险的承担者，所以，业主在合同管理中要发挥主导作用。

2. 项目合同是一个复杂的体系，需要专业的管理

对于大型项目，特别是建设项目，合同非常繁杂，包括工程咨询合同、勘察设计合同、招标代理合同、施工合同、监理合同、材料供应合同、设备采购合同、保险合同、借贷合同等。业主在项目实施阶段的管理主要围绕合同管理展开，督促各参与方按照合同规定进行项目推进。对于投资建设项目，因为业主一般缺乏工程项目管理的经验，需要聘请咨询工程师帮助策划合同体系方案。工程咨询公司帮助推荐选择合同的类型、合同模式和合同之间的协调，进一步帮助草拟合同条款，协助业主谈判及签订合同，并帮助业主监督合同实施。

3. 合同审查的要点

第一，审查合同的合法性。包括当事人有无签订、履行该合同的权利能力和行为能力；合同内容是否符合国家法律、政策规定；当事人的意思表示是否真实一致，权利、义务是否平等；订约程序是否符合法律规定。第二，审查合同的严密性。包括合同应具备的条款是否齐全；当事人双方的权利、业务是否具体、明确；文字表述是否确切无误。第三，审查合同的可行性。包括当事人双方特别是对方是否具备履行合同的能力和条件，预计取得的经济效益和可能承担的风险，合同非正常履行时可能受到的经济损失。

四、信息管理是项目执行环节的保证

信息管理是项目管理的重要内容。科学的信息管理可以促进信息快速传递，保证项目正常运转。信息管理一方面保证信息传播的有效性，另一方面保证信息的完整性，促进对项目运行过程进行完整记录。信息管理的内容包括信息的收集、整理、处理、传递、共享和储存。信息管理具体包括项目信息系统建设方案、信息共享方案、信息传递方案、信息归档方案。项目信息需要上传下达，重要项目信息需要及时传送给决策层，而决策层的信息需要及时下传给项目组，确保信息交换的畅通。信息管理还包括对项目的信息设备、仪器进行维护、保养，保证信息渠道和机制的正常运行。项目的信息需要长期保存，所以，完善项目信息的安全措施、维护信息运行及数据安全、做好信息归档是信息管理的重要内容。

2.4 项目管理的控制

项目管理的执行过程伴随着控制过程。在项目执行过程中，项目管理团队需要对项目进程、资金支付、质量状况以及可能出现的风险进行全过程控制，及时发现问题并进行处理，对于出现的偏差，及时协调各方进行修正，保证按照计划执行。

过程控制主要是进度控制、成本控制和质量控制。过程控制的依据是进度计划、成本计划和质量计划。如果在执行过程中出现偏差，要及时采取措施纠偏，按计划执行，达到预定目标。成本、进度、质量的控制应该遵循“三全”控制。首先是全过程控制，从项目决策到每一个执行环节都要进行成本、进度、质量的控制。其次是全员控制，所有参与者都应该具有成本、进度、质量控制意识，并且主动地进行成本、进度、质量控制。再次是全面控制，整个项目围绕成本、进度、质量控制全面展开。进度控制循环见图 2 – 21。在项目执行过程中，项目管理者要经常问我们到哪儿了？我们应该到哪儿了？实际进度与计划进度是否存在偏差，如果存在偏差，要找到原因，针对原因采取有效措施，通过赶工或增加人手等手段，抓紧赶回进度，回到计划的轨道上来。成本控制循环见图 2 – 22。对于成本控制，要经常问我们支付了多少？我们应该支付多少？如果支付远远超过计划，要分析原因，若是成本问题，要考虑成本的控制，否则会超出预算；如果支付远远低于计划，要分析原因，可能是进度比计划慢了，满足不了进度的要求，导致资金支付远远低于计划。因此，资金的支付关系到进度、成本、质量等多个方面，可以从支付中分析项目的整体进展状况。

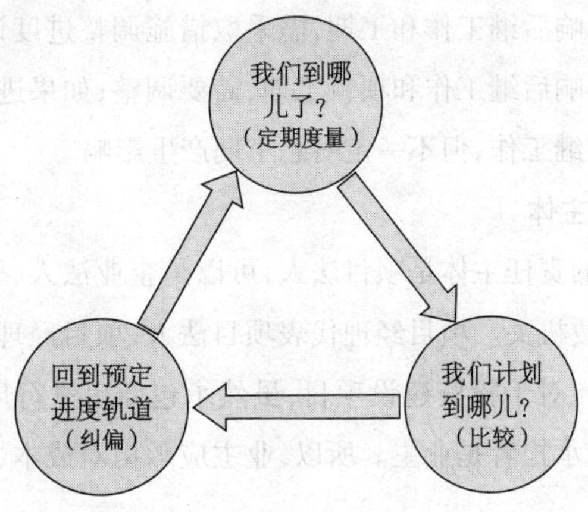

图 2－21　进度控制循环图

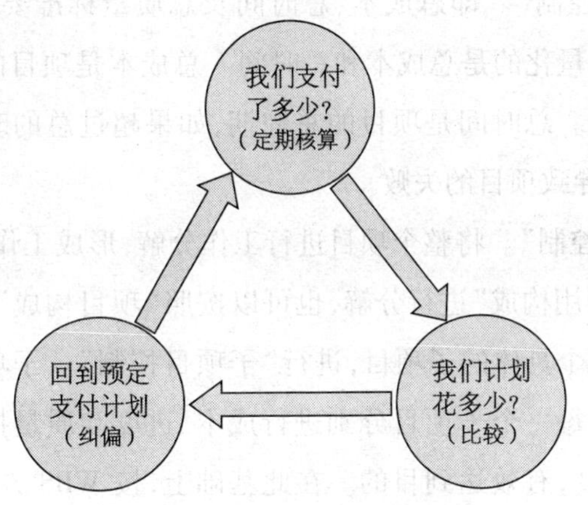

图 2－22　成本控制循环图

项目进度控制经常使用的一种方法或工具是“横道图比较法”，也就是将实际进度与计划进度相比较，发现进度偏差。具体做法是把实际进度也用横道线标示，与原进度计划的横道线并列，进行直观比较。通过实际进度与计划进度的比较，发现实际施工进度与计划进度之间的偏差。如果存在偏差，要搞清楚为什么存在偏差，对总工期产生怎样的影响，如何采取措施进行补救。对项目建设的进度进行监测、检查和比较分析，以书面的形式向项目管理决策层或主管部门提交项目进度报告。如果出现进度偏差，判断进度偏差是否在关键路径上，如果在关键路径上,必定会影响后继工作和工期,需采取措施调整进度计划;如果进度偏差大于总时差,必定影响后继工作和项目工期,需要调整;如果进度偏差大于工作自由时差,必定影响后继工作,但不一定对总工期产生影响。

1. 控制的责任主体

项目过程控制的责任主体是项目法人,可以是企业法人、事业法人,也可以是具有法人资格的行政机关。项目经理代表项目法人,项目经理是成本、进度、质量控制的第一责任人。对于投资建设项目,虽然承包商也进行成本、进度和质量控制,但是最终的风险承担者是业主。所以,业主应承担对成本、进度和质量控制的最终责任。

2. 项目控制的对象和方法

首先是“总量控制”。即总成本、总时间及总质量标准要达到预期的总体要求。其中比较容易量化的是总成本和总时间。总成本是项目的投资总额,实际的成本不得超过预算。总时间是项目的总周期,如果超过总的时间计划,就会引发一系列问题,可能导致项目的失败。

其次是“要素控制”。将整个项目进行工作分解,形成工作分解结构。工作分解时,可以按照“费用构成”进行分解,也可以按照“项目构成”进行分解。可以把大型项目分解成多个具体的子项目,进行“子项目控制”。子项目具有规模小、容易控制的特点。对每一个子项目分别进行成本、进度和质量控制,可以减小控制范围,提高控制力度,有效达到目的。在此基础上,按 WBS 方式进行再次细化分解,将总投资、总工期和质量要求分解成每一个工作单元,明确每一个工作单元的成本、时间和质量要求。对于子单元控制实行责任制,每个子单元的负责人是过程控制的第一责任人,负责本工作单元的成本控制、进度控制和质量控制。建立了良好的控制机制,每一个工作单元实行控制责任制,控制强度加大,容易达到控制效果。

以建设项目为例,可以按照子项目控制法进行质量控制。

(1) 设计质量控制子系统。保证设计的质量表现在两个方面:一是设计本身工作的质量;二是如果发现设计问题,必须解决后才能进入下一工序。项目的固有特性是工程设计时确定的，所以设计的质量控制至关重要。设计方的资质资格控制是设计阶段质量控制的第一个节点，勘察结果是第二个控制节点，一定要坚持勘察后设计。对设计的"工程质量标准"控制的把关是保证工程质量的重要环节。对设计工作本身的质量把关包括设计成果的正确性、各专业的协调性、设计文件的完备性、符合规定的详细程度等，业主组织有关专家进行深入且具有实质性的鉴定和审查。

(2) 材料设备采购质量控制子系统。保证采购的原材料和设备符合计划质量要求，具体体现在选择合适的、信誉度较高的供应商，在运输、装卸和保存环节都制定详细的方案。对易变质的原材料，在正式运用之前，还要实施检验，保证原材料的质量。材料设备采购的质量控制十分关键，包括供应方的资质控制、重要设备供应的质量计划以及材料的质量检验和保管。

(3) 施工和安装质量控制子系统。承包商具有质量控制的方案，业主质量控制的主要任务是监督和督促承包商执行质量要求计划。在隐蔽工程环节进行旁站管理，或设置停工监测点，督促并与监理公司一起监管施工质量。施工和安装工程的质量控制节点：承包方的资质控制是第一关；施工准备工作质量控制是第二关。

(4) 竣工验收、试车调试和生产准备质量控制子系统。最后的验收和试车及生产准备环节是项目质量控制的最后阶段。业主是竣工验收的组织者和协调者。业主组织设计单位、监理单位和承包商等相关单位参与验收。同时，业主又是主要参与者，始终处于主导地位。业主应该发挥积极作用，做好每一个方面的质量验收工作。试车调试由承包商组织进行，并书面提前两天通知业主，包括单机无负荷、联动无负荷试车以及联动有负荷试车等。项目管理团队要保持整个过程中的记录完整、及时和真实，并保证存档完整。

再次是"阶段控制"。在每一个阶段进行成本、进度和质量控制。根据国际分法，项目可以分为决策阶段、准备阶段、实施阶段和验收阶段。以比较复杂的投资建设项目为例，可以分为投资决策阶段、初步设计阶段、施工图设计阶段、招投标阶段、施工阶段和竣工验收阶段。虽然成本、进度和质量要进行全过程控制，但是对项目影响最大的是两个阶段，即决策阶段和设计阶段。在这两个阶段，投资方拥有自主权和决策权，是进行投资控制的重点。对投资控制来说，投资决策阶段进行投资估算，设计阶段进行设计概算和施工图预算，竣工阶段进行竣工决算。在这几个阶段中，要求竣工决算不能超过施工图预算，施工图预算不超过设计概算，设计概算不超过投资估算。同样，进度和质量控制也分阶段控制，每一阶段都保证按计划行事。特别要关注接口管理，及时发现问题，保证解决后才能进入下一环节。决策阶段的控制要求如下：投资估算要准确，既能满足达到预计功能或生产能力的资金需要，又不超过实际需要，投资估算额误差率不超过10%。设计阶段是成本控制的关键阶段，设计控制的目标是可研报告的投资估算。设计阶段投资控制的主要措施是优化设计方案。在初步设计以后，基于价值工程考虑，方案既能满足生产功能需要，又不至于设计标准过高，造成投资浪费。按照国家相关标准设计，可以降低成本。在设计前，规定设计概算范围不能超过投资估算。项目实施阶段投资控制的目标是将工程总造价控制在经审定的施工图总预算之内，也就是控制在工程标价和工程承包合同价范围之内。

2.5 项目验收和后评价

一、项目验收和后评价的概念

项目验收是项目管理的重要环节。在项目接近结束时，项目主体组织相关专家对整个项目成果进行整体的验收和评估。验收的主要目的是从项目管理视角，对项目是否符合预定要求、是否实现预定目标做一个整体判断。项目验收的主要内容包括：项目成果的质量是否达到预定要求，能否满足项目本身功能的需要；项目是否控制在总时间范围内，是否按照计划的进度推进；项目支出是否控制在投资总额范围内，是否按照成本预算分配资金；是否按照质量计划执行，是否保证预期的效果和质量。验收环节需要关注验收的及时性和验收方法的合理性。

后评价也是项目管理的重要环节。后评价是在项目运行一段时间之后，项目主体组织专家团队对项目进行一次全面的反思和评价。后评价的主要目的是对运行一段时候后的项目进行战略效果和运行效果评价，可以为后来的项目管理提供重要的经验总结。对于大型的投资建设项目，竣工验收完成后运行了一年后，投资主体可以从内、外部组织专家，对项目是否完成预定的战略性目标和项目运行效果进行后评价。从立项开始，到过程管理和最终验收结果做一个合理的整体判断，为后续项目总结有价值的经验。

二、项目验收和后评价的主要内容和流程

项目验收本身也是一个小项目，应该按照项目管理的方法，确定验收目标，组织专业人员，进行工作任务分解，制定时间计划、成本计划和质量计划。在验收过程中，进行过程控制，保证验收工作务实有效，而不是走过场。验收环节是事后评估，如果事前评估和事中评估做得到位，过程控制得好，验收环节可能比较轻松。即便过程控制得好，也要认真对待验收。

验收环节首先要评估项目成果的质量和功能是否达到要求。如果质量不符合要求或功能不能满足需要，应果断提出要求，给出验收不合格的决定，要求责任方整改。这方面牵涉到相关外部政府的分管部门，包括安全、消防、质检等部门，应妥善协调，参与验收。其次，检查项目管理团队项目管理工作的有效性。是否按照项目管理的方法，制定目标、计划，是否进行过程有效控制；是否按照流程和制度执行，是否有完整的流程记录等。对于大中型项目，企业验收团队要检查《项目建议书》、《可行性研究报告》、《项目管理计划》的批复流程；主要检查相关部门的审核、相关项目负责人和分管领导的审批等。检查项目合同签约流程执行情况、资金支付的流程执行情况，重点关注相关部门的审核、相关项目负责人和分管领导的审批等。再次，检查项目的原始资料、会议记录、各种合同、档案等各种信息是否分门别类进行整理，是否建立整个目录，可以按图索骥，形成完整的项目信息系统；同时，是否有完整的纸质版和电子版相互对应，这些是信息管理的重要方面，是项目验收需要关注的重要内容。

后评价也可以看作是一个小项目。按照项目管理的方法，确定后评价的目标，组织内、外部专业人员，进行工作任务分解，制定时间计划、成本计划和质量计划。在后评价过程中，进行过程控制，保证成果的真实性。后评价的主要内容是评估该项目经过一段时间的运行后，战略性目标是否可以实现；评估最初的决策是否正确，是否达到预期目的；评估项目是否达到预期效果，能否满足功能需要，是否实现了预期的效益目标、规模目标和市场目标；评估项目运行一段时间后是否出现新的问题，针对问题进行经验和教训总结。后评价是对项目的最后验证和评判。

★ 自测题

1. 项目管理中计划的重要性体现在何处？

2. 如何制定详细的、切实可行的项目管理计划？

3. 如何理解选择合格的项目经理对项目管理成功的重要性？

4. 如何理解合适的组织结构对项目管理的重要性？

5. 为什么要关注项目的过程控制？

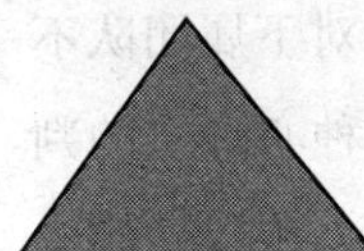

第3章　企业项目化管理的框架

本章精要

企业项目化管理是企业管理和项目管理的结合。如果企业采取团队式组织结构,就是完全的项目化管理;如果企业采取矩阵式组织结构,就是局部的项目化管理。对于大多数企业来说,既有稳定的、持续性的工作,又有项目型的工作,所以,企业的项目化管理更多的是局部式的项目化管理。针对企业的可项目化的经营工作,可以基于时间、领域或价值链,确定系列项目,按照项目化进行管理。明确项目的目标体系,建立项目计划体系、执行控制体系以及项目评估体系,最后验收和后评价,保证最终完成企业的整体目标。

3.1　挖掘企业的宝藏

一、企业发展的动力源于系统内部,员工是最宝贵的资源

很多高层管理者经常发出感慨:手持之兵不利,何以战?在企业里,有一个很奇怪但又很普遍的现象,绝大多数高层管理者总是对其下属团队的工作表现不满意,即使他的这个团队已经非常优秀了,完全可以胜任目前工作。为什么会出现这种反差?主要原因是高层管理者对下属团队的心理期望是动态调整的。下属团队在某些方面的素质和能力具备,可以满足岗位要求,但水涨船高,鞭打快牛,高层管理者总会找到下属团队其他方面的素质和能力还存在差距,出现对下属永

远不会满意的现象，我们姑且称之为“永不满意定律”。高层管理者对下属团队不满意是一个参照系的问题，是不断提高参照标准而形成的结果。这种心理上的判断体现在工作中，可能是对下属的期待持续提高，希望下属能更进一步以适应未来的发展。这里存在有种可能：一种是由于心理因素，而不能恰如其分地判断下属团队，从而形成对下属团队不满意的错误判断；另一种是下属团队确实不能胜任的情况。无论是错误的判断还是真实的状况，当高层管理者认为下属跟不上的时候，总盼望可以寻找到新的管理方法或者外部空降人员，希望新方法或空降人员能给组织带来重大变化。但引进空降人员的结果往往是惊人的相似，新来的人员刚开始热情满怀，大胆推进组织变革和管理变革。但是，经过一段时间的磨合和适应，新进人员开始变得谨慎，开始顾及周围的想法和感受，逐渐被组织同化，一阵波澜之后，组织恢复如初。空降人员绝大多数也是平平常常的一个人，没有三头六臂。新方法也不能生搬硬套，应该结合实际情况而灵活应用。新方法或“空降”人员只能起到助推的作用，过分依仗新方法或空降人员改变组织绩效，理念上不正确，方法上不可行。有位企业创始人比较了他的企业近年来的现有人员和空降人员的综合素质和工作绩效，惊讶地发现，现有人员或者已离开企业的人员可能比花高薪引进的空降人员还要优秀。那么，为何现有人员或者已离开本系统的人员没有出现高绩效的结果？究其原因，企业发展的动力源于系统内部，忽视了企业内部资源的开发和利用，而过高地寄托于外来人员的推动和作用，我们要善于发现和挖掘企业内部的宝藏。

二、合理的机制带来的协同和创新是企业的宝藏

企业无论大小，内部都蕴含着丰富的宝藏。如果机制设计合理，员工潜能得到发挥，员工之间能够协同作战，发挥协同效应，就等于发现了企业宝藏，企业财富会大大提升。对中小企业来说，其最大优势在于灵活机动，船小好掉头，可以快速抓住稍纵即逝的市场机会，善于夹缝里求生存，对市场的快速反应和适应能力就是中小企业的宝藏。发掘宝藏后，中小企业经历着成长之痛，可以快速成长，实现企业财富的增长。

企业系统的协同能力是企业最重要的宝藏。协同能力是两个事物有机结合在一起,发挥出超过两个事物简单总和的效果。哈肯(Haken,1976)指出,远离平衡态的开放系统在与外界有物质或能量交换的情况下,通过自己内部协同作用,自发地出现时间、空间和功能上的有序结构。阿尔弗雷德·钱德勒(Alfred Chandler)指出,企业扩张战略必须有相应的结构变化跟随,而组织的协同是提高组织效率的重要途径。企业在小微阶段,领头人的人格魅力和管理能力可以决定企业的整体能力,可以掌控住企业的发展。但是,企业发展到一定阶段,企业规模超过企业家管理能力之后,必须要靠系统自身的协同作战能力。企业系统的力量就是组织的力量,组织、整合、协调、发挥各种资源的能力就是企业的宝藏。企业的人力、物力、财力相对有限,如何实现人、财、物的协同,实现效用最大化,如何克服单兵作战的状况,实现协同作战,这些都要依靠系统的管理能力。在很多企业存在一种奇怪现象,单个员工的素质很高,凭着学识、能力和经验,可以独当一面,显现出较强的单兵作战能力。理论上来说,如果强强联手,肯定能给企业带来强大的竞争力,但遗憾的是,强强放在一起,彼此协同效应并不能轻易发生,最多也就是一加一等于二的效果。出现这种情况的主要原因是协同机制没有形成,企业系统缺乏促进协同效应的环境和机制,也就是企业的宝藏还没有被发现,或者发现了但还没有被发掘。

创新能力是企业最难得的宝藏。创新源于持续学习,彼得·圣吉(Peter Senge,1990)在《第五项修炼》中提出学习型组织可以实现共同愿景、获取竞争优势的问题,指出学习型组织的竞争优势来源于比竞争对手学得更快、更好的能力。德鲁克在《知识管理》提出知识工作者和知识型组织的概念,指出打造知识型组织是企业适应未来竞争的需要,企业可以把每个员工都培养成知识型员工,包括体力劳动者也可以变成知识工作者。从德鲁克大师提出发挥每个知识工作者的作用,到稻盛和夫的“阿米巴”小单元的经营模式,再到韩国前柳韩—金佰利 CEO 文国现先生依靠“班组”员工智慧获取成功的经验,企业管理大师们都看到发挥每个“小微团队”的学习能力和智慧是企业取胜的重要因素。学习和创新是紧密相连的,学习是基础,是途径,而创新往往是学习的成果。学习和创新应该在个人和组织两个层面展开。我们既要提供个人学习和创新的平台和机制,又要善于把个人学习和创新转化为组织的行为。这种转化主要表现为,把个人的知识转化为组织的知识,把个人的创新转化为组织的创新,实现企业的高绩效组织建设目标。构建学习和创新的能力需要建立中长期计划,付出中长期的成本。学习和创新与构建学习型组织直接关联,要有计划、有系统地培训和培养员工。企业组建多个学习小组,每个小组自发学习知识,长期坚持,必有成效;在此基础上,设法把员工的知识变成组织的知识,这需要一个长效机制,通过提案制、成果分享等途径,让每个员工参与到企业的管理中来,充分发挥他们的主观能动性。如果组织具备了很强的学习能力,就有可能成为知识型组织。每一个员工都有使命感,都有很高的学习工作热情,这就是企业的核心竞争力。建立学习型组织,建立以顾客为中心的组织,保证正确的方向,保持组织快速变革的能力。团队协作,相互信赖,保证正确的路径,这些足以决定了企业的命运。进一步,员工真正认识到"天行健,君子以自强不息"的道理,全员学习创新,企业核心竞争力建立,企业财富会快速增长。

三、实施项目化管理和参与式管理,建立学习型高效组织,可以挖掘企业的宝藏

通过挖掘企业资源和能力,可以让一群平凡的人做出不平凡的事情。德鲁克指出,有效的管理者首先要善于"管理自己",明确自己的优势、特点和缺点,找到自己的优势,做自己最擅长的事情;有效的管理者要善于"项目管理团队",让全体队员随机对齐,实施目标管理,使员工自我激励和自我控制。有效的管理者要善于"管理未来",投入更多时间在战略性考虑方面。企业发展需要依靠组织的力量,建立高绩效组织,通过创新挖掘企业系统的能力,提升企业的绩效。

德鲁克管理学院、韩国新范式学院和中科英华的专家团队致力于德鲁克的管理思想探究,进行了长达半年的集中合作研究,共同探讨如何促进德鲁克思想的落地问题。通过思想碰撞、头脑风暴,逐步形成共识。为推行新范式,中科英华专门组建了项目工作团队,强化组织结构和人员知识、经验和能力的互补搭配,为推广和践行德鲁克管理思想提供组织保证。2012 年 3 月 5 日,韩国新范式学院文国

现先生和彼得·德鲁克管理学院专家们带领中科英华管理团队做了一个走迷宫游戏,对回答如何挖掘企业的宝藏有直接的借鉴价值。韩国新范式学院咨询专家团队设立了迷宫地图,有入口,有出口,但组员们并不知道行走的路径。管理团队成立了两个小组,每个小组推选一个组长,走出迷宫时间短的一方获胜。游戏规则设定,组长知道预定的路径,组长只告诉组员探索路径的每一步是对还是错,而不能告诉组员正确的路径;组员通过反复尝试,反复试错,探索给定的路径。两个小组组建团队,协同作战,先后通过了迷宫,兴奋之余,有很多方面值得思考。该游戏是探索企业参与式管理、建立学习型组织、构建高效组织的一个感受环节,对于开发企业宝藏具有很深的启发意义。

首先,保证做正确的事,保证选择正确的方向,而且要沿着正确的路径行走。这就是战略规划问题,通过战略规划可以提升系统协同能力。

企业是一个组织,也是一个系统,企业系统的运行状况反映了企业的管理能力和水平。只有有效的战略规划,才能协调企业各种资源,朝一个正确的方向前进。只有共同的目标和统一的指挥,才能提升系统协同能力,保持各方面步调一致,沿着正确的路径,做一件正确的事情。保证企业在做一件正确的事,说起来容易,但做起来不容易。企业是否在做正确的事,涉及德鲁克的事业理论问题。德鲁克曾反复问经营者一个问题,事业是什么,事业应该是什么,事业将是什么,这也反映了管理实践大师对企业是否在做一件正确的事表现出的极大关注。如果企业在做一件与使命不相符的事,不仅方向发生了偏离,就是在做一件错误的事。所以,企业要重视战略规划,能够制定合适的战略,要保证战略的有效性,明确我们的使命是什么,我们的顾客是谁,顾客的认知价值是什么,我们如何满足顾客的价值。根据企业使命制定正确的战略,明确企业的发展方向,明确企业的竞争战略,界定企业的发展路径,确保实现最终的战略目标。

其次,进行团队协作,敢于试点工作,勤于试错行为,在创新中开拓,这是建立学习型组织的问题。通过学习型组织建设,提升系统的学习和创新能力。

建立基于学习和信任的高绩效组织,倡导参与式文化,激发员工的创新热情。肯定式探询(Appreciative Inquiry)(David L. Cooperrider,1999)的思想正好符合基于学习和信任的高绩效组织的建设。肯定式探询鼓励人们探索、梦想和创建，拒绝否定和批评。肯定式探询包括四步，即探索、梦想、设计、命运。企业强化整个系统积极肯定的正面性思维，鼓励新知探索、构筑梦想和组织设计。德鲁克提醒人们不要把时间和精力花费在问题和修正等方面，重视未来而非过去，注重机会而非问题。企业的每个人都有独到的特点，在某些方面擅长，在某些方面短缺；企业内部采用积极肯定的态度，善于搜寻人美好的、擅长的一面。组织成员要互相欣赏对方的优点和长处，去分享对方的优点，实现成员与组织的共同发展。有效的组织明确责任分配，体现充分授权原则，让员工有成就感，体现一种信任文化。古语道，不偏之谓中，不易之谓庸，中者，天下之正道，庸者，天下之定理。只有不偏颇才是正道，企业提倡寻找工作与生活的平衡点，让员工在工作中实现成就感，又让员工享受生活的美好，真正体现对人的关怀。企业要关注改善员工的生活质量。工作是重要的，是事业的体现，但生活同样重要，没有健康的生活，也就没有快乐的工作。试探、试错、创新是一个学习过程，企业要培养敢于承担、自我管理型的员工。学习型组织提供一个环境和条件，员工向上级和下级学习，向上游和下游学习，彼此在学习中相互转移知识，实现知识共享。

再次，选好方向和路径后，运用正确的方法，要快速通过，企业项目化管理是提升效率的重要方法。

现代社会的竞争是效率的竞争，是速度的竞争。对企业来说，要做正确的事，采取正确的方法，做重要的事，提升企业竞争力。企业项目化管理提供了正确的管理方法，建立了系统协同作战的机制。企业项目管理指出，做事要有明确的目标，建立工作团队和工作的路径，界定工作任务范围，设想所要形成的具体成果。通过生产、采购、营销、人事、研发的协同推进，以期出现高绩效组织的协同效应。企业制订进度计划、质量计划、成本计划和资金需求计划，对于阶段性的成果进行及时检验和论证，保证工作的有效性。多数情况下，我们缺乏落实管理思想的方法和路径，而企业项目化管理恰好提供了一种有效的方法。项目化管理往往有一套规范的流程。合理的流程可以降低风险，规范路径；不合理的流程可能会降低快速反应能力，影响工作效率。通过流程的优化可以减少不增值的环节，在相同的时间内，创造更多的价值。

最后，企业组织是培养人的平台，高层管理者要与团队队员分享成果，这是文化问题，对员工的尊重和认可是保持组织活力的源泉。

系统能否协调有效运转，组织能否保持创新意识，企业家的精神和管理水平发挥着关键作用。德鲁克把管理看作是一种承诺，管理的作用就是创造价值的过程，每个管理者要学会做卓有成效的管理者。德鲁克指出，卓有成效的管理者首先要管理好自己，然后管理好团队和组织。老人家敏锐地指出，传统的管理者陷于琐事之中，疲于应付外部事务，多数情况下属于被动工作。传统的管理者往往关注局部利益，缺乏系统思考。传统的管理者还缺乏培养人和用好人的理念。而卓有成效的管理者关注系统性思考，关注发展方向和系统的有效性，重视对员工的培养，尊重个人，发挥每个人的专长而避免短处。卓有成效的管理者关注时间管理，集中时间和精力做最重要的事。卓有成效的管理者对组织作出贡献是成果，创造价值、满足顾客、主导变革，使企业目标与个人目标完美结合。史蒂芬·柯维(2010)也强调个人成功和团队成功的统一，归纳出高绩效人士应积极主动、以终为始、要事第一、双赢思维、知己知彼、协同一致等，提出终身学习和持续创新的理念。具有企业家精神的企业家，非常关注对员工的培养、对客户的爱护、对环境的保护等，这些都是履行社会责任的表现。企业家如果具备"地势坤，君子以厚德载物"的品质，具备"上善若水，善利万物而不争"的胸怀，就会受到员工的爱戴、客户的好评和社会的尊重，这样的企业肯定会蓬勃发展。高层管理者可以管理一个团队，甚至管理一个组织，但最重要的是管理者的自我管理，如果管理者管理好了自己，整个组织提升绩效就具备了基础条件。

3.2 企业项目化管理的理论框架

一、企业项目化管理是企业管理理论的丰富和完善

企业项目化管理(Enterprise Management by Project，EMP)是指企业把项目管

理的方法引入到企业管理中来，把可以项目化的经营活动当作项目来运作和管理。在企业运行过程中，凡是按部就班的持续性工作，可以按照职能化来管理，保证企业处于稳定运行状态。凡是具有“一次性”和“独立性”特征的工作，都可以进行项目化管理。企业项目化运作的价值在于集中有限的各种资源，在一定时间内，有效地完成各项重要任务。企业项目化管理的理论提出和框架构建，是项目管理理论的演进和发展，也是企业管理理论的丰富和完善，对提升企业管理水平具有里程碑意义。

传统项目管理主要针对具体“项目”的管理，如工程项目、投资项目等。随着项目管理理论的发展，从单个项目的管理，逐步演进到项目型公司的项目管理；沿着这个发展路径，从传统的项目管理，最终演变成企业的项目化管理（Management by Project）。企业项目化管理理论将传统的项目管理方法运用到企业日常管理中来，开始用项目化管理的方法管理经营活动，并逐步建立与企业项目化管理相适应的组织结构。企业项目化管理理论是传统项目管理理论的升华，为提高企业员工的工作绩效提供有价值的方法。

作为一种有效的、系统性管理方法，企业的项目化管理是社会发展的必然结果。随着市场竞争越发激烈，企业越来越关注资源的使用效率，越来越重视经营活动的有效性。国际大企业率先引入项目化管理的方法，该方法对公司绩效的提升效用非常明显，示范效应开始出现。企业项目化管理方法开始被企业界关注，越来越多的企业认识到企业项目化管理的价值，开始把项目管理的方法应用到企业管理中来。企业管理与项目管理的结合点在于理念和方法的兼容。毋庸置疑，企业的项目化管理将成为企业界的重要管理方法，也将成为理论界的重要研究课题。

传统项目管理的思想是确定项目目标，制订计划、过程控制和验收评价。企业项目化管理是以企业目标为导向，企业目标分解成项目目标，指导企业的经营管理活动，在时间、成本、质量三个约束条件下，完成对有限资源的配置和使用，实现企业效益最大化。企业很多日常经营管理工作具备“独立性”和“一次性”的项目特征，项目化管理方法正好符合企业项目化管理的这种要求。企业项目化管理是企业管理和项目管理的融合,将快速发展并得到广泛应用。企业的管理活动面向项目这个"对象"进行管理,给企业管理带来巨大变革。用项目管理方法来管理自身的经营活动,为企业管理提供了崭新的理念和方法。企业项目化管理是项目管理与企业管理相结合的完美体现。

二、企业项目化管理框架与传统的项目管理相比的主要特点

从传统意义上针对"具体项目"的项目管理,转向针对"企业经营"的项目管理,项目管理理论的内涵和外延均发生了变化。企业项目化管理中的项目突破了项目本身的内涵,把经营性工作纳入项目范围,项目管理的外延大大拓展。推而广之,经营企业也可以看作一个项目,因为经营企业具有生命周期,也具有一次性特征,对整个企业的管理也可以看成一个项目来管理。项目可以分解成很多子项目。在企业管理中,凡是可以看作项目的经营活动都是企业管理的子项目,全部纳入项目管理范畴。项目的重要特征是有开始、有结尾。项目开始时,要进行决策论证,保证做正确的事;项目结束时,要做好验收总结和后评价工作,保证达到预期目标。企业项目化管理把经营工作看作一个项目,明确目标,关注时间节点、成本因素、质量效果和风险控制,保证企业运行绩效,正好实现了企业的 Plan – Do – Check – Action 的大循环过程。企业管理引入项目管理的方法,企业管理能力和管理水平将进入更高层级。企业管理如何引入项目管理的理念和方法,如何运用好项目管理的方法,多数管理者还没有认识到企业项目化管理理论的内涵,这仍然是困扰管理者的问题。传统项目管理与企业项目化管理之比较见表 3 – 1。

表 3 – 1 传统项目管理与企业项目化管理的比较

特 点	项目管理	企业项目化管理	备注
项目性质	传统的独立项目	企业经营管理活动	
管理主体	项目管理者	企业管理者	
管理实质	项目管理	企业管理	
管理效果	完成项目目标	完成企业目标	

1. 传统的项目一般指独立的工程或研发项目，而企业项目化管理中的项目就是企业管理过程中的可以项目化的全部经营或管理活动

企业项目化管理框架下，企业项目管理者的地位和作用发生变化。企业项目管理团队不仅是传统项目的管理者，更是企业的管理者。企业项目化管理团队从项目的决策开始，经历了确定目标、人员安排、责任分配、制订计划、过程控制、验收和后评价的全过程，在时间、质量、成本、采购、信息、合同、风险等全方位进行管理。企业项目化管理的队员不仅仅需要传统的项目管理知识，还应该有较丰富的企业管理经验，以确保能胜任复杂的企业管理工作。对企业项目管理团队的素质要求，比单纯的项目管理团队，应当有较大幅度的提升。

2. 传统项目管理的实质是纯粹的项目管理，而企业项目化管理的实质是企业管理

企业项目化管理框架下，需要建立适当的组织结构，配置合适的人力资源。企业项目化管理基于目标导向，实行项目经理负责制。通过配置企业资源，相互协作，在时间、成本和质量约束条件下实现企业子目标。项目化管理可能需要组建多个跨职能工作团队，通过组织结构的扁平化，促进信息交流和资源共享，为企业项目化管理提供组织保证。企业项目化管理打破了传统的组织形式，根据项目生命周期各个阶段的需要，适时配置合适的专业人员，实现优势互补，对于复杂问题群策群力，发挥员工的智慧。

3. 传统的项目管理完成的是项目目标，而企业项目化管理完成的是企业子目标

企业项目化管理框架下，项目管理机制可以促使企业充分发挥企业资源，对多变的外部市场做出快速反应，并提高管理层对企业运作的整体把握。企业项目化管理为了实现企业的各个子目标，促使企业处在发展前进状态。基于目标管理和自我控制，应建立合理的授权体系，赋予项目负责人及其团队适当的权力，满足激励相容，实现个人发展与组织发展的有效结合。项目管理团队具有一定的决策权。权力意味着责任，能否实现预定目标是管理团队需要承担的责任。项目目标的完成情况是对团队考评的主要标准。

三、企业项目化管理的对象是可项目化的全部工作

企业所从事的行业性质不同,项目化管理的程度和广度也不一样。有些企业可以实行完全的项目化管理,如咨询服务行业,企业就是由很多项目团队组成,各个工作团队就是一个直接面对市场或客户的独立组织,企业基于团队式组织结构而运行。有些企业实行传统职能化管理和项目化管理相结合的管理方式。行业特征决定了企业必须保持职能化管理功能,但又可以引入项目管理的方法,由传统职能式管理向完全项目化管理过渡。更多的企业采取过渡型项目化管理,也就是本书描述的企业项目化管理。企业的工作范围非常广泛,可以实施项目化管理的经营活动也很多。从战略规划到组织变革,从流程优化到全面预算,从投资建厂到兼并收购,从研究开发到定向增发,从内部培训到工作会议等,都可以进行项目化管理,分别归结为运营类、投资类和事务类项目管理。见图 3－1。面对市场化和国际化大环境,越来越多的传统业务开始具备项目的特点,凡是具有项目特征的经营或管理事项都可以按照项目化来运作。当然,并不是所有的经营管理工作都必须进行项目化管理。在进行工作分解时,对于那些常规的且不具备项目特点的工作,如具有持续性特征的生产过程等,仍然按照传统职能化方法进行管理。

战略是企业生存和发展的关键,战略规划是任何企业都要面临的工作任务。战略规划具有阶段性,一般来说,集团公司的战略可以制定为 5 年发展战略规划,而单个面对市场的企业可以制定为 3 年经营战略规划。战略规划符合项目的基本特点,可以实施项目化管理。战略规划包括战略制定、战略执行和战略评估三个阶段,按照项目管理的模式来进行,可以保证战略规划有效实施和落地。

战略需要组织的支撑,外部环境或内部条件变化导致战略调整,战略调整需要组织跟着变革,因此,组织变革是企业的重要事件。组织变革具有一次性、阶段性和独立性特点,可以按照项目管理的方法来进行组织变革的管理。

战略决定组织,组织与流程相互适应。组织是动态的,流程也是动态的。流程变化,组织要跟着调整,组织调整了,流程也要跟着变动。流程优化具有一次性、阶段性和独立性的特点,可以按照项目管理的方法来管理。

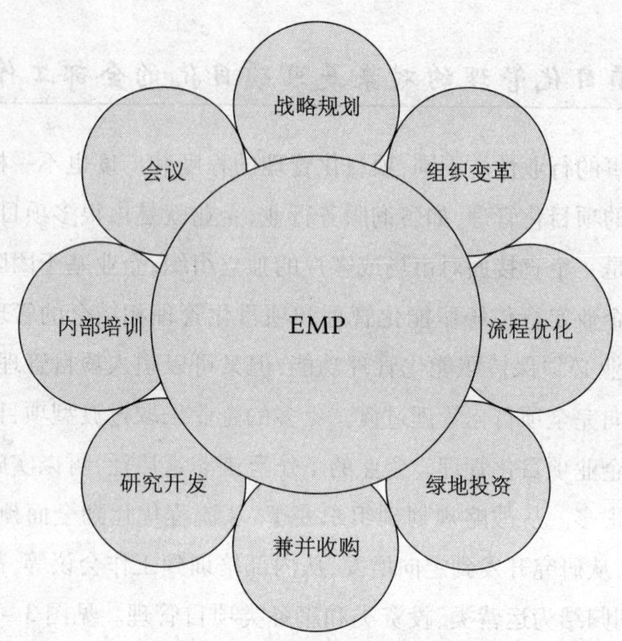

图3-1　企业项目管理内容构成

企业绿地投资是典型的项目,主要指企业的投资新建项目。绿地投资是一个系统性的工程,投资时间长,规模大,涉及主体多。投资主体要成立项目管理团队,代表业主对投资建设项目进行管理。企业的项目管理团队确定目标,制定项目计划,按照计划有效推进,进行有效控制,保证在时间、成本范围内达到预定的目标。

并购具有独立性和一次性的特点,并购可以看作一个项目。首先需要制定并购项目管理计划,包括项目的目标、工作团队、工作分解、责任分配、进度计划、成本计划、质量计划等;然后进行项目推进,保证达到预期效果。

研发是提升企业竞争力的重要途径。企业研发的主要目的是开发适应市场需求的产品、服务、方法或商业模式等。企业研发主要包括应用研究(Applied Research)和开发(Development)两个方面。研发管理可以实行项目管理,明确目标,制订计划,进行过程控制,可以有效推进研发工作,保证在一定时间内完成研发目标。

企业内部培训是企业的一项重要工作,是学习型组织建设的重要体现,也是进行人力资源开发的重要途径。在企业里,内部培训很多,能否达到预期效果,决定着培训项目的成败。培训的成功与失败取决于培训管理团队的管理水平和管理能力，如果把培训工作严格按照项目管理方式运作，对实现预期效果有非常大的帮助。

企业会议是工作汇报、讨论决策、信息交流和工作布置的重要平台，有效的会议能促进企业运营效率提升。把会议当作一个项目，按照项目管理的方法来管理，强化计划性、过程控制以及总结评价，可以保证实现会议效果。

3.3 企业项目化管理的要素框架

德鲁克指出，企业是提供产品和服务、满足市场和客户需求的组织，企业的目的就是创造顾客，企业的基本功能是营销和创新。企业要善于创新，提升生产率，企业引入项目管理的方法，就是管理创新的重要表现。企业的目标、计划、执行、控制和评价构成了企业管理的基本要素框架。见图3－2。在企业管理的基本要素框架中，可以实施项目化管理的经营活动很多，企业可项目化的工作之间存在一定的关联性，也可以形成一个系统，具体包括项目的目标体系、项目计划体系、执行体系、控制体系和项目评价体系，形成项目化管理的基本要素框架。其中，项目的执行体系和控制体系是同时运作的，可以看作一个体系。针对项目化的经营或管理工作，按照项目管理的方法，设定项目目标、制订项目计划、集中资源、快速行动，从而提高企业创造价值的能力。

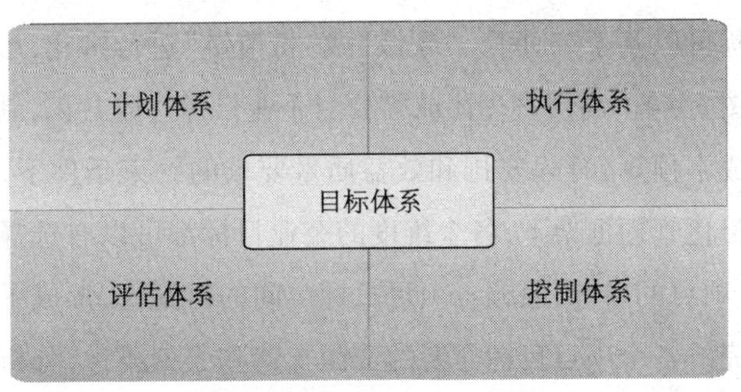

图3－2 企业管理要素框架

根据企业的项目目标体系,建立项目计划体系、执行控制体系和评价体系,构成了企业项目化管理的框架图,形成企业项目化管理的循环圈,见图 3-3。对于可项目化的重大经营事项,可以在每年年初制定好计划,通过企业 CEO 办公会商议,批准企业年度的重要项目化管理工作,包括战略规划、年度预算、组织变革和流程优化等。根据时间安排,组建多个"跨职能工作团队",在遵循授权体系的前提下,进行工作任务分解和责任分配。然后,制定战略目标、年度经营目标、组织变革目标、流程优化目标等目标体系。针对目标,制定战略执行计划、年度经营计划、组织变革执行计划和流程优化执行计划。接下来,组织资源,有效配置,按照计划推进。在执行过程中,通过控制手段保证按照计划推进,实施定期评估,对于项目执行情况进行反思,保证各方协调推进。

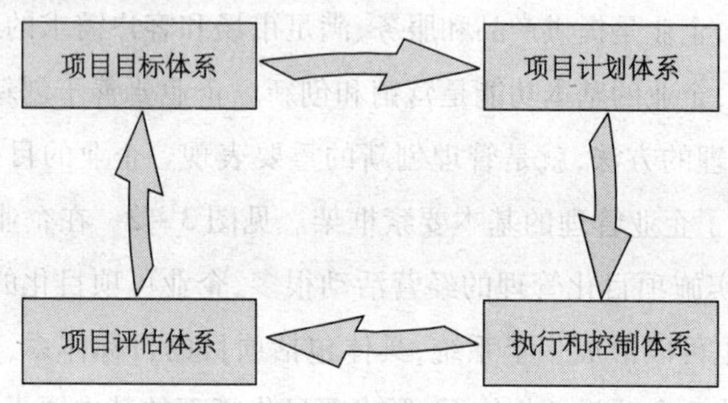

图 3-3 企业项目化管理过程图

一、企业目标可以分解成项目目标,形成项目目标体系

企业的目标可以基于"时间"、"领域"或"价值链"进行构建,形成三维的企业目标体系。见图 3-4。高层管理团队需要对企业目标达成共识,制定切实可行的目标体系。在成本预算、时间安排和效益质量要求的约束条件下,完成企业的目标。在企业项目化管理框架下,各个维度的企业目标都可以有选择地分解到项目目标,明确各个项目的目标,兼顾各项目目标之间的匹配性,形成了项目的目标体系。要界定好完成各个项目目标需要的资源支持和必备条件,分析还存在哪些短板或瓶颈,并且快速突破瓶颈,为最终实现企业的目标创造基本条件。

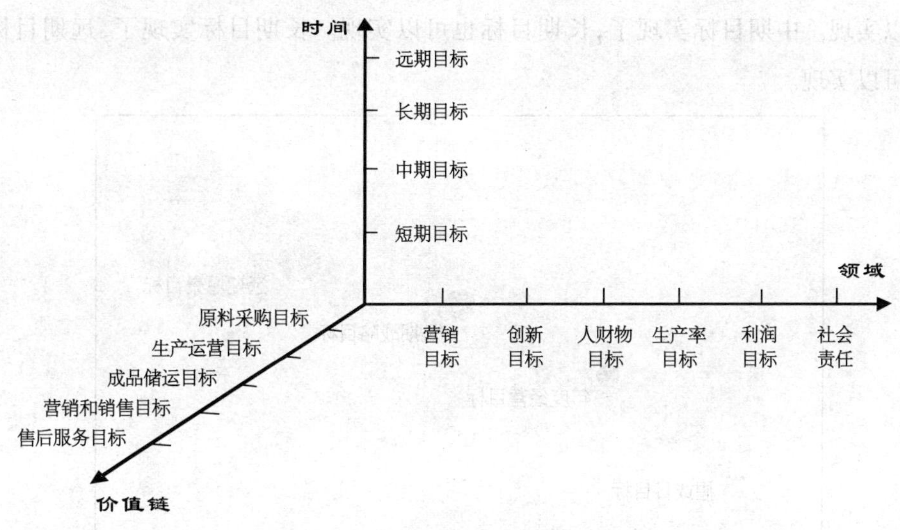

图 3-4　三个维度的企业目标体系

1. 基于时间的企业目标，可以分解为多个项目目标，形成基于时间的相互关联的项目目标体系

根据时间长短，企业目标可以分为远期、长期、中期和短期目标。基于时间的企业目标都可以看作项目目标，主要依据是实现每个目标的事件或任务，都具有独立性和一次性的特征，可以按照项目化运作和管理。见图 3-5 和表 3-2。远期目标主要是企业的“愿景”目标，是企业“愿景”的主要体现。长期目标主要是战略目标，是 3 年或 5 年所要达到的战略目标。中期目标是年度经营目标，是每年所要实现的经营目标。短期目标主要是每周或每天的目标。远期目标可以分解到长期目标，长期目标可以分解到中期目标，中期目标可以分解到短期目标。具体企业管理过程中，战略规划、年度经营、月度经营，甚至周经营工作都可以按照项目化方式运作。通过 3 年或 5 年战略规划，确定企业的战略目标，战略目标分解成年度经营目标，年度经营目标分解到每一季度、每一月、每一周、每一天，甚至每一小时，构成了基于时间长短的项目目标体系。要实现 3—5 年的长期目标，需要时间、资源和效果的约束，就是战略管理的内容。要实现年度的中期目标，需要年度预算、时间安排和经营效果，就是年度经营计划的内容。要实现短期目标，需要按每天，甚至按每小时进行分工。每小时、每天的目标都实现了，企业的中期目标也可以实现。中期目标实现了，长期目标也可以实现。长期目标实现了，远期目标也可以实现。

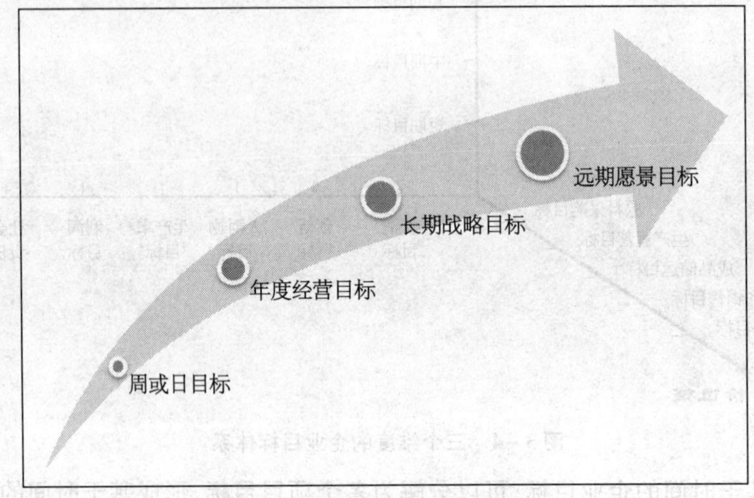

图 3－5　基于时间的目标体系

表 3－2　基于时间的目标体系

编码	时间长短	目标体系	主要描述	备注
1	远 期	愿景目标	企业生存和发展的最终目标	
2	长 期	战略目标	在未来 3 年或 5 年内，投资多少资源，实现预定的收入、利润要求或发展目标	
3	中 期	年度经营目标	在本年度内，预算投入多少资金，实现销售收入和利润率	
4	短 期	周或日目标	每周或每日投入的资金，得到的产出或成果	

2. 基于领域的企业目标可以分解为多个项目目标，形成基于领域的、相互关联的项目目标体系

基于领域划分的目标体系可以参照彼得·德鲁克提出八大目标领域理论。德鲁克指出，企业的目标不应该是单一的，而应该是多个目标的综合体。企业应该在八个关键领域中设定具体目标，提出了以市场营销、创新、人力资源、财务资源、物质资源、生产率、利润和社会责任八大领域设定目标。德鲁克提出的八大关键领域的目标体系见表 3－3。德鲁克还指出，企业的目标必须是绩效目标，目标必须可以转化为具体的行动，包括完成任务的期限和责任的分配，否则就只能是良好的愿望。

这里需要强调,我们建立了项目管理的理念,但需要灵活地运用该理念。八个关键领域的目标也可以分解成项目目标。具体有两个途径:一是按照时间分解为项目。企业管理过程中,一天、一周、一个月、半年、一年或三年的工作都可以看作一个项目来管理。每个领域的目标分解到各个时间单位,变成了多个项目目标。二是按照工作性质分解为项目。对于每一个领域的工作,凡是具有“独立性”和“一次性”特征的工作,都可以按照项目化来运作。每一个领域的目标可以分解为若干个项目目标,形成系统的目标体系。虽然企业目标不一定全部可以分解成项目目标,但是多数企业目标可以分解成具体的项目目标。当然,持续性的工作不必生搬硬套项目管理的方法,可以按照职能化方式正常运作。

表 3－3　德鲁克提出的八大关键领域的目标体系

编号	目标体系	内容	备注
1	市场营销目标	■ 销售收入 ■ 市场份额 ■ 新产品或新服务的数量 ■ 新市场数量	
2	创新目标	■ 管理创新数量 ■ 产品创新数量 ■ 技术创新数量	
3	人力资源目标	■ 需要何种人力资源 ■ 满足需要的人才数量 ■ 满足需要的人才质量	
4	财务资源目标	■ 获取资金多少 ■ 净现金流多少 ■ 应收账款周转率	
5	物质资源目标	■ 获取土地和厂房数量 ■ 购买机器设备数量 ■ 其他物质资源	
6	生产率目标	■ 总资产收益率 ■ 单位工资销售收入 ■ 单位工资净利润 ■ 存货周转率	
7	利润目标	■ 销售毛利率 ■ 销售净利率 ■ 净利润额	
8	社会责任目标	■ 节约能源数量 ■ 环境友好型	

对于不同的企业来说,每一阶段的重点目标可能存在差别,要根据具体情况

建立合适的目标体系框架。在八大目标体系中，要根据企业的具体情况，区分重点目标、辅助目标和支持性目标。比如，某企业今年的重点目标是营销目标、创新目标和利润目标，辅助目标是生产率目标，而支持性目标是人力资源目标、财务资源目标和物质资源目标。见图 3 –6。针对本年度的重点目标，为了确保按计划完成，可以采取项目化管理，组建临时"跨职能工作团队"，集中资源和精力，在一定时间内实现突破，保证重点目标的实现。

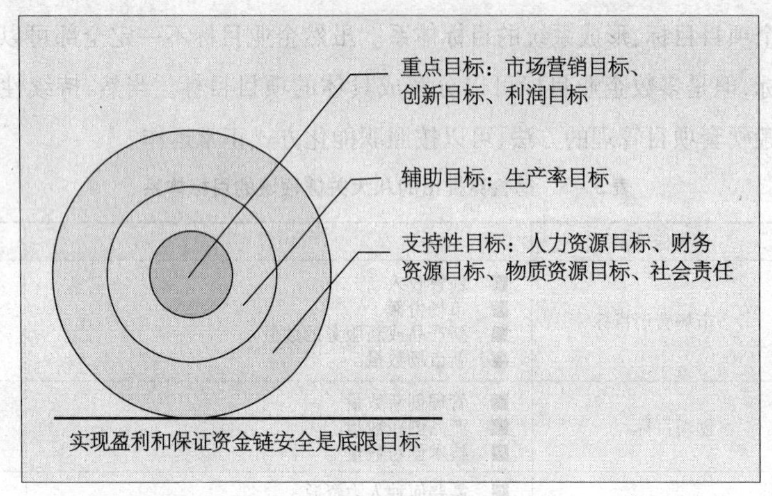

图 3 –6　基于领域的目标体系

3. 基于价值链的企业目标可以分解为多个项目目标，形成基于价值链的相互关联的项目目标体系

企业价值链揭示了企业增值的过程。对企业来说，以营销为引领，探寻顾客的认知价值，定位客户并明确为客户提供的价值方案。在销售环节，把目标客户转为成交客户，进行订单管理。在原材料采购环节，做好原材的采购、运输和仓储管理工作。进入生产运营环节，通过精细化管理，降低生产成本，保证产品质量。接下来，把生产出来的产品进行仓储和运输配送，实现产品销售的目标。然后进入售后服务环节，满足顾客的各项技术或质量等方面的支持要求。企业可以设定总目标，在价值链的各个环节，分解成若干个子目标，组成了基于价值链的相互衔接、相互支撑的目标体系。见图 3 –7 和表 3 –4。

在企业价值链上，每一个环节都有"独立性"和"一次性"的工作，可以按照项目化来管理,基于价值链的企业目标可以分解成多个项目目标,构成了项目目标体系。比如,针对营销和销售环节的营销目标,可以按照职能化管理方式,由营销部门管理,也可以按照项目化管理方式,针对具体某月的营销目标,组建专门团队,制定 TQC 计划,进行有效的过程控制,确保实现目标,月底进行项目总结和后评价,保证项目管理的完整性。

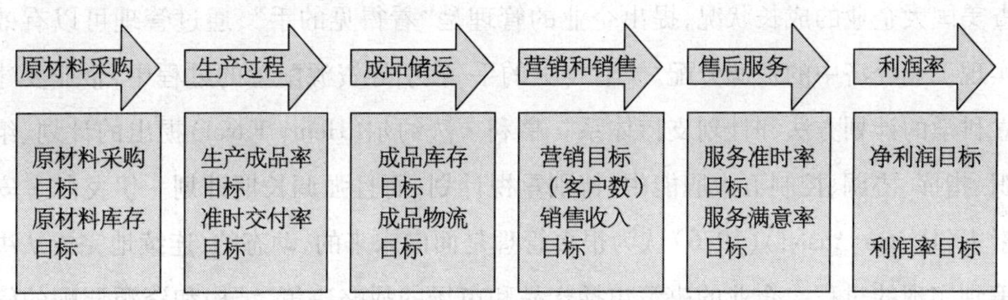

图 3－7　基于价值链的目标体系

表 3－4　基于价值链的目标体系

编号	目标体系	内　容	备注
1	原材料采购目标	每批次采购的数量和采购的及时率。如每批次采购的数量为 300 吨,采购的及时率为 100%。	–
2	原材料库存目标	原材料库存量维持在一定范围内。如原材料库存量为 200 吨上下,不超过 10% 的幅度。	–
3	生产成品率目标	生产成品率达到一定要求。如成品率达到 90%。	–
4	生产准时交付率目标	生产准时交付率达到要求。如准时交付率达到 99%。	–
5	成品库存目标	成品库存维持在一定水平。如库存量为 500 吨上下,不超过 10% 的幅度。	–
6	成品物流目标	成品配送及时率。如准时交付率达到 90%。	–
7	营销目标(客户数)	潜在客户转变成目标客户的比例或数量。如潜在客户转变成目标客户的比例为 40%。	–
8	销售收入目标	目标客户转变为成交客户的比例和销售收入。目标客户转变为成交客户的比例为 70%,销售收入为 30 亿元。	–
9	服务准时率目标	客户服务的及时率。如客户服务的及时率为 97%。	–
10	服务满意率目标	客户的满意率。如客户的满意率为 100%。	–
11	净利润目标	净利润额。如年度净利润为 3 000 万元。	–
12	利润率目标	销售利润率。如销售利润率为 30%。	–

二、企业计划可以分解为项目的计划，形成项目计划体系

相对于古典经济学提出的市场这个“看不见的手”对资源配置的引导作用，阿尔弗雷德·钱德勒(Alfred Chandler)(1977)提出“看得见的手”的概念。钱德勒考查美国大企业的成长状况，提出企业的管理是“看得见的手”，通过管理可以有效实现工业经济中的资源分配。“看得见的手”在引导资源配置的过程中，企业要建立科学的计划方法和计划支持体系。亨利·法约尔(Henry Fayol)提出的计划、组织、指挥、协调、控制五大职能中，特别重视计划，而且强调长期计划。伊戈尔·安索夫(H. igor Ansoff)(1976)认为很多管理是面向未来的、动态的、连续地完成从决策到实现的过程。企业的决策包括产品和市场的战略决策、结构和资源调配的管理决策、预算和控制的运作决策。通过决策，界定企业的目标，制定为实现这些目标而必须采取的行动计划。德鲁克多次提出预算问题，实际上就是广义上的计划体系。企业计划也是一个系统，针对企业的目标体系，建立相对应的计划体系。基于时间、领域和价值链的目标体系，分别建立相对的基于时间、领域和价值链的计划体系。见图3－8。

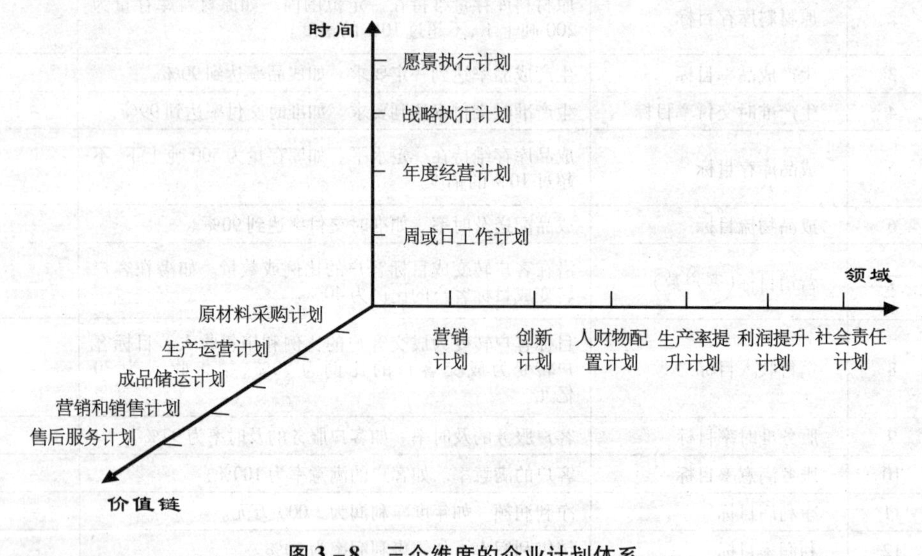

图3－8　三个维度的企业计划体系

1. 基于时间的企业计划可以分解为多个项目的计划，形成基于时间的相互关联的项目计划体系

针对基于时间的项目目标，建立对应的项目管理计划，这些项目管理计划可以是战略执行计划、年度经营计划、月度行动计划，还可以是周计划和日计划等。这些计划之间具有很强的关联性，相互之间紧密结合，环环相扣。战略执行计划保证企业发展方向和竞争方略的落地行动。年度经营计划是战略执行计划在每一年度中的工作落实。年度经营计划落实到每一个月或每周，月度计划和周计划更加明确和具体，具有很强的可控性。企业确定战略目标以后，需要制定资源配置计划，这个过程是战略预算的过程。确定年度经营目标以后，也需要制定资源配置计划，这个过程是年度经营预算的过程。年度经营计划是一个系统的年度经营预算，包括研发、采购、生产、销售收入、成本、费用、投资、融资等全套的经营安排。全面预算是企业经营管理的重要手段和工具，是保障公司战略目标顺利实施的重要手段，也是建立系统、规范的绩效管理体系的基础。全面预算是企业战略执行的重要步骤，是企业经营活动和合理配置资源的依据。全面预算每年进行一次，具有独立性特点，可以按照项目化来管理。预算根据年度经营方针及经营战略，通过对客户需求和竞争情况进行分析，对下一年业务发展状况进行预测，编制总体收入及成本费用预测报告；并以此为起点，编制研发、采购、生产、销售和服务等价值链的预算。某企业 2013 年经营预算指标见表 3－6。

根据项目目标，制订时间计划、成本计划、质量计划和风险管理计划等详细的项目管理计划。每个项目管理计划都有具体的行动计划，行动计划是所有计划的核心和关键。行动计划就是围绕目标，明确做什么，谁来做，何时完成，确定检验标准。也就是明确任务，确定责任人、时间节点以及所要达到的效果。如某企业 2013 年行动计划见表 3－5。行动计划是各个项目的执行计划，对于重点工作的行动计划要具体明确，具有可操作性。每项行动都要有细化措施，目标尽可能量化，每项行动要有明确的、具体的完成时间。

表 3－5　基于时间的项目计划体系

编码	目标体系	计划体系	内　容
1	愿景目标	愿景实施计划	实现企业愿景的资源计划和重要行动安排，大的时间节点，整体的资源配置计划，大的责任分工。
2	战略目标	战略执行计划	3 年或 5 年具体的战略性任务，需要配置的资源，完成的时间节点和执行战略的责任部门。
3	年度经营目标	年度经营计划	本年度内重要的经营任务和经营策略，预算需要配置的资源，完成的时间节点和执行计划的责任部门。
4	周或日目标	周或日行动计划	每周或每日的工作安排和分布，具体到各个部门或个人。

表 3－6　年度经营预算指标　　单位：万元

指标名称		2012 年实际	2013 年预算目标						
			底限目标	进取目标					挑战目标
				1 季度	2 季度	3 季度	4 季度	全年	
经营指标	产量（吨）	1 878	1 800	430	510	515	445	1 900	2 000
	销量（吨）	1 853	1 800	430	510	515	445	1 900	2 000
	主营业务收入	17 206	13 675	3 269	3 879	3 916	3 380	14 445	15 231
	利润总额	2 381	641	99	269	254	137	761	891
	净利润	1 762	544	84	229	216	116	647	757
	销售费用	215	225	61	61	61	61	245	254
	销售费用率	1.3	1.6	1.9	1.6	1.6	1.8	1.7	1.7
	管理费用	607	584	154	143	171	143	611	636
	管理费用率	3.5	4.3	4.7	3.7	4.4	4.2	4.2	4.2
	财务费用	9.8	656	164	164	164	164	656	656
	财务费用率	0.06	4.8	5.0	4.2	4.2	4.9	4.5	4.3
	经营性净现金流	6 869	963	273	370	388	286	1 318	1 639
	应收账款余额	7 088	4 690	4 320	4 630	4 721	4 924	4 924	5 359
	应收账款周转率（次/年）	6.1	3.2	3.2	3.3	3.4	3.3	3.3	3.3
	存货余额	5 214	3 682	3 687	3 687	3 687	3 687	3 687	3 694
	存货周转率（次/年）	5.6	3.2	3.1	3.3	3.4	3.4	3.4	3.5

2．基于领域的计划可以分解为多个项目计划，形成基于领域的相互关联的项目计划体系

针对基于领域的项目目标，制定对应的项目管理计划。在德鲁克提出的八大领域中，凡是可以项目化的工作都有明确的项目目标，在此基础上，制定对应的项目管理计划，包括进度计划、成本计划、质量计划和风险管理计划等。在企业价值链中的市场营销、创新、生产、财务、人力资源、生产率、利润和社会责任八大领域中，凡是持续性的工作，可以按照传统职能化管理方式运作。凡是具有"独立性"特征的工作，可以按照项目化管理方式运作。针对各个领域的可项目化工作，制定项目目标和时间、成本和质量计划，明确行动任务及需要的资源，多个项目的管理计划构成一个相互支撑的计划体系。各个项目的行动计划要与项目目标保持一致，明确各项工作的时间节点和所要达到的目标，落实行动的责任部门和责任人，时间节点与目标紧密结合，保证实现项目目标。具体项目的行动计划见表3－7。

表3－7　2013年基于八大领域的经营工作行动计划

业务分类	具体行动和措施	责任部门	完成时间	达到目标（检验标准）
市场营销	1. 构建集团统一营销平台，引进10名有经验和业绩的营销人员。 2. 提升销售奖励幅度，建立超过主要竞争对手的销售奖励政策。	业务发展部	2013年6月 2013年11月	1. 集团所有产品统一销售平台。 2. 激励效果明显，全年销售收入达到200亿元。
创新工作	1. 推进企业项目化管理方法，实现组织变革。 2. 开发符合市场需求的产品，进行产品创新。	业务发展部	2013年12月	1. 矩阵式项目化组织结构开始有效运行。 2. 开发两项最紧迫的战略性新产品。
生产管理	1. 进行部分设备改造和维护，整体设备处于良性运行状态。 2. 推进精益管理，通过精益管理手段，提高成品率，降低生产成本。	业务单元总经理	2013年8月 2013年12月	1. 提高设备利用率，达到90%。 2. 现有基础上降低生产成本10%。
财务管理	1. 通过调整融资资金的结构，减少高成本的借款额。 2. 加强股权融资，新增定向增发4亿元。	财务管理部	2013年6月 2013年12月	满足经营和项目所需资金，降低财务成本10%。

续表

业务分类	具体行动和措施	责任部门	完成时间	达到目标(检验标准)
人力资源	1. 建立学习型组织,推行网络学习方法和奖励机制,内部培育和外部引进人才相结合。 2. 内部建立职业发展规划和员工成长计划,有效激励员工。	人力资源部	2013 年 12 月	1. 人力资源充足,可以满足需要。 2. 员工离职率保持在合理水平。
生产率	1. 剥离与战略不符的资产,部分资产重组,提高效率。 2. 集中资源,精益生产,提高资产营运效率。	业务发展部	2013 年 12 月	1. 处置 80% 以上的闲置土地和设备。 2. 存货周转率提高 20%。
利润	1. 加大降低生产成本的力度。 2. 降低管理费用和销售费用。	业务单元总经理	2013 年 12 月	实现预算利润。
社会责任	1. 严格执行排放制度,任何时候不得违反排放标准。 2. 人尽其才,发挥人力资源的效用。	业务单元总经理	2013 年 12 月	1. 排放符合国家标准。 2. 发挥员工智慧,积极创造价值。

3. 基于价值链的计划体系可以分解为多个项目的计划,形成基于价值链的相互关联的项目计划体系

企业价值链揭示了企业的整个运营过程。针对价值链上的目标,制定对应的资源配置计划和具体的行动计划,包括资源计划、时间计划、成本计划、质量计划和风险管理计划等。行动计划可以简单表述为明确具体的行动和所要达到的目标,界定要完成任务的时间节点,以及对应的责任部门。营销和销售环节主要是制定营销计划和销售计划,明确如何满足客户的认知价值,如何把潜在客户转变成目标客户,如何把目标客户转变成成交客户。在原材料采购环节,做好原材料的采购、运输和仓储计划,保证满足生产的需要。在做好生产管理计划环节,降低生产成本,提高产品质量。在产成品的仓储和运输配送计划环节,保证配送及时率。在售后服务环节,制定行动计划,建立快速反应机制,谨慎处理客户的投诉,及时解决客户问题。在满足客户要求的前提下,做好客户的维护和挖潜工作。企业在价值链的各个环节制定行动计划,组成了基于价值链的相互衔接、相互支撑的计划体系。见图3－9和表3－8。

在企业价值链上,有些工作是持续进行的,可以实行职能化管理,有些工作具有独立性特征,可以项目化管理。凡是可以项目化管理的工作,都要按照套路进行管理。对于每一个可项目化的工作,确定目标,制订计划,进行过程控制,进行PDCA的循环。比如,年度营销目标可以分解成月度营销目标。针对本月营销目标,按照项目化来运作和管理。把完成月度营销目标看作一个项目,组建项目小组,集中精干力量,用一个月的时间,最终实现本月的营销目标。企业要根据"需要原则"灵活运用项目管理的方法,关键是正确运用项目管理的思想,不必生搬硬套项目化管理的框架。

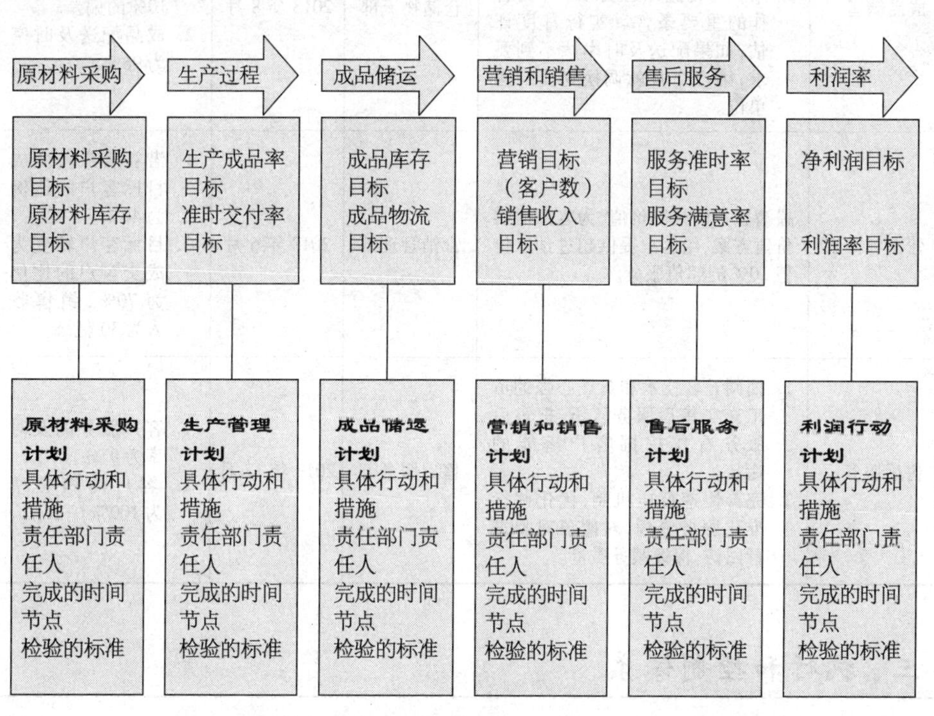

图3－9　基于价值链的对应于各阶段目标的计划体系

表 3-8　2013 年基于价值链的行动计划

价值链	具体行动和措施	责任部门	完成时间	达到目标(检验标准)
原材料采购	1. 采取每月对供应商进行评分的方法,进入前两名的供应商作为本月的主要供应商。 2. 建立原材料进货量化模型,通过数量计算原材料库存补货数量和时间。	采购部	2013 年 6 月	1. 每批次采购的数量为 300 吨,采购及时率为 100%。 2. 原材料库存量为 200 吨,不超过 10% 的偏差。
生产过程	根据目标,对整个价值链进行梳理,寻找生产瓶颈和短板,提升短板,解决瓶颈问题,持续进行 PDCA 循环。	生产部	2013 年 12 月	1. 生产成品率达到 90%。 2. 生产准时交付率达到 98%。
成品储运	1. 建立成品库存量化模型,通过计算保持成品库存的数量,实现生产和库存的协同。 2. 第三方物流配送及时率作为合作的重要条件。实行月度评估,如果配送及时率达不到要求,第二个月就调换物流配送单位。	仓储物流部	2013 年 8 月	1. 成品库存库存量为 500 吨,不超过 10% 的偏差。 2. 成品配送及时率为 98%。
营销和销售	摸清客户的认知价值,为客户提供价值方案,给客户提供超过预定价值 10% 的超值服务。	营销管理部	2013 年 6 月	1. 潜在客户转变成目标客户的比例为 40%。 2. 目标客户转变为成交客户的比例为 70%,销售收入为 30 亿。
售后服务	1. 抽调五名技术和责任心强的员工充实售后服务队伍,把售后服务看作挖掘客户潜能的途径。 2. 完善快速反应机制,优化并标准化服务流程,对服务对象进行回访,保证服务质量。	售后服务部	2013 年 12 月	1. 客户服务的及时率为 97%。 2. 客户的满意率为 100%。

三、执行和控制体系

基于目标导向的企业管理,除了要有明确的目标和系统的计划以外,还要有强大的行动力和执行力。在企业项目化管理框架下,针对各个项目的目标,分别建立项目团队,制定不同的项目管理计划。进入项目管理的执行环节,进行组织、指挥、协调,构成了企业的执行体系。见图3-10。对于各项计划,要设法找到计划执行的障碍和可能存在的负面因素,设法消除障碍,降低负面影响。企业执行体系的主要功能在于为企业项目经营提供所必要的人、财、物等资源,通过组织、指挥、协调的方式,保证项目的人、财、物实现协同效应。项目执行体系的主体是项目管理团队,项目管理团队是项目执行的直接运作者,是资源配置的组织者,是整个项目推进的指挥者,也是各项工作推进的协调者。项目负责人是项目责任的直接承担者,是对最终结果负责的人,应该有明确的授权范围。在项目的执行过程中,项目负责人担负组织、指挥、协调的责任,根据资源使用计划和进度计划,推动资源的配置。对于出现的问题,及时协调和沟通,解决问题,按计划实现预定目标。

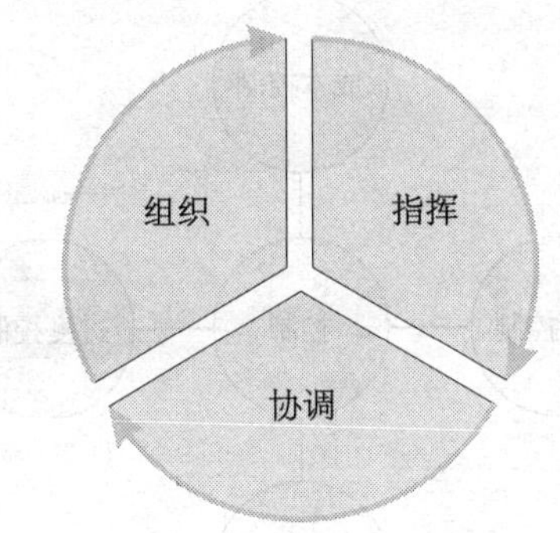

图3-10　企业的执行体系

集团公司的项目管理部作为所有项目的主管部门,可以对各个项目进行过程监管,发现偏差或其他问题,及时提醒,督促项目团队采取措施,规避可能出现的各种风险。各个项目组对集团公司的职能部门——项目管理部负责,项目管理部指导各个项目组按计划推进,对于出现的问题及时给予指导和建议。项目管理部指导多个项目之间的协同推进,保证整个组织的工作有效性。项目决策委员会是最高决策机构,对于执行过程中出现的重大问题及时决策,保证企业的协同性。具体见3.4节企业项目化管理的组织设置。

项目的执行和控制是同时进行的,两个体系可以合二为一。为方便理解,把控制体系单独列出。在执行过程中,控制体系发挥作用,保证按照预定计划推进,保证向目标方向发展。控制不是束缚,而是管理的手段。控制的主要内涵是保证实际与计划相符,对于出现的偏差及时纠正。项目控制体系的主体是各个项目管理团队。在企业系统中,可能同时存在多个项目团队,每个项目团队都是控制的主体,要对项目的最终结果负责,要承担控制的重任。控制体系的主要对象除了成本控制、进度控制、质量控制,还包含风险控制。风险控制的范围比较广,不仅包括成本、进度和质量风险,还包括其他可能发生的各种风险。见图 3－11。企业控制体系的方法和工具很多,针对不同的控制对象,应采取合适的方法和工具。项目控制主要是通过流程和制度来实现,前期设计好项目的流程和制度,在执行过程中,按照流程运作,经过项目管理团队审核或审批,可以发挥控制功能,及时指出和纠正不符合计划的工作。

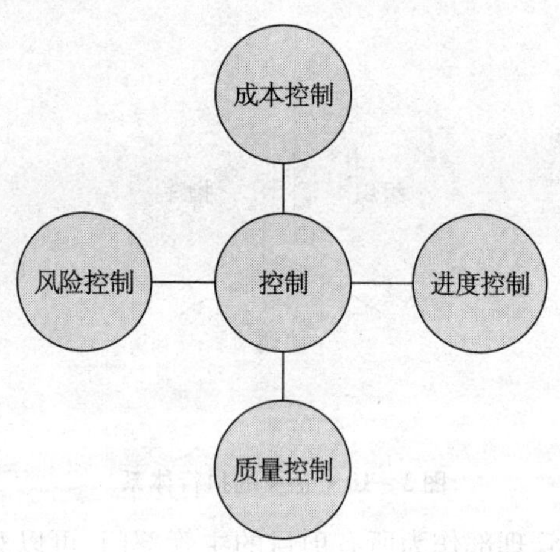

图 3－11　企业的控制体系

在项目执行过程中,如果缺乏有效控制,项目计划往往会落空,项目目标很难实现。企业对于经营状况的掌握,可以具体到年度、半年度、季度和月度,甚至是具体到天。项目化的经营指标的完成情况要与预定目标来比较,可以通过表格或者折线图,反映实际完成和目标数据的差距。评估者通过探寻各种经营指标的变化趋势或数据的异常性,对经营状况作出判断,并且分析原因,按照 PDCA 流程,及时采取措施纠偏。见表 3－9 和图 3－12。

表 3-9　月度经营指标实际完成与目标比较　　　　单位:亿元

目标名称		1月	2月	3月	4月	5月	6月	7月	8月	9月	10月
销售收入	目标	4	5	6	5	3	7	7	9	6	7
	实际	3	6	7	5	3	6	7	8	7	6
	偏差	-1	1	1	0	0	-1	0	-1	1	-1
净利润	目标	0.8	1	1.2	1	0.6	1.4	1.4	1.8	1.2	1.4
	实际	1	1.2	1.3	1.1	1	1.2	1.1	1.4	1.1	1.2
	偏差	0.2	0.2	0.1	0.1	0.4	-0.2	-0.3	-0.4	-0.1	-0.2

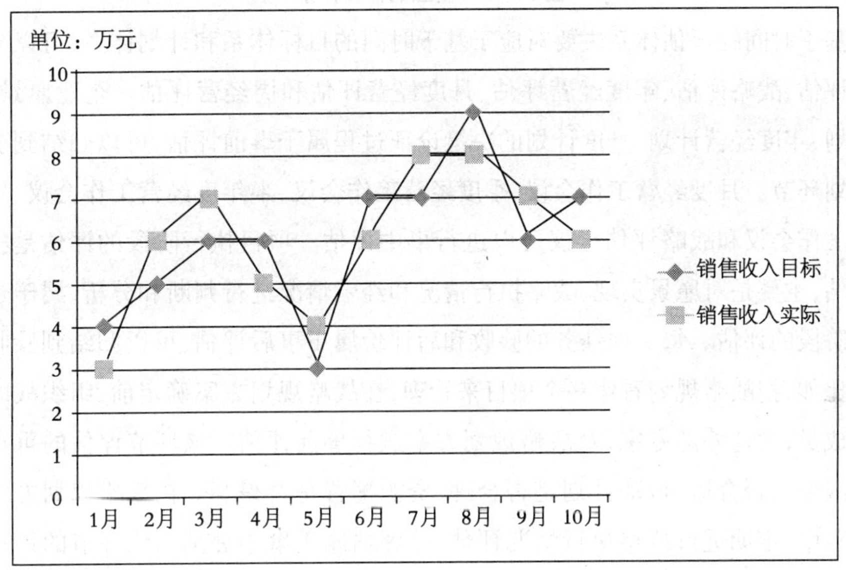

图 3-12　月度经营指标实际完成与目标比较

四、评估体系

对于企业来说,可以实行项目化管理的经营活动很多,每个项目都有评估的环节。与项目目标体系和计划体系相对应,项目的评估体系可以分为基于时间、领域或价值链三个维度的评估体系,对于每一个维度,又可以分为事前评估、事中评估和事后评估。事前评估主要是决策论证,可以归结到决策环节。事后评估主要是归纳总结,可以归结到验收和后评价环节。事中评估主要是过程监控,这里的评估主要指事中评估,是过程控制的主要手段。见图 3－13。

事前评估	事中评估	事后评估
是否做正确的事 用正确的方法做事 目标是否明确 计划是否合理	工作是否有成效 是否按计划推进 哪些方面需要纠偏 计划是否需要调整	是否实现目标 经验教训总结 后评价

图 3－13　企业的评估体系

基于时间的评估体系主要对应于基于时间的目标体系和计划体系,可以分为愿景评估、战略评估、年度经营评估、月度经营评估和周经营评估。企业愿景、战略规划、年度经营计划、月度计划的决策论证过程属于事前评估,可以归结到决策和计划环节。月度经营工作会议、季度经营工作会议、半年度经营工作会议、年度经营工作会议和战略评估会议可以进行事中评估。项目执行阶段的评估是狭义的评估,主要是对愿景实现、战略执行情况和经营情况进行判断和分析,属于过程控制阶段的评估。每一项任务的验收和后评价属于事后评估,可以归结到验收环节。比如,把战略规划看作一个项目来管理,在战略规划方案确定前,组织战略委员会成员,邀请外部专家,对战略规划方案进行事前评估。该环节评估的重点是核心战略是否合适、行动计划是否合理、资源配置是否得当。在战略规划方案执行过程中,定期进行战略执行情况评估,该评估属于事中评估。该环节的评估重点是战略执行是否有效,阶段性战略目标是否实现,外部环境和内部条件是否出现大的变化,以及战略规划是否需要调整等。在战略执行期满之后,要进行战略规划的总结性评估,该环节属于事后评价。该评价的重点是战略目标是否实现,战略执行是否有效,并总结本期战略规划的经验和教训。

基于领域的项目评估体系主要对应基于领域的项目目标体系和计划体系。根据企业在八大领域的项目目标体系和行动计划,分别进行项目评估。评估的内容涉及市场营销、创新、生产、财务、人力资源、生产率、利润和社会责任领域的项目目标和计划。评估主要是判断各领域的项目行动是否符合预定项目目标,是否按照计划有效推进。比如,在创新领域,把某项创新看作一个项目,按照项目化进行运作。针对该项目,组建合适的团队,确定创新目标。该目标是否合理,需要进行可行性论证,也可以看作是事前评估。在创新团队进行项目推进的过程中,要进行过程评估,主要评估内容是创新领域的阶段性目标是否实现,是否按照创新的计划推进。在该项创新结束后,进行验收和后评价,属于事后评估,主要评估内容是该项创新的整体目标是否实现,对整个企业的市场开拓和经营状况是否产生积极影响。

基于价值链的项目评估体系主要对应基于价值链的项目目标体系和计划体系。基于价值链的项目评估体系也可以分为事前评估、事中评估和事后评估。事前评估主要是判断价值链上各个项目目标和计划是否合适。事中评估主要是判断价值链上各个项目的行动是否符合预定目标,是否按照计划有效推进。事后评估主要是判断价值链上各个项目的行动完成情况,判断行动与目标是否保持一致。比如,营销环节项目的事前评估,主要评估营销或销售目标是否合理,营销和销售计划是否合适。营销和销售环节项目的事中评估,主要评估项目团队是否认识到了客户的认知价值,是否完成了阶段性目标。营销和销售环节项目的事后评估,主要评估把潜在客户转变成目标客户的状况,把目标客户转变为成交客户的状况。

评估体系是企业项目化管理的重要环节,评估体系可以及时发现问题,及时纠偏,避免企业出现重大损失,保障组织体系和控制体系有效运行。评估要有标准,要参照预定目标和计划,要有科学的评估体系,根据运行绩效作出合适的判断。需要注意的是,很多企业的评估体系不够合理和科学,甚至咨询机构的评估体系的科学性都有待考证。评估体系的合理性与科学性问题不是一朝一夕能解决的,但企业应该考虑评估结果的可靠性,谨慎使用该评估结论。特别是决策时,评估结论只能作为参考依据,而不能作为唯一依据。评估体系中的重要内容是绩效评估。合理的评估体系可以促进员工提升绩效;反之,不合理的评估体系会带来相反的效果,员工为了迎合绩效评估体系的要求,可能带来绩效降低的不良后果。在实际运行过程中,多数情况下的绩效评估并没有取得预期的效果,反而造成了实际上的不公平、不合理,从而引起员工的心理抗拒。或者,员工不得不迎合考评体系开展工作,而放弃开创性工作,从而使企业处于一种沉闷、循规蹈矩、缺乏创新的状态。绩效评估想达到提升绩效的目的,为什么会产生相反的结果呢?主要原因是考评体系本身很难公平、合理,多数考评体系有很大的局限性。员工是鲜活的个体,而团队是灵活的集体,员工和团队构成一个系统,体现组织的多种功能。多种因素决定了个人和组织的绩效,而片面的、机械的评估体系,就很难反映一个人或组织的工作绩效。其次,考评过程中,评价的依据和标准不科学,主观性强,根据喜好或关系亲疏进行打分,有些打分非常高,而有些打分非常低,评分结果很难让人信服。任何一个组织都有一个发展历程,组织的绩效是组织发展历程的阶段性表现,缺乏历史分析的评估结果并不能揭示问题的关键。因此,绩效评估的结果只能作为最终决策的部分参考依据。

不恰当的评估结论还会给企业带来意想不到的伤害。某集团企业外请评估专家对下属企业进行组织状态评估,结果不合理的评估给企业带来了不良后果。评估专家对组织成员进行了简单访谈,仅仅了解一些表面情况,不了解历史成因,也不了解深层次的原因。在掌握信息很不充分的情况下,就公然打着所谓的公平、公正的旗号给出最终的评估报告。在评估汇报会上,评估专家把道听途说的话语,甚至访谈过程中某些人偏执的、很不负责任的评价,也都直接纳入了最终评价结论。这样评估的结果是,兢兢业业做事的人成为组织低效的替罪羊,而牢骚满腹、偏执私欲者却成为组织的"有思想者"。企业是复杂的,员工之间的关系更是微妙的,为了自己的利益,很多人可能更多的是贬低别人,从而抬高自己。更有甚者,非常偏激和偏执地评价周围的人,而这位评估者直接听信这些评价,并且把这些话作为评估的直接结论,这恰恰违背了评估的初衷,产生了逆向选择的后果。不合适的评估造成人才的流失,扰乱了经营者的正常思路,是企业的悲剧。另外,还要避免评估体系被企业的权谋者所利用,减少企业政治带来的各种危害。

3.4　企业项目化管理的组织设置

一、建立基于项目化管理的扁平化组织结构

传统的层级制的组织结构广泛存在,从直线职能型组织结构发展到事业部制的组织结构。多数企业建立了传统的职能式组织结构(Functional Organization Structure),基于职能进行管理分工和专业化管理,呈现多个层级的金字塔形组织结构。而大型企业很多情况下采取事业部型的组织结构,基于产品、区域或客户的组织安排,建立多个事业部。直线职能型制和事业部制符合特定阶段的组织需要,发挥着重要的功能和作用,但传统的层级制组织结构不适应于企业的项目化管理。

企业项目化管理是一种全新的企业管理模式,需要企业进行组织变革,建立相适应的组织机构。项目化管理需要改变传统层级式的组织结构,变成面对任务的扁平化的组织架构。扁平化组织结构(Horizontal Organization Structure)以工作流程为中心而非以部门职能为中心构建组织结构,强调的是岗位和角色,而弱化部门概念。扁平化组织结构建立横向型组织,每一个组织单元直接针对某项具体任务,体现灵活性和创造性特征。扁平化组织结构是一个柔性组织,克服了层级制组织结构的弊端,注重组织内部之间的直接沟通,可以快速适应外部环境的变化,比较符合项目化管理的需要。

对于可以项目化管理的各项活动,可以分为三类。第一类是较为简单的项目,可以挂靠于某一具体部门,进行项目化管理。第二类是完全项目化管理,企业的组织结构就是由若干个项目团队组成。第三类是较为复杂的项目,可以组建“跨职能工作团队”,进行项目化管理。企业项目化管理的组织结构在第二章已经介绍。如果项目团队挂靠在某一部门,称之为部门控制式组织结构,仍属于传统的层级式组织结构,部门控制式组织结构是最简单、最初级的项目化管理形式。见图2-2。以“项目团队”为基本构成单位的组织,称之为团队型组织结构,属于

扁平化组织结构之列。团队型组织结构是最有代表性的项目化管理形式。见图2－3。矩阵式组织结构(Matrix Organization)克服了职能型和项目型组织的缺点,兼顾了两种组织结构的优势,是职能式管理和项目化管理相结合的组织结构形式,矩阵式组织结构是企业项目化管理的过渡类型。见图3－14。大多数企业采取职能式组织结构,但是越来越多的企业既有传统职能化管理,又有项目化管理,实际上是暗合矩阵式组织结构运行。“跨职能工作团队”是矩阵式组织结构的重要组织单元,在保留传统职能部门的条件下,组建“跨职能工作团队”,充分发挥各个方面资源的效用,就形成了矩阵型组织结构,矩阵式组织结构也属于扁平化组织结构。

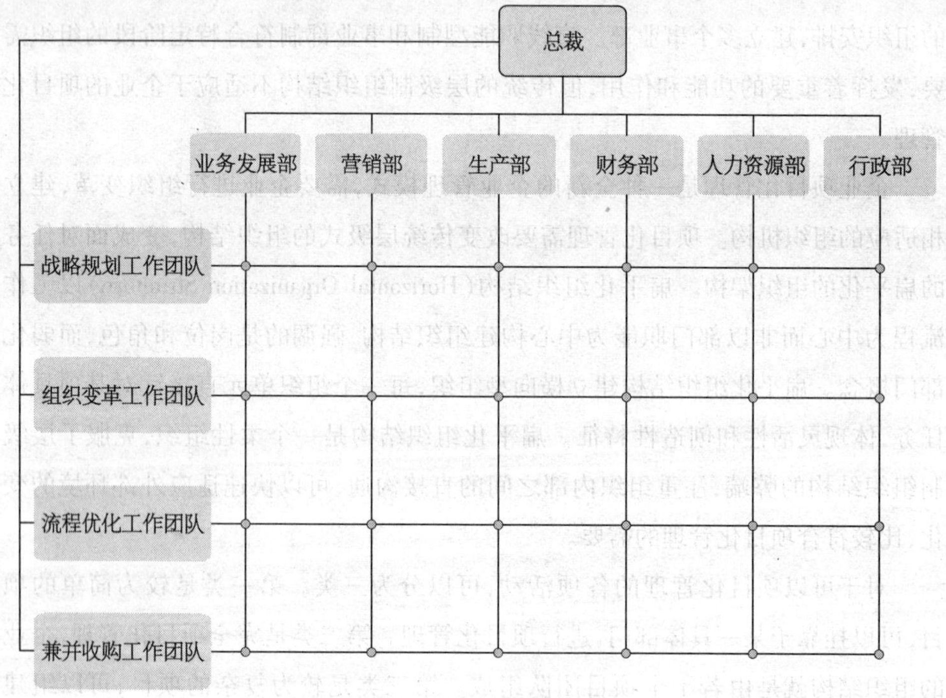

图3－14　矩阵式组织结构

根据项目团队的独立程度和项目团队队员参与项目的程度,学者们把矩阵式组织结构分为弱矩阵式和强矩阵式组织结构。如果成立专门的项目团队,正式任命了项目负责人,从各个职能部门抽调的人员基本不承担原部门的工作,而是专门从事项目工作,工作绩效主要由项目负责人考评,这时可称之为强矩阵式组织结构。如果较松散地成立了项目团队,也安排了项目牵头人,但从各个职能部门抽调的人员除了从事项目工作外,还承担原部门的工作,工作绩效主要由职能经理考评,这时就是弱矩阵式组织结构。有些项目符合弱矩阵式组织结构的特征,有些项目符合强矩阵式组织结构的特征。

二、企业项目化管理的决策机构和主管部门

在扁平化组织框架下,每个项目管理团队都是一个相对独立的组织单元。从整个企业层面来说,多个项目团队同时进行,各个项目之间能否有效协作,决定了企业的运行质量和运行效果,所以,必须从组织结构上来解决这些项目的决策和主管问题。通过设置项目的决策机构和主管机构,可以实现对项目的有效管理,达到各项目之间的协同效应。

1. 建立企业项目化管理的决策机构

根据现代公司治理结构,可在保留传统职能部门组织结构的基础上,设立动态的项目决策委员会。项目决策委员会成员和公司治理结构的经营决策层成员相互交叉,根据需要进行动态调整。项目决策委员会就是所有项目化管理工作的最高决策机构。所谓动态的项目决策委员会,就是根据项目的内容,动态调整项目决策委员会的名称,赋予不同的职责和权力。比如,对于战略规划项目,项目决策委员会就调整为战略管理委员会;对于经营预算项目,项目决策委员会就调整为预算管理委员会;对于绿地投资或并购项目,项目决策委员会就调整为投资决策委员会等。按照现代公司治理结构,超过一定权限的决策,要报董事会和股东大会审批。项目决策委员会的人员组成也是灵活多变的,企业的CEO或总经理和分管副总经理必须在其中,除了核心成员外,根据项目的需要,组建不同的人员参加进来组成各种项目决策委员会。这看起来很复杂,实际操作很简单,因为企业管理过程中,项目化的重大工作并不多,一般的项目化工作由项目决策委员会决策,具有很高的可操作性。项目决策委员会的主要职责是:对项目立项进行决策;对进度计划、成本预算、质量计划等项目计划审批;对项目进行阶段性评审会;对

项目计划的重大变更审批;听取项目成果汇报,对项目负责人进行考核。

2. 明确企业项目化管理的主管部门

有了企业层面的项目决策机构,还要有企业层面的主管部门。主管部门的主要功能是为项目组提供支持和服务,并进行监管。主管部门对上直接对项目决策层负责,对下直接对口各个项目团队,进行计划审核、风险评估、过程评估和项目验收。

对于部门控制式组织结构,企业的主管部门就是所归属的职能部门,项目组对职能部门负责人负责。如研发项目归属于研发管理部,经营计划项目归属于业务发展部,培训项目归属于人力资源部,会议项目归属于行政部。

对于团队式组织结构,项目组直接对企业项目决策层负责。企业项目决策层建立专业部门,即项目管理部。这里的项目管理部不是传统的工程项目管理部,而是现代意义的企业项目化管理的支持和监管部门。项目管理部具有一定的权威性和专业性,对项目组提供专业支持,进行项目监管,对项目团队提出奖惩建议。见图 3-15。

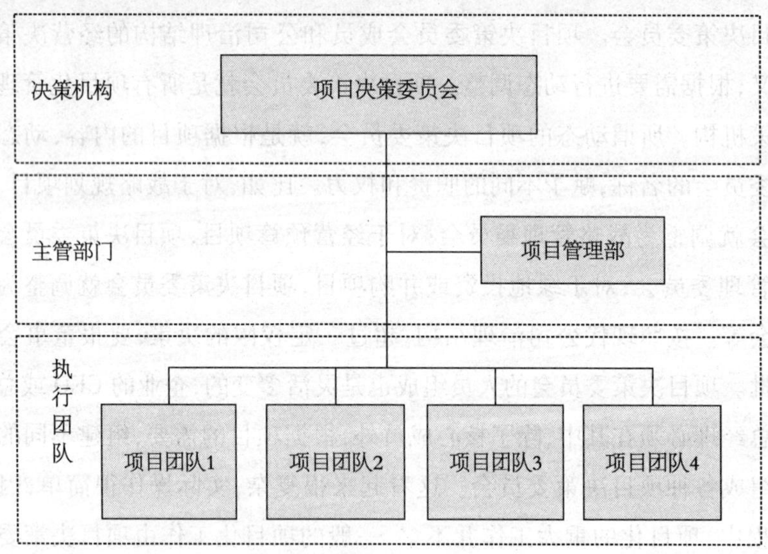

图 3-15　企业项目化管理的决策机构和主管机构

对于矩阵式组织结构,"跨职能工作团队"从属于项目决策层直接领导,形成一个独立工作的组织单元。对整个企业来说,可能同时存在多个项目,每个项目计划、执行和验收都需要一个主管部门进行管理。基于需要原则,企业项目决策层成立类似于团队式组织结构的项目管理部,作为多个项目组的支持和监管部门。

3. 组建企业项目化管理的执行团队

对于重大经营管理类项目,项目的执行团队一般是"跨职能工作团队",是由项目负责人和成员组成。"跨职能工作团队"具有阶段性特,对某个具体项目,从各个职能部门抽调合适人选而组建的临时性团队,在结束后项目成员回到各自所在的职能部门。在企业主管职能部门项目管理部的指导下,各个项目团队按照项目管理的方式推动项目的运行。在企业项目化管理框架下,项目负责人是每个项目的最高责任人,是完成企业该项任务的关键人物。所以,项目负责人需要是知识、能力和经验的集合体,能真正发挥联系上级和工作团队的桥梁作用。各个项目管理团队具有较大的决策权,在授权范围内持续决策,保证完成项目目标。项目管理团队的主要职责是确定项目的具体目标,围绕目标制定项目管理计划,按照项目管理的方法和流程实施项目。项目团队进行有效控制,及时适应外部环境变化,对项目的最终结果承担责任。作为主管部门,企业项目管理部应及时整合协调各个项目目标,保证实现企业的总体目标。其他各个职能部门在完成本职能部门任务的同时,给各个项目提供各种有效资源,保证项目目标的实现。

三、企业项目化管理组织有效运转的基本条件

1. 明确可支配的企业资源

企业资源是有限的,也是稀缺的。在企业运营过程中,界定可支配的资源是制定资源计划的基础。企业资源包括人力资源、可支配的财务资源和物质资源。对于每一个经营活动,如果按照项目管理的模式来管理,需要制定相应的资源使用计划、进度计划、成本计划和质量保证计划。在企业可支配资源的约束条件下,

每一个项目可使用的资源可以明确定下来,既保证资源的效率,又保证资源够用。因此,对企业资源状况的真实掌握并制定整体的资源分配计划是企业进行项目化管理的基础。人力资源是最稀缺的资源,在很多情况下,没有合适的人才或者无法搜寻到合适的、可以信赖的人才,只好放弃许多工作,不能按照项目化方式来运作。

2. 建立健全的授权体系

在企业项目化管理框架下,对项目执行团队要有充分的授权。因为项目团队是完成该项目的执行者,要对最终的结果承担责任,所以,一定要建立合理的授权体系,真正落实权责一致性原则。合适的授权既可以发挥项目团队的主观能动性,又可以控制风险。获得授权的项目负责人可以从各个职能部门选拔合适的项目成员,选择具有合作精神的工作队员进来,组建"跨职能工作团队"。针对项目目标,项目负责人有权对队员进行激励,指明全员努力的方向,发挥每个队员的长处,实现项目团队的绩效。在项目推进过程中,获得授权的项目团队通过决策、执行和控制,实现了项目目标,可以获得巨大的成就感。同时,项目管理团队可以获得经济上的回报,实现双赢。

3. 完善项目决策流程和过程管理流程

把战略规划、组织变革、流程优化等看作一个项目,就要建立项目的决策流程,保证做正确的事。传统投资项目决策要经过项目建议书阶段和可行性研究阶段。企业的经营工作按项目来管理,同样也需要进行可行性论证。基于此,凡是实施项目化管理的事项,都需要提交项目申请,由企业项目管理部负责衔接,并报请企业的项目决策委员会审批,保证在全公司范围内实行统一的项目管理模式。在过程管理中,要建立工作流程,规范工作路径,保证按照流程执行。项目决策完成之后,项目团队要制定详细的执行计划,包括进度计划和资源使用计划,保证在重要的时间节点完成重要的任务。同时,保持信息的通畅性,把项目执行情况及时反馈到主管部门,从而做出一个整体的判断。每一项工作都要进行项目验收,保障检查每项工作的执行情况。见图 3 – 16。

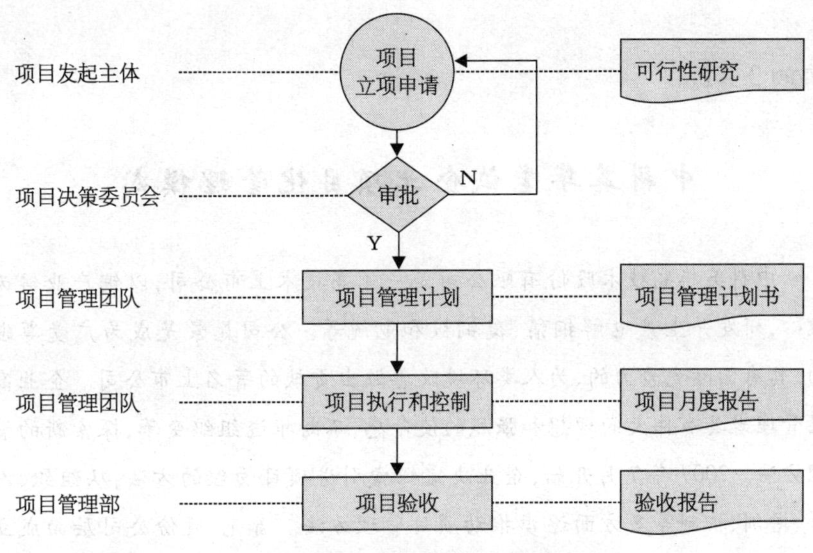

图 3－16　企业项目化管理的基本流程

4. 企业项目之间的匹配性和项目团队之间的协调性

在企业的目标体系、计划体系、执行体系和评估体系中，每个项目是企业管理体系的一部分。每个项目都有各自的目标体系、执行计划和评估体系。各个项目同时展开，各自独立运行，但又相互关联，相互支撑；既具有独立性，又具有一定的协调性。各个项目分别实现企业的子目标，最终实现企业的总体目标。项目化管理同时有多个"跨职能工作团队"展开工作，队员来自各个职能部门，项目完成后，队员要回到原来的职能部门。每个成员又有机会参加其他项目团队，甚至同一个队员同时参加两个项目的团队，团队之间达到相互协调和相互支持的效果。企业的各个项目之间相互支持和配合，对完成企业目标发挥重要作用。比如，对企业来说，战略规划决定了企业发展方向，决定了竞争方式。战略任务分解到每一年，就是年度经营计划，战略往往决定了每年的经营计划。战略规划还决定了投资项目的展开情况。基于战略的考虑，公司强化产业链的建设，要对下游企业进行快速并购，推动并购项目的发展。战略规划还决定了人力资源的开发，促进企业内部培训的开展。基于战略发展需要，企业需要强化人力资源，开展大规模培训，人员培训成为配合战略执行的重要工作。

案例 3－1

中科英华尝试企业项目化管理模式

中科英华高技术股份有限公司是一家高技术上市公司，以铜产业链为核心，研发并生产电解铜箔、覆铜板和电缆等。公司愿景是成为广受尊敬的、具有国际竞争力的、为人类环境改善做出贡献的著名上市公司。企业高层管理者具有伟大的理想和强烈的使命感，不断推进组织变革，探索新的管理方法。2007 年 7 月开始，企业决定探索引进项目管理的方法，从组织、人员、培训、机制等多方面逐步推动项目管理方法。首先，股份公司层面成立项目决策委员会，作为项目的决策机构。其次，专门设置职能部门项目管理部，分管所有的项目。刚开始，采取项目管理方式的主要包括投资建设项目、研发项目、并购项目等，后来逐步推广到战略规划、年度经营计划、流程优化等经营性项目。再次，外请项目管理方面的专家对企业全体员工进行大规模项目管理培训，分层级、分部门进行多视角的培训。当然，新管理体系的建立需要一个过程，会遇到很多障碍和困难，管理者对项目管理的接受程度也不一样。因此，在一个很长的时间内，中科英华的项目管理停留在投资建设项目和研发项目，更多的经营活动并没有纳入项目化管理。2011 年开始，中科英华管理团队再次关注到企业项目化管理的重大价值，重新审视项目化管理的现状，决定进一步推动项目化管理。把战略规划、预算、年度经营计划、并购、研发、流程优化、会议、培训等都按照项目化进行管理。首先，从组织上保证项目化管理，成立动态的项目决策委员会，可以调整为战略委员会、预算委员会、投资决策委员会等，分别对应战略规划、预算和年度经营计划、投资建设和并购等项目。其次，项目管理部的职能进一步扩大，作为主管职能部门，分管战略、经营、投资和研发，把可能实行项目化管理的工作纳入项目管理部分管的范围。再次，借鉴稻盛和夫的“阿米巴”经营模式，开始建立授权体系，建立每个业务单元和项目团队独立运作的机制。每个项目负责人及其团队对结果负责,充分发挥每个项目团队的主观能动性。另外,建立完善的工作流程和内控体系,为项目化管理提供了基本路径,设置了风险控制点,从流程和制度方面为项目化管理提供了保证。最后,对每个项目的工作效果都要进行认真评估,对富有成效者给予物质奖励和精神激励。对于项目效果的评估,应该由主管部门项目管理部来评定,做好验收和后评价,并提出奖惩建议。在企业范围内,多个项目团队同时工作,每一个项目团队都有明确的目标,项目团队负责人对结果负责,项目团队自我管理,自我控制,都按照项目管理的方法进行运作。企业对每个项目的效果都有明确的评估,并作为绩效评估的依据。每个项目团队做出的成绩都会得到认可,没有完成项目目标的团队会受到惩戒。经过组织变革,中科英华管理团队感受到项目化管理带来的绩效提升,真正让员工的工作富有成效,让员工具有成就感。

3.5　企业项目化管理的运作机制

企业就是一个大系统,大系统里包含很多子系统或系统元素。每个子系统相对独立,但彼此之间相互作用、相互影响,具有随机性、不确定性和非线性的特点。把企业大系统看作开放性系统,系统内部的各个项目组子系统之间、项目组子系统和企业大系统、项目组子系统与外界环境之间相互联系和相互作用。项目组子系统也可以直接与外界发生各种信息、物质等方面的交换,促进企业大系统演进。自组织和自适应是系统演进的根本机制。比利时物理学家普利高津(1969)的熵增原理指出,对于孤立的系统,无论何种初始条件,熵都会趋于极大,状态越来越混乱,熵增的过程就是从有序到无序的演化方向;同时,负熵过程就是从无序向有序的演化方向,开放系统通过与外界交换物质、能量和信息,从外界吸收负熵流,抵消自身的熵产生,使系统的总熵保持不变或逐步减小,实现从无序向有序的转化。德国物理学家 H. Haken(1971)的协同学认为系统内部元素之间产生相互作用,并形成相互之间的正反馈,产生协同效应,这些正反馈发生的协同效应促使了系统发生演进,使系统呈螺旋式发展。

一、保持组织扁平化及柔性,促进项目团队自组织和自适应

组织扁平化及柔性是企业项目化管理制胜的基础。达尔文研究发现,能获得生存的既不是最强壮的物种,也不是最聪明的物种,而是最能适应变化的物种。企业可以借鉴生物界的生存法则,通过组织的扁平化以及组织柔性,建立多个跨职能工作团队。针对经营工作中的"项目化"问题,项目团队进行适应性管理。项目团队的自组织和自适应能力是保证企业项目化管理成功的必要条件。外部环境的动态变化和内部要素的逐步优化,需要企业进行动态调整,权变理论(Contingency Theory)和边缘竞争理论(Competing on the Edge Theory)为适应性管理提供了思想基础[①]。权变理论学派的代表人物 James E. Rosenzweig 与 Fremont E. Kast 指出企业采取的组织形式或决策方式依赖于内部环境和外部环境的约束,企业要根据外部环境和内部条件的发展变化而随机应变,寻求最合适的管理模式、方案或方法[②]。Shona L. Brown 与 Kathleen M. Eisenhardt 提出的边缘竞争理论强调企业要善于捕捉无序平衡的边缘,在有序和无序之间保持微妙平衡状态。鼓励企业在组织有序性和组织灵活性边缘保持微妙平衡,找到公司自适应创新与稳定运作之间的平衡边缘,使企业能够有最好的自适应调节性能。鼓励企业在反应市场变革与进行未来规划边缘之间保持微妙平衡,保证企业既有明确的未来战略,又具有充分的应变灵活性。提醒企业要注重企业内部信息协作,共享信息资源;提醒企业变革创新要按既定时间计划进行,不要进行随机性的革新。边缘竞争强调企业要主动迎合外部的不确定性,预测变革,并在合适的时机实施变革,以取得持续的竞争优势。

自组织和自适应需要有优秀的项目管理团队,需要授予项目负责人独立的决

① 美国学者 James E. Rosenzweig 与 Fremont E. Kast 在 1979 年合著的作品《组织与管理:系统方法与权变方法》。

② 美国学者 Shona L. Brown 与 Kathleen M. Eisenhardt 在 1998 年合作出版了《边缘竞争》一书。

策权力。项目管理团队的独立决策权力是企业项目化管理制胜的保证。项目具有独立性特征,每个项目都有明确的目标,而且进行目标分解。基于目标导向的项目管理,需要给予项目管理团队适当的授权。授权是一种激励,项目团队获得授权后开始承担责任。基于对项目最终结果负责的责任感,项目团队自我激励,充分发挥员工的智慧。授权的价值就是变外部激励为自我激励,要完成项目的目标,项目团队必须充分发掘自身潜力,进行系列的过程决策。缺乏授权的项目团队无法达到独立作战的效果,失去约束的授权同样会给企业带来严重后果。建立合理的、适当的授权体系,保证项目团队具有独立决策的权力,是完成项目化运作的基础。合理的授权体系既能保证项目负责人有足够的权限来指挥完成项目目标,又可保证企业对项目的有效监管和控制。当然,任何权力都要受到约束,所以,给项目团队授权的同时要建立约束机制,牵涉到重大利益的决策权应该放在企业决策层,信息的及时传输和快速反应是保证授权体系正常运作的保证。

二、组建多个面向任务的“跨职能工作团队”

企业组建多个面向任务的“项目团队”是企业项目化管理制胜的关键。德鲁克提出发挥每个知识工作者的能动性,关注到每一个人的智慧和作用。稻盛和夫提出“阿米巴”的经营模式,把世界500强企业京都陶瓷(Kyocera)分成很多小单元,称之为“阿米巴”。在企业共同愿景、使命和价值观的引导下,“阿米巴”相对独立,都有明确的目标,充分发挥每个员工的作用。同时,强调各个“阿米巴”之间的协作,企业取得了很好的绩效。韩国的柳韩－金伯利(Youhan－Kimberly)前CEO文国现先生依靠班组员工智慧,在韩国战胜最大的竞争对手宝洁公司(Procter & Gamble,P&G),重新获取韩国卫生用品和婴儿用品的绝大部分市场份额,获取巨大成功。企业管理大师们都看到发挥每个“小微团队”的智慧是企业取胜的关键。“小微团队”可以是自然存在的班组团队,也可以是新组建的“跨职能工作团队”;可以是三个人组成的团队,也可以是几十人组成的团队。项目管理团队恰好符合“阿米巴”、班组等小单元的概念,企业通过项目化管理,可以发挥“小微团队”的作用,每个项目团队在授权范围内,灵活应变,可以发挥每个员工的作用。企业通过审核,对于符合项目特点的工作,尽可能采取项目管理的方式进行管理,选择合适的项目负责人,充分授权给项目团队。在授权范围内,项目团队负责人有较大的决策权,但要对最终的结果负责。

三、建立基于"项目"的管理流程和业务流程

建立基于"项目"的管理流程和业务流程是企业项目化管理制胜的依托。建立基于项目的管理流程(Management Process)是企业项目化管理的制度保障。通过可视化的管理流程图,所有员工一目了然。每个流程后面附有审批的表格,作为按照流程执行的留痕和证据。每个员工要接受流程培训,明确流程和路径。项目执行过程中,必须按照管理流程执行,否则不能进入下一个环节。其次,建立基于过程管理的业务流程(Business Process),将业务过程划分成若干阶段,强化业务流程中的角色和职责,而弱化职能部门的概念。这样,即便组织结构进行局部调整,也不一定导致业务流程的重大调整,反而有利于流程的稳定和完善。越来越多的企业强调流程中的角色和职责,而淡化部门职能管理。在项目管理流程中,如果上一个环节没有通过,就不能进入下一个审核环节,从而保证了流程的岗位重要性和流程的严肃性。

★ 自测题

1. 企业项目管理的内涵是什么?

2. 如何把项目管理与企业管理结合起来?

第二篇　运营实务

第4章 战略规划项目管理

本章精要

战略是选择，战略是定位，战略决定着企业的方向和未来。选择意味着放弃，企业的管理者，特别是高层管理者，应该明确企业究竟为客户创造怎样的价值，要满足客户的哪些认知价值要素，这个选择的过程也是定位过程。任何企业要获取可持续性发展的竞争优势，必须进行战略规划，通过价值曲线分析，明确企业的市场定位，通过研发等途径优化产品或服务的特性和结构，提供能满足客户价值的产品或服务，满足客户的认知价值。

4.1 战略的内涵

一、战略理论发展的重要里程碑

正如大多数理论一样，战略理论经历一个逐步完善和丰满的过程。战略最初用于军事领域，后来逐渐应用到企业，并被广为接受。阿尔弗雷德·钱德勒(Alfred D. Chandler,1962)在其著作《战略与结构：美国工业企业史的若干篇章》中，考察了20世纪前期美国大企业结构的转变过程并得出重要结论，企业的组织结构要随着战略而调整，战略与结构呈现互动关系，钱德勒被认为是战略管理领域的奠基者之一。彼特·德鲁克(Peter F. Drucker)早于1954年在《管理的实践》中指出，企业应考虑我们的事业是什么，我们的事业应该是什么，我们的事业将来应该是什么,进一步还提出谁是我们的顾客,顾客的认知价值是什么,我们如何从中获得回报等问题,为后来的战略研究提供了理论框架。在其1964年出版的《成果管理》中正式提出战略概念和战略思想,并对战略规划进行了精彩的描述:战略规划是一个决策的过程,战略规划是一种责任,是提高企业家绩效的唯一途径,战略规划是把企业的稀缺资源放在合适的位置上,战略规划必须承担更大的风险。评价战略规划是否有效,主要看战略决策者是否把稀缺资源放在将来可以取得关键成果的行动之中。高层管理者需要战略性思考,关注战略,关注流程,关注运营,关注合作,做到协同运营。德鲁克告诫我们,战略着眼于未来,今天的现状是昨天决策的结果,而未来的事是今天需要考虑的;要清楚下一步要新做的事情,要学会有计划地放弃,选择新做的事和放弃某些事就是战略选择;对企业来说,哪些业务需要"加强",哪些业务需要有计划地"放弃",哪些业务是"不可为"的范畴,这些都属于战略范畴。伊戈尔·安索夫(H. Igor Ansoff,1965)出版《公司战略》一书,1972年,安索夫正式提出"战略管理"(Strategic Management)的概念,1976年出版了《从战略计划到战略管理》,1979年出版《战略管理论》,由于他对战略管理框架体系做出里程碑式的贡献,被称为"战略管理"的鼻祖。迈克尔·波特(Michael E. Porter)被称为"竞争战略之父",他(1980)提出著名的"五种竞争力量"和"三种竞争战略",形成了竞争战略的理论体系。企业参与竞争的产业是关键的外部环境,而竞争对手、供应商、客户、潜在进入者、替代产品或服务五种竞争作用力是驱动产业竞争的主要力量。波特进一步指出,企业在与五种竞争作用力抗争的过程中,可以实施低成本、差异化和目标集聚三种基本竞争战略。Eric. G. Flamholtz与Yvonne Randle(2004)指出,战略的重点在于识别战略性问题,选择合适方法解决这些战略性问题,并进一步解决与这些战略性问题相关的组织发展问题,他们还指出,战略不仅包含竞争,还包含期望的成就。钱·金与勒妮·莫博涅(2005)提出"蓝海战略"的崭新逻辑,认为企业战胜竞争对手的办法是停止那种试图击败竞争对手的做法,而集中全部资源和精力进行价值创新,开拓新的、无人竞争的市场空间。他们同时指出,价值和创新同样重要,否则就不是价值创新,而变成技术创新或价值创造了,要成功开创“蓝海”,既要为客户提升价值、创造需求,又要降低成本,而且强调创新要与效用、价格和成本融合一体,才能真正实现“蓝海战略”。

二、区分“公司总体战略”和“经营战略”

企业战略是一个体系,伊戈尔·安索夫(H. Igor Ansoff,1965)的战略定义提出以后,把战略分为“公司总体战略”和“经营战略”两大类型。“公司总体战略”主要界定使命、愿景、发展方向、发展路径、发展步骤及执行计划等,主要揭示如何分配企业资源,如何保证各单元之间保持协同,保持企业持续增长。公司总体战略比较适合于集团公司层面,主要解决企业的发展问题,属于企业发展导向的战略。而“经营战略”(Operations Strategy)是企业为求得生存和发展的总体性谋划,主体是竞争战略(Competitive Strategy),主要解决如何参与市场竞争的问题。经营战略主要界定相对于竞争对手,如何做好营销和创新等竞争性工作,如何建立自己的利基市场,如何通过市场、产品、服务等的合理安排,为客户创造额外的、有别于竞争对手的价值。经营战略主要适用于直接面对市场的单个业务单元,主要解决企业参与竞争的方式和方法问题,属于顾客价值导向的战略规划。制定“经营战略”时要充分考虑自身特点,选择合适的竞争战略。有些企业提供的是直接消费品或直接服务,直接面对消费者,如保险公司,这时候最需要关注的是消费者的认知价值,考虑能为目标客户提供哪些价值,如何提供等。有些企业提供的是工业品或者下游客户的原材料,面对的客户是企业,而且该企业可能也不是终端消费者,这时,最需要关注的是目标市场,通过细分市场选择目标市场和目标客户。“公司总体战略”和“经营战略”都是企业战略的组成部分,可以单独使用,也可以结合使用,在制定战略过程中,要充分考虑各个企业的特征和具体情况,选择合适的战略框架。

三、竞争战略、顾客认知价值曲线与企业价值链

经营战略主要表现为竞争战略,竞争战略主要解决企业如何参与市场竞争的问题。竞争战略主要界定如何通过市场、产品、服务等的合理安排,为客户创造额外的、有别于竞争对手的价值。战略规划的起点是市场需求,企业要明确客户的认知价值曲线,通过大量调研进行市场细分,选择目标市场和目标客户。针对目标市场和目标客户,分析企业能提供什么样的价值,企业的产品和服务特征能否满足客户的认知价值。进一步明确,企业需要什么样的资源才能满足客户的认知价值,需要在哪些领域进行资源的补充。这里需要强调,产品定位和产品导向是两个概念,绝大多数情况下是市场导向的,而不是产品导向的,需要企业的产品适应市场的需求。但也有例外,如果企业具有强大的创新能力和市场引领能力,开发出来的产品也可以创造需求,比如苹果公司的产品系列以全新的产品和理念,创造并引领了市场的需求。正如营销大师菲利普·科特勒所言,优秀的企业满足需求,伟大的企业创造市场。

通过市场调研和经验研究,分析影响顾客价值的关键因素。在此基础上,分析企业的优势和劣势,研究企业究竟能为客户带来怎样的价值,企业要满足客户的哪些认知价值要素,这个选择的过程是战略定位过程。影响顾客价值的因素可能很多,相对于主要竞争对手,企业选择 2—3 个顾客认知的价值因素,在这几个方面成为独特的客户价值提供者,以此作为本企业战略定位的依据。可以用价值曲线图直观表示(见图 4－1)。根据客户认知的以及企业选择的价值因素,进行市场细分,选择目标市场和目标客户,进行战略定位。首先,考虑能为目标客户提供哪些价值,如何提供价值,提供价值的时机,以满足特定目标市场和目标客户的需求。其次,设计符合客户需求的、能给客户带来价值的产品和服务,满足客户的认知价值。在此基础上,建立有效的运营系统和管理系统,通过人力资源开发和激励,保证运营的有效性和管理高效性。再次,更高层面建立企业文化,关注价值观

和传统习惯，指导企业的发展。

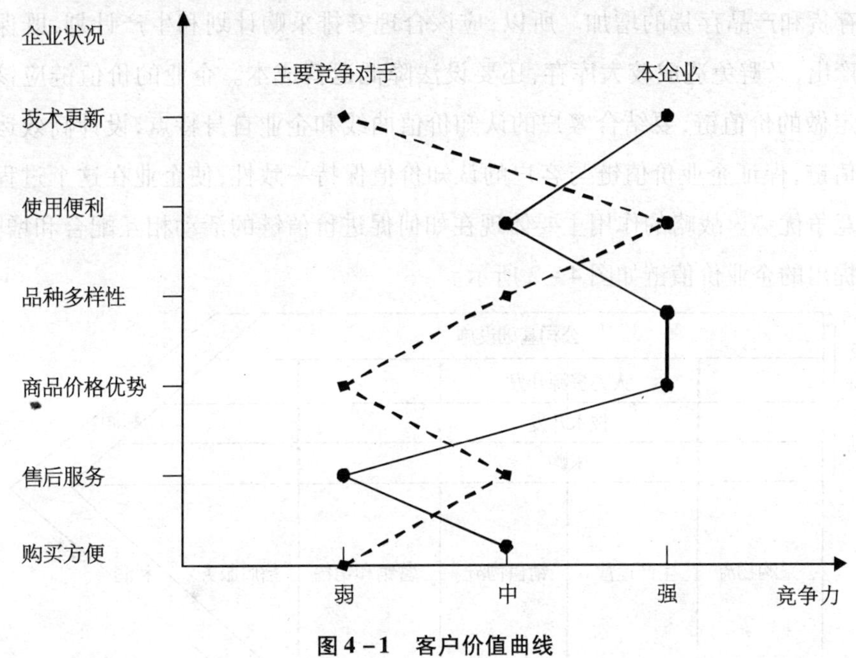

图 4－1　客户价值曲线

在此基础上，建立企业自身的企业价值链。可以借鉴波特的一般价值链，揭示战略上相互关联的活动，包括五项基本活动和四项支持性活动。企业价值链中，从采购物流、生产运营、销售物流、营销与销售和售后服务五项基本活动，到公司基础设施、人力资源开发、技术开发和采购四项支持性活动，保障企业价值链的有效运行。企业的竞争力往往不是来源于某个点，而是来源于整个供应链系统。采购物流、生产运营、销售物流、营销与销售、售后服务能否有效协同，保持步调一致，决定着企业的竞争优势。供应链的协同性源于各个环节目标的匹配性，为了实现目标的匹配性，关键在于识别各环节的短板，及时弥补欠缺的环节，保持供应链的各环节目标的匹配性。在企业供应链中，营销是龙头，目标的设定从营销开始。首先，确定潜在客户数量和销售收入的目标，在此基础上，确定目标客户数量和销售收入的目标；然后，确定成交客户的数量和销售收入目标。为了提高销售收入目标，尽可能提高潜在客户转化为目标客户的比率，进一步，提高目标客户转化为成交客户的比率。在价值链流程上，根据销售目标制定采购目标和生产目标。采购目标和生产目标的制定要充分考虑存货因素,采购和生产往往伴随着原材料存货和产品存货的增加。所以,应该合理安排采购计划和生产计划,既保证有效产出,又避免造成较大库存,还要设法降低运营成本。企业的价值链应该是量身定做的价值链,要结合客户的认知价值曲线和企业自身特点,设计高效运转的价值链,保证企业价值链与客户的认知价值保持一致性,使企业在这个过程中获取竞争优势。战略的作用主要体现在如何促进价值链的活动相互配合和增强。波特提出的企业价值链如图 4-2 所示。

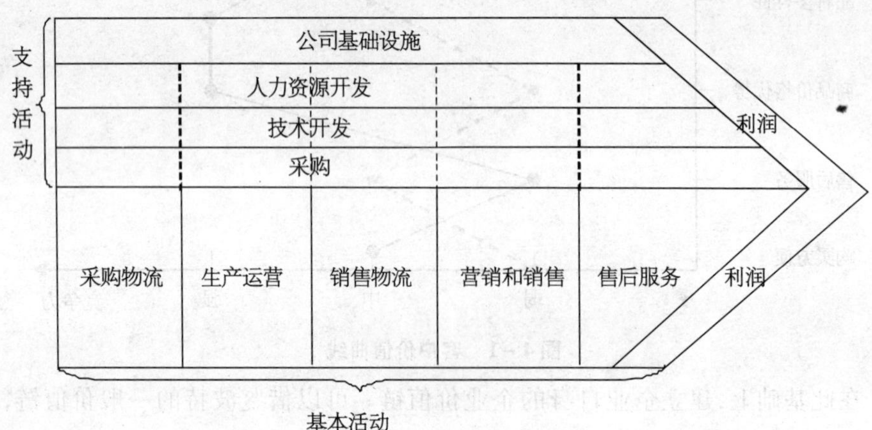

图 4-2　波特提出的企业价值链

4.2 战略性思考

一、战略性思考是高层管理者的责任

战略引领企业方向。对企业来讲,高层管理者掌握很多的信息和资源,最了解企业的历史和发展历程,最能把握企业的发展方向,所以有责任进行战略性考虑。高层管理者应该纵览企业发展历程,考虑企业的使命,建立内部规则和制度,维系各种关系,推动企业变革。高层管理者需要思考的战略性问题包括企业的发展方向、企业的潜在机会、企业的做事时机、企业的用人策略、企业的有计划放弃。

高层管理者需要养成战略性思考的习惯,应站在未来的高度,拿出更多的时间进行战略性思考。高层管理者应该掌握外部环境的动态变化,判断重大变革时机的到来,对产品和营销进行持续创新。对于战略问题的思考是一种理念,也是一种习惯,高层管理者应该有意识强化这一理念。高层管理者凡事要从战略出发,既有依据,又有章法,在长期的思考和论证过程中,逐步形成战略性思维和观念。德鲁克指出,企业必须有战略,战略管理是高层管理者的核心任务。

二、战略性思考:领会战略的特性

1. 战略具有动态性

企业的战略具有动态性,不仅取决于外部环境的动态变化,还取决于企业自身的生命周期。企业具有生命周期,每个阶段的战略各有特点。美国学者伊查克·爱迪斯(1989)把企业生命周期比作人的成长过程,把企业生命周期细分为孕育期、婴儿期、学步期、青春期、盛年期等几个阶段,从可控性和灵活性两个维度来分析每个阶段的特点。为了更容易被人们理解和接受,借鉴产品生命周期的阶段划分依据,可以把企业生命周期划分为创业期、成长期、成熟期、转型期四个阶段,而把可控性和灵活性两个维度引入进来(见图 4－3)。

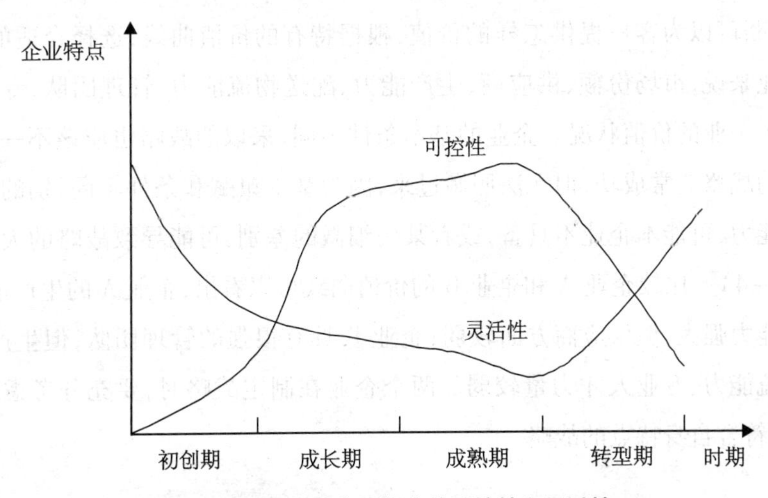

图 4－3　企业生命周期中的可控性和灵活性

由图 4-3 中曲线可以看出，企业在初创期和快速成长阶段受外部不可控因素的影响较多，企业的灵活性较强。在快速发展和扩张的过程中，内部条件和外部环境都在动态变化，从内部的制度、流程到员工的思维习惯还没有形成定势，所以，企业需要变革创新时，或者需要战略调整时来自内部的阻碍较小。企业在成熟期阶段制度、规范和流程基本完备，企业对内相对处于容易控制阶段，逐步形成了固定的风格与习惯，按照预定轨道前进，同时，企业长久以来积淀了特有的企业文化，高层管理者和员工都有追求稳定的思想倾向，对于较大变革缺乏激励和动机，所以，企业灵活性相对较弱。在转型期阶段，企业面临较大的问题，可能企业已经不能适应外部的环境，面临一定的生存危机，如果企业不改革，就面临灭亡的危险，所以，企业需要重新打破内部规则，进行内部规则的重新调整，从组织到文化，再到流程，乃至管理方法等都要发生巨大的变化，提升企业灵活性。在企业生命周期的不同阶段，需要制定符合该阶段特点的针对性战略。在初创期和快速成长阶段，强调成本战略、营销战略，在成熟期阶段，强调品牌战略、发展战略，在转型期阶段，强调有计划地放弃。

2. 战略具有不可复制性

每个企业的特点不同，优势和劣势也不相同，为客户提供的价值曲线不一样，所以，企业的战略具有不可复制性的特点。企业需要根据自身的内部条件和外部环境，判断可以为客户提供怎样的价值，根据特有的价值曲线，选择合适的战略。对于企业来说，市场份额、供应商、生产能力、配送物流能力、管理团队、专业人才等反映了企业的价值状况。企业的基本条件不同，采取的战略也应该不一样。有些企业的战略非常成功，但无法照搬过来，因为基本禀赋和条件不同，别的企业的资源和能力，可能本企业不具备，或者某一细微的差别，可能导致战略的大相径庭（见图 4-4）。比较企业 A 和企业 B 的价值曲线可以看出，企业 A 的生产能力、配送物流能力强大，但供应商方面较弱；企业 B 具有很强的管理团队，但生产能力、配送物流能力、专业人才力量较弱。两个企业在制定战略时，要充分考虑这些因素，制定符合自身特点的战略。

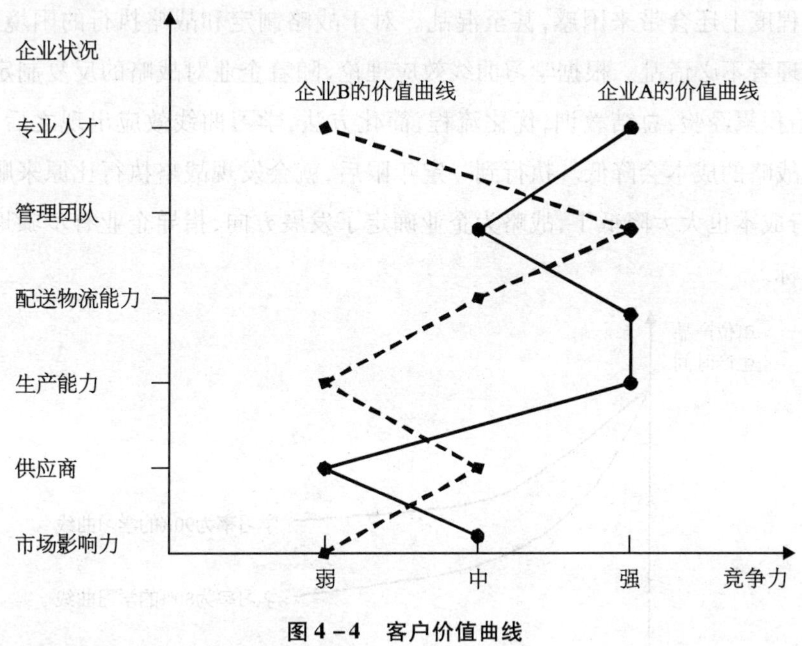

图 4-4　客户价值曲线

3. 战略规划的成本递减性

经济学里的学习曲线(Learning Curve)是反映单位产品生产时间与所生产产品的总量之间关系的一条曲线。横轴代表累积的产量数,纵轴代表单位产品生产时间(见图 4-5)。在学习曲线的基础上,波士顿咨询公司的 Bruce D. Henderson (1960)提出了经验曲线(Experience Curve),研究发现,一项生产任务如果被反复执行,它的生产成本将会降低。成本降低的原因可能是由于重复工作所带来的学习效应,也可能是方法的改进带来成本的降低,还可能是了解需求者的偏好进行创新而降低成本。学习曲线和经验曲线效应告诉我们一个道理:个体或组织越是经常反复执行同一项任务,完成该项任务所付出的成本代价越小。因为个体或组织反复做该项任务,对该项任务的熟悉程度提高,进行工作方法和工作流程的改进,积累越来越多的经验,工作效率就越会提高。

战略的制定和执行是企业的一项长期坚持的任务,需要付出一定的成本,包括时间、精力和费用。企业对于战略制定与执行也符合学习曲线效应。发展中的企业或者刚开始起步的企业,刚开始制定和执行战略时非常困难,执行成本较高,在一定程度上还会带来困惑,甚至混乱。对于战略制定和战略执行的困境,企业高层管理者不必慌乱。根据学习曲线效应理论,随着企业对战略的反复制定和执行,开始积累经验,总结教训,优化流程,简化方法,学习曲线效应出现之后,制定与执行战略的成本会降低。执行到一定年限后,就会发现战略执行比原来顺利多了,执行成本也大大降低了,战略为企业确定了发展方向,指导企业有步骤地实现战略目标。

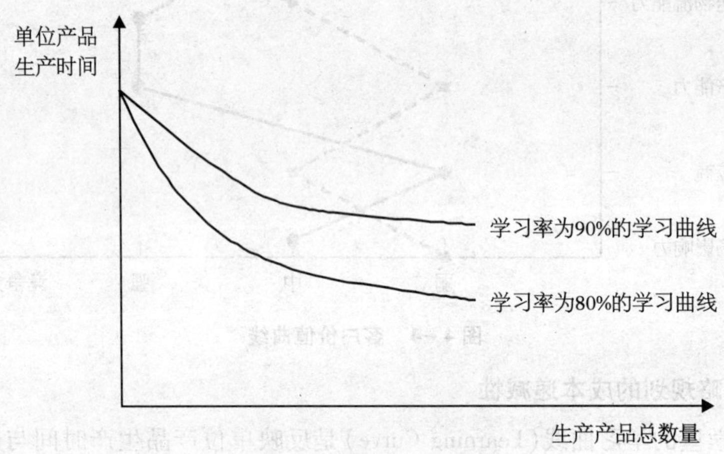

图4-5 学习曲线效应

注:学习率表示生产2n个产品的单位生产时间与生产n个产品的单位生产时间的比率。比如,学习率为80%,即第二批生产同样数量的同样产品,所需的单位平均生产时间为第一批的80%;在现在的基础上,产量再翻倍,所需的单位平均生产时间为现在的80%。

三、战略性思考:用人所长,激发潜能

对于快速发展的企业来说,最稀缺的是人力资源,最宝贵的也是人力资源。当今社会的人才似乎并不缺乏,但是,寻找到对企业有认同感、在某个领域学有所长、能与同事达成默契,且能做出业绩的合适员工,并不是一件容易的事。企业需要一个管理团队,优秀的管理团队由一批精英人才组成,每个人都有自己的专长。帮助员工找到能发挥能力和专长的空间和机会,是管理者的责任。德鲁克指出,在某些方面越是优秀和突出的人才,在另一方面的弱点就越明显,因此企业要推

行人才开发战略，有效发挥人力资源的潜力，提高员工工作绩效。德鲁克还给企业提出过重要建议：做你最擅长的事。言外之意，企业尽可能不要去做自己不擅长的事。对企业来说，充分发挥自身优势，集中优质资源，把某一领域做到最好，这符合“专业化分工”的发展趋势。

在精英组成的企业管理团队里，员工最需要什么？这是企业家必须明确的问题。员工可以分为若干层面，对于知识型员工来说，最需要的是同事的认同感和自身价值的充分体现。因为知识型员工的特点是自尊心非常强，凡事都有自己的观点和思想，容易固执，不容易被说服。但是，知识型员工却希望得到同事的认可，对于自己的工作方法、工作思路，甚至某些观点和看法，都希望得到同事的共鸣。知识型员工最希望实现自身价值，主要表现在可以充分发挥自己的专长和作用，为企业和组织做出贡献，并得到企业和组织的承认。知识型员工可能经常会思考，我能为企业做些什么？我的专长如何能在企业里发挥？如果员工主动提出可以为企业做哪些事，这说明该员工在寻找发挥自己专长的途径，企业应该给予全力支持与帮助。

企业管理团队的成员都有专长，在精力和时间约束条件下，员工应该在自己最擅长的领域有所突破。安排每个员工去做他或她最擅长的事，降低时间成本和机会成本，实现人才的优化配置。企业应该顺势而为，因势利导，充分发挥员工的专长，让员工感到自己的价值得到体现。凡事都有两面性，员工在某些方面有所擅长，在另一方面就必有所短，企业要用人所长，而避其所短。反过来考虑，如果企业不能做到用人所长，把一个员工放在不能发挥其优势的岗位上，在这个不合适的岗位上，员工的工作绩效往往不佳，不能得到同事的认可，更不能实现员工的自身价值，这就是人才的巨大浪费。

1. 企业用人所长的人才战略要有具体的载体，落实在细微处

用人所长，把合适的员工，放入合适的岗位上。在适合自己的岗位上，员工可以左右逢源，游刃有余，充分发挥自己的优势和专长，有能力为组织做出贡献，员工感到自己的价值得到了体现，自己的工作得到了认可。从马斯洛的需求层次理论来看,人的低层次需求得到满足之后,更多的是追求受到尊重和自我价值实现的需要。当不再为衣食住行奔波,人就开始追求一种境界:做自己喜欢做的事。也许做这件事并不能带来经济地位的改变,也不能带来社会地位的提升,但是,人可以不顾一切,抛开高薪的吸引和其他功名的诱惑,全力以赴,做自己喜欢做的事,这时,人的智慧和才能可以发挥到极致,这就是人才的合理配置问题。

用人所长,发挥每一个员工的主观能动性。在公司这个狭小的空间内,却可以为每个员工提供较大的空间,鼓励员工主动提出自己想做的或能做的事,让每个人做他最擅长的事。对于知识工作者来说,如果每个员工都能做自己最擅长的事,员工的才智能得到最大限度的发挥。所以,员工提出想要做的事情,或者提出可以做的事情,上级领导要给予积极的支持和引导,并提供尽可能好的条件。因为员工主动提出做某件事,可能是发挥其专长的最佳时机,也是进行人才潜能开发的最佳时机,如果工作得当,给公司带来的价值是难以估量的。相反,如果对员工提出的建议轻易否定,就会打消员工创新开拓的积极性,相当于对员工主动为组织贡献智慧想法的否定,员工的工作主动性会逐步减弱,工作绩效会降低,这样的结果是对人力资源的巨大浪费。

用人所长、以人为本要落在实处。无论是"人性善"还是"人性恶"的假设,无论采取何种约束机制或激励机制,企业都应该让员工感到在本组织里的一种尊严感。假设只有对企业价值观具有认同感的员工进入组织,员工进入组织后,企业在一定的规则框架下,给员工提供自由的发挥空间和足够的工作平台,并赋予充分的信任感。特别是对于知识工作者来说,他们具有较为强烈的自尊,也有着较多的选择机会,更加看重企业对自己的认可度,更加关注自身价值是否得到实现。如果人本关怀落在实处,所获取的精神激励非常巨大,产生的效用往往超过物质激励。在之后的过程中有两种可能。一种是该员工根据工作需要,消耗和占用了适当的企业资源,但为组织做出了较大的贡献,可以继续留用和扩大授权;另一种是该员工过于狭隘,占用企业较多资源,但并不能融入本企业的文化,不符合本企业的价值观,最终也没有为组织做出贡献,可以有计划地淡出个别员工。

2. 企业在推进用人所长的人才战略时需要关注的问题

用人所长，要注意对员工的适度开发，积极进行知识培育。人才的知识存量在一定时间内是有限的，而外部环境在变化，企业员工也要不断地修正和调整，包括知识结构的完善和思维方式的提升。知识本身也在更新，员工必须不断吸收外部信息和知识，以适应新的外部环境。企业用人所长，要注重及时对员工进行开发，通过培训、参与决策等途径，让管理者了解公司的决策过程和外部宏观经济的发展状况，以适应外部环境的变化。

用人所长，要注意引导员工的团队与合作的意识，注意形成有效的合力。如果企业能做到用人所长，这只是完成了人才战略的第一步，接下来，需要突出强调的是团队意识。每个员工的潜能得到发挥，如果不能很好地协作，就不能形成一个聚焦的合力，假设每个人都不愿意与他人合作，这样的群体很难在一定时间内达到组织目标，也很难实现组织战略意图。团队意识就是要求每个员工都要关注组织目标，关注同事在做什么，需要与同事如何配合等。如果每个管理者都能发挥专长，且彼此之间能实现默契合作，个人绩效和组织绩效都会大大提升。

用人所长，要注意推动员工在其最擅长的领域进行变革创新。变革创新不是企业家一个人的事情，而是整个组织的协同变革创新。为此，每个员工都应该在自己所擅长的领域进行创新变革。因为外部环境在变化，企业内部条件也在变化。在动态的环境中，员工对自己最擅长的领域把握得非常准确，占有的信息最为充分，也是最可能提出创新变革的人员。任何员工都应该在最擅长的领域承担起变革创新的任务。对于外部市场需求的变化、竞争对手的变化及可能出现的替代品等变化，每个员工都应该保持敏锐的洞察力，并且具有较强的能力去推动变革创新，以适应外部环境的变化。

用人所长，要注意处理好对员工的“加压”和“松绑”的关系。每个管理者的认知深度和视野广度是不同的，决策能力和决策水平也存在差异，企业管理者要注意处理好“加压”和“松绑”的关系，找到一个合适的平衡点。“加压”主要体现在企业董事会对管理层以及管理层对下属业务单元施加压力。董事会要求经营团队完成经营计划,并有效推进战略实施,经营层通过压力传递,传给每一个业务单元,促使管理者完成经营任务。任何场合,“鞭打快牛”现象比较普遍,一个人工作越是努力,公司对该员工的期望值越高,施加的压力也越大,达到一定的临界点后,可能使员工出现突然性茫然。“松绑”主要是让经营主体发挥主观能动性,不要让外部压力束缚手脚。不少业务单元,经常受到来自于组织内部的各方面指导,或者基于组织安排而推行新的管理方法和思路,这在一定程度上干扰了业务单元的正常运行,还可能打乱经营者的经营思路,如果处理不好,不利于业务单元的正常运营。

四、战略性思考:考问自己、修正自己

1. 高层管理者都有“管理的生命周期”

美国哥伦比亚大学的 Hanbrick 和 Fukutomi 提出了管理生命周期理论,该理论认为管理者都存在管理的生命周期,在管理生命周期的不同的阶段,管理者呈现出不同的表现和特点。该理论把高层管理者的管理生命周期分为受命上任期、探索改革期、形成风格期、全面强化期和僵化阻碍期五个阶段。管理者的业绩与时间之间呈现一种关系,可以用曲线(类抛物线)表示,见图 4-6。整个曲线先升、后平、再降,表明了企业管理者的管理具有一定的生命周期特点。管理生命周期理论认为在刚上任阶段,高层管理者对职务知识知之较少,信息来源不广,权力较弱,但充满期待;进入探索改革阶段,高层管理者对职务知识开始熟悉,信息源开始变广,任职兴趣高,有了部分权力,积极谋求更大发展。在全面强化阶段,高层管理者对职务知识完全熟悉,依赖少数信息源,权力强,任职兴趣开始下降,认知和行为模式和领导风格定型并全面强化,并得到多方认可。在僵化阻碍阶段,高层管理者对自己的认知行为模式和领导方法达到固执的程度,刚性达到极点,不愿接受任何外来新事物和新方法,也不想做任何改变,排除持不同政见者,原来成功的经验开始成为包袱。

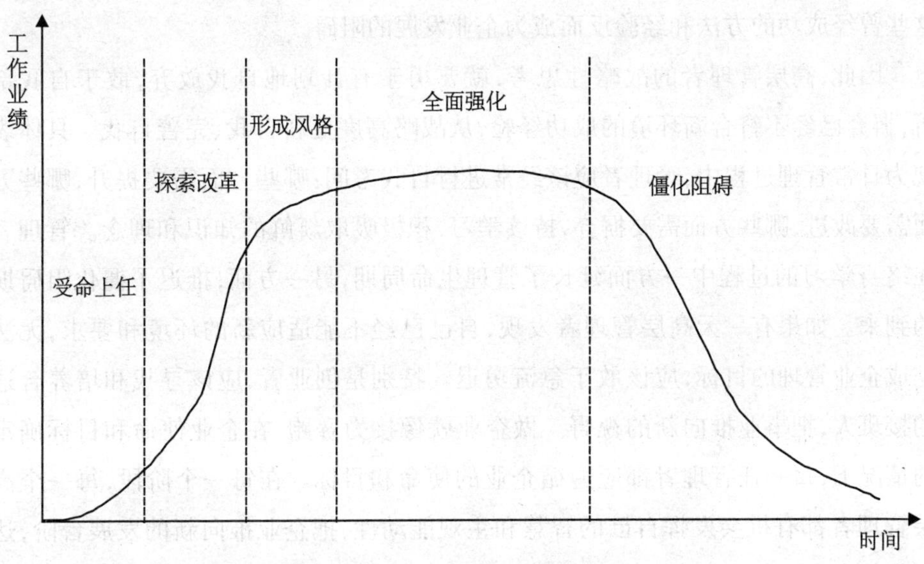

图 4－6　企业管理者生命周期曲线

2. 高层管理者必须愿意且能够改变自己

管理的生命周期理论给了我们启发，管理的生命周期的规律决定着每一个高层管理者的管理生命都要经历一个发展、成熟、衰退的过程。高层管理者要经常反省自己、修正自己、改变自己。企业发展过程始终处于变化之中，包括企业的特征变化、外部环境的变化、下级员工的变化以及企业文化的改进等，这些都需要高层管理者改变自己的角色，改变自己的关系，改变自己的行为，以适应企业管理的需要。企业可以划分为正在成长的企业和相对成熟的企业两种类型。正在高度成长的企业更需要高层管理者不断调整自己，以适应企业的发展。高层管理者在某些领域中具有一定的知识、能力和经验，在某个特定时期肯定是适任的，甚至是出类拔萃的。在成功的基础上，高层管理者逐步建立自己的管理风格，总结自己的管理经验，并且具有强烈的自我强化趋势，逐步形成独特的、令人称道的成功管理模式和管理风格。但是，随着时间的推移和高层管理者学习能力的下降，面对复杂的、动态的外部环境，高层管理者的管理能力的提升可能跟不上企业对高层管理者的更高特殊要求。这时，高层管理者如果不能有效提升自己，仍然延续以前的、曾经获得成功的固有思维和经验，就可能进入了管理生命周期的后期阶段，这些曾经成功的方法和经验反而成为企业发展的阻碍。

因此,高层管理者的战略性思考,就要勇于有计划地自我放弃,敢于自我剖析,摒弃已经不符合新环境的成功经验,从战略高度更新自我、完善自我。具体表现为日常管理过程中,管理者应该经常进行自我考问:哪些方面需要提升,哪些方面需要改进,哪些方面需要摒弃,持续学习,积极吸取新鲜的知识和理念。管理者在终身学习的过程中一方面延长了管理生命周期,另一方面,推迟了僵化阻碍期的到来。如果有一天高层管理者发现,自己已经不能适应新的环境和要求,无法完成企业管理的目标,应该敢于急流勇退。特别是创业者,应该寻找和培养合适的接班人,把事业推向新的视野。做企业就像接力赛跑,在企业使命和目标确定的情况下,每一任管理者都应遵循企业的使命和目标。在每一个阶段,每一个高层管理者都有机会发挥自己的智慧和主观能动性,把企业推向新的发展台阶,达到新的高度。每一任高层管理者完成历史使命后,再寻找到新的接力者,企业发展才可以长久不衰,企业的使命最终可以实现。

五、战略性思考:适当的时机,做正确的事

企业资源是有限的,高层管理者要有能力判断应该把企业资源配置到何处。管理者应该进行战略性思考,根据经济发展趋势,宏观上考虑国家的产业政策,如产业结构的调整与升级等;中观上考虑行业发展情况,如行业竞争状况、生命周期状况等;微观上考虑本企业的优势状况,制定本企业未来几年资源配置计划,明确企业未来投向哪些领域。高层管理者通过战略性思考,有计划、有步骤地支持本企业的某些行业,做正确的事。企业是否正在做正确的事取决于高层管理者的决策。高层管理者的决策来源于决策者获取的信息,信息的充分程度决定了决策的正确程度。从理论上说,正确的决策来源于信息的相对充分程度,但是,信息不可能完全具备,不具备的信息点就是决策存在的风险。企业在任何情况下,永远不要忽视风险,应该充分考虑存在的风险,估计风险带来的损失和可能发生的概率,进行过程风险监控,并制定预案,进行风险管理。

高层管理者必须对外部环境的变化保持一定的敏感性,必须有能力判断重大

变革时机的到来。重大的发展机会永远垂青有准备的企业,责任在肩的高层管理者需要进行战略性思考,判断重大变革时机的到来,为重大变革做好充分的准备。重大变革必定有重大机会,企业要事前做好计划,准备好人力资源和物质资源,选择适当的时机和策略。企业高层管理者对于外部市场需求的变化和竞争对手的变化,以及可能出现的替代品的出现,应该保持敏锐的洞察力,并从机制上和组织上保持较强的调整能力,以适应外部环境的变化。高层管理者需要从战略高度对企业的成长进行管理。例如把企业的成长过程分为几个阶段,在每个阶段,把最重要的、必须完成的事情界定清楚,制定切实可行的推进计划。高层管理者有责任监管并督促实现每个发展阶段的重要任务,如果没有实现这些计划,就相当于高层管理者没有实现战略性任务。

六、战略性思考:看未来,重机会,不盲从

德鲁克提出企业管理者要重视未来而非过去,重视机会而非问题,重视创新而不盲从。企业的迅速发展需要着眼未来,抓住机会,办出特色。高层管理者应该把注意力放在未来,未来是可以规划出来的,通过今天的布局,可以看出企业未来的状况。而拥有未来需要企业现在周密思考,果断决策,抢在竞争对手之前进行技术和市场创新,进行有计划地放弃,淘汰不符合未来需求的产品和技术,在本领域永远处于前列。高层管理者要把更多的精力放在抓住机会上,审慎决策,快速执行,同时,高层工作团队要具有较强的执行力和现场力,对于重大机会,要具备把机会变成现实的能力。企业制胜的基础是办出特色、不盲从。高层管理者要有冷静的头脑,避免羊群效应,坚持不懈地培养自己的特定市场。另一方面,关注自己的客户市场变化,另一方面,积极积累资源和人才,巩固已有的强项市场,选择适当的时机进行市场创新和开拓。做企业不要一哄而上,因为进入“红海”搏杀之后,能取得预期收益的企业寥寥无几。做企业也不要一哄而散,即便是小市场,如果做出特色,也可以处于垄断地位,处于不可替代的位置。

4.3 战略规划项目计划

一、组织结构与人力资源计划

战略委员会是战略规划的最高领导机构,属于董事会下属机构,主要由企业高层管理者组成。战略委员会的主要职责是审核战略规划、把握战略发展方向和进行战略评估(见表4-1)。根据战略委员会的安排,企业成立临时跨职能工作团队——战略规划工作小组。战略规划工作小组对战略委员会负责。战略规划小组组织成员设置见表4-2。该战略规划项目小组属于跨职能临时工作团队,是从各个职能部门抽调的合适人员组成。战略规划项目团队成员来自于市场、生产、产品、营销、人力资源和财务等职能部门,队员之间要做到专业互补、经验互补、能力互补和职能互补,组成有效的项目工作团队,在一段时间内,集中进行战略规划(见图4-7)。

表4-1 战略委员会成员

序号	姓名	职务	职责分工	联系方式
1	章武	主席	全面主持战略委员会工作	–
2	张新	委员	分管战略规划制定	–
3	王欣	委员	参与战略规划制定	–
4	李宾	委员	参与战略规划制定	–
5	薛宝	委员	参与战略规划审批	–
6	祝贺	委员	参与战略规划审批	–
7	顾乐	委员	参与战略规划审批	–

表4-2 战略规划工作小组

序号	姓名	职务	具体职责	联系方式
1	张新	组长	统筹规划协调,带领制定工作计划	–
2	王欣	副组长	按计划执行推进,分管企业调研座谈会	–
3	李宾	组员	企业调研座谈会	–

续表

序号	姓名	职务	具体职责	联系方式
4	张蒯	组员	个别访谈	–
5	郝崃	组员	个别访谈	–
6	邢忠	组员	资料整理,形成初稿	–
7	宝强	组员	规划梳理,规范行文	–

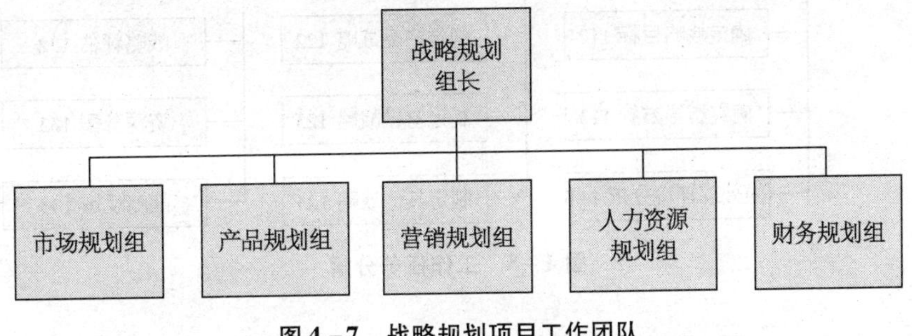

图 4 –7　战略规划项目工作团队

二、工作任务分解和责任分配矩阵

项目工作团队首先要做的是工作任务分解,可以根据不同的标准进行分解。这里根据战略的管理过程进行分解,先是前期准备,做好团队组建,确定战略目标,明确战略指导方针,进行内外部环境条件分析。然后,进入战略制定阶段,选择合适的战略框架,确定企业的发展战略或竞争战略。最后是战略执行和评估(见图 4 –8)。需要注意的是,战略的制定需要结合企业实际情况,选择合适的战略框架。战略规划有很多种框架,集团战略偏重于发展战略,面向市场的企业偏重于竞争战略。对同一个公司,可以按照核心战略、辅助战略、运营战略的框架,也可以按照市场战略、产品战略、营销战略、人力资源战略等职能战略的框架选择合适的战略框架,不必生搬硬套某一个战略框架。

针对分解的工作任务,要做到每一项任务都有专门的人来负责,每一个人都有具体的事来负责。责任分配可以用直接表述的方式,也可以采取责任分配矩阵的形式。见表 4 –3。责任分配矩阵比较直观地显现出每一项工作谁负责、谁参与、谁审核。

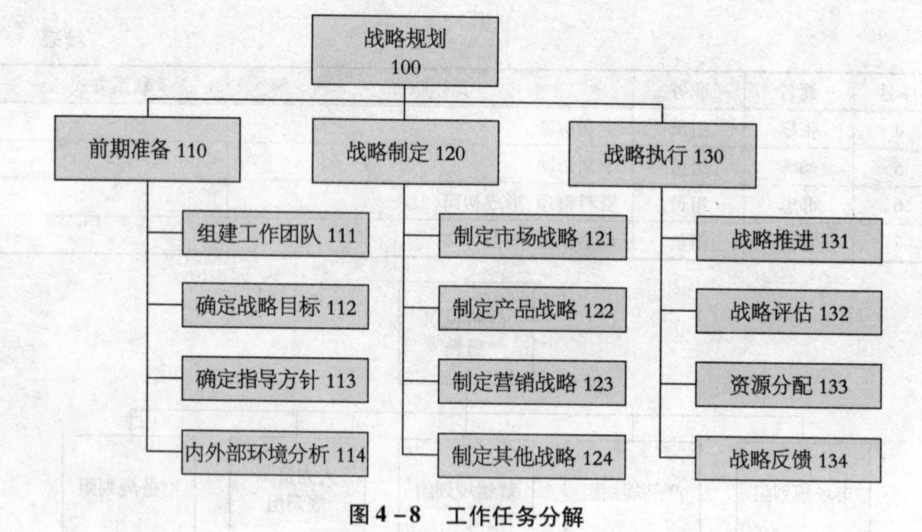

图 4－8　工作任务分解

表 4－3　责任分配矩阵

编码	任务名称	战略规划组	市场规划组	产品规划组	营销规划组	人力资源规划组	财务规划组	战略委员会
111	组建团队	F	–	–	C	C	–	–
112	确定战略目标	F	–	–	–	–	–	–
113	确定指导方针	F	–	–	–	–	–	–
121	市场战略	S	F	C	C	–	–	–
122	产品战略	S	C	F	C	–	–	–
123	营销战略	S	–	C	F	–	–	–
124	人力资源战略	S	–	–	–	F	–	–
125	财务战略	S	C	–	–	–	F	–
131	战略推进	F	–	C	–	–	–	–
132	战略评估	C	–	–	–	–	–	F
133	资源分配	F	C	C	C	C	C	–
134	战略反馈	F	–	–	–	–	–	–

注：F 负责；C 参与；S 审批

三、制定战略规划的 TQC 计划

1. 甘特图计划

甘特图计划比较直观地展示战略项目进展的时间安排,包括具体的工作内容,每一项工作的开始时间和结束时间,横道线表示持续的时间。前后工作的衔接时间也一目了然,所有的团队队员都容易明白自己负责的工作的时间安排,以及如何与队友的时间配合,实现管理的可视化和规范化(见表 4－4)。

表 4－4　甘特图计划示意图

编码	任务名称	起始时间	结束时间	2013				2014				2015			
				1季度	2季度	3季度	4季度	1季度	2季度	3季度	4季度	1季度	2季度	3季度	4季度
111	组建团队	2013.1	2013.2												
112	确定战略目标	2013.1	2013.2												
113	确定指导方针	2013.1	2013.2												
121	市场战略制定	2013.2	2013.7												
122	产品战略制定	2013.2	2013.7												
123	营销战略制定	2013.2	2013.7												
124	人力资源战略	2013.2	2013.7												
125	财务战略制定	2013.2	2013.7												
131	战略执行	2013.7	2015.12												
132	战略评估	2013.9	2015.12												
133	资源分配	2013.9	2015.12												
134	战略反馈	2013.9	2015.12												

2. 项目进度的里程碑计划

里程碑计划是战略管理过程中具有重要意义的时间节点,在这个时间节点上实现了或者完成了某个战略性事件。里程碑计划中的里程碑事件要尽可能具有代表性,对于整个战略管理起到重要的作用,而且,本事件如果不能完成,就会直接影响到整个战略项目的进度计划(见表 4－5)。

表 4－5　里程碑计划

编码	里程碑事件	时间	成果
1	战略规划团队组建完毕	2013 年 2 月 1 日	团队进入工作状态
2	战略规划完成	2013 年 6 月 1 日	形成完善的战略规划
3	战略开始执行	2013 年 6 月 1 日	战略开始实施
4	战略期间完毕	2015 年 10 月 1 日	战略目标实现

3. 质量保证计划

战略规划对企业的生存发展起到关键性作用，任何企业都要进行战略规划。战略规划工作团队如何保证战略规划效果，实现战略意图和战略目标，这是战略管理的核心。战略规划工作团队应该制定详细的质量保证计划，保证制定合理的战略规划书，保证战略规划得到有效落地，进而保证战略目标的实现。

制定战略过程中，对外部环境和内部条件要分析透彻。外部环境包括从国际经济大环境到国内经济环境，再到行业发展趋势，最后具体到企业直接面临的市场情况，要确保环境分析的可靠性和有效性。内部条件主要是指明确本企业的优势，这一点说起来容易，但在实际工作中很难做好，很多企业不清楚自己的优势，有不少企业在战略规划中罗列很多优势，后来经过分析发现，这些其实并不是本企业的优势。因为，如果本企业拥有的资源别的企业也拥有，或者很容易就可以得到，这就不是本企业的优势。只有本企业独立拥有的，或者大家都拥有，但其他企业无法达到本企业水平的，才可以看作是自己的优势。战略规划不能忽视问题，但更重要的是抓机会。机会具有多变性特征，同一个事件对有些企业来说是机会，对另一些企业可能就不是机会，这取决于企业的实际状况。只有具备了某些内部条件和基础，才可能获得某些机会。项目团队在外部环境分析时，要确认是否是本企业的发展机会，本企业是否能抓住该机会，这是战略规划的重点。

战略规划要进行反复论证，做到有效决策。战略规划是高层管理者的责任，也是每一名员工应该关注的重要事件。战略规划要经过自上而下，然后自下而上的反复论证过程。一线的销售人员可能最了解市场的变化和客户需求变化，最先感受到企业自身存在的问题；一线的生产人员是产品和服务提供者，他们能最深刻地感受到产品的质量变化，战略性任务可能与他们直接相连。基于此，战略规划团队构建好基本框架之后,一定要反复集体座谈和个别访谈,捕捉提炼一线员工的观点和建议,完善充实战略规划。反过来,基层员工缺乏对整体的把握,缺乏战略规划的方法和框架。战略规划团队发挥专业优势,积聚智慧,广泛搜集信息,选择合适的战略框架,运用合适的战略规划方法,构建最终的战略规划。战略规划需要向下宣传引导,让一般员工明确企业的战略意图,共同为实现战略而工作。

战略管理的重点在于战略执行,保证战略的落地。在实际工作中,很多企业制定了华丽的战略规划书,包括自己团队制定的或请外部咨询公司帮助制定的,但是很多公司的战略没有落地,造成前功尽弃的严重后果。战略执行是一个持续行为,贯穿于企业的经营过程中,要通过组织来保证战略的贯彻执行。总裁或CEO是战略执行的第一责任人,下设专门的职能部门,负责战略管控和战略执行,而企业战略委员会作为战略的最高管理机构,进行战略方向的把控和定期的战略评估。

4. 资源分配计划

战略规划需要预算。预算的本质就是考证实现战略规划需要哪些资源的支持。预算的过程在很大程度上就是制定人力资源、财务资源和物质资源分配计划的过程。预算的过程就是核算企业的资源配置在哪些科目上,每个科目在某段时间投入的数量是多少。战略执行需要足够的资源来支撑,但企业的资源是有限的。在战略规划的过程中,要权衡资源和战略的匹配性,根据战略规划的要求进行资源分配。在战略执行过程中,要有计划地配置资源,选择合适的时机尽可能优化资源配置。资源的分配计划也是战略执行的成本计划。预算制定完毕之后,就等于建立了战略执行绩效评估的标准,以此来评估战略执行的绩效。如果企业可支配资源与企业战略执行计划不平衡,企业就需要对战略执行计划进行调整。

在战略执行期间内,资金是企业最重要的资源之一;要制定详细的资金分配计划,保证对战略执行的资金支持和保证。资金分配计划可以是表格形式的(见表4-6),也可以是柱状图形式,如果按照科目来分类预算,形成柱状图比较直观,一目了然(见图4-9)。资金分配按照时间来分类预算,也可以形成柱状图(见图4-10)。

表 4－6　资金分配计划表　　　单位：万元

分配科目 \ 时间		第 1 年				第 2 年				第 3 年			
		1 季度	2 季度	3 季度	4 季度	1 季度	2 季度	3 季度	4 季度	1 季度	2 季度	3 季度	4 季度
投资建设	项目 A 20000	2 000	1 000	1 000	2 000	3 000	4 000	4 000	1 000	500	500	500	500
	项目 B 30000	4 000	2 000	1 000	2 000	4 000	6 000	5 000	2 000	1 000	1 000	1 000	1 000
设备改造	项目 A 2000	200	100	100	200	300	200	400	100	100	100	100	100
	项目 B 8000	200	1 000	500	300	300	4 000	100	100	500	500	200	300
经营资金	公司 A 30000	2 000	1 000	5 000	2 000	2 000	4 000	4 000	1 000	5 000	2 000	1 000	1 000
	公司 B 15000	1 000	1 000	1 000	2 000	3 000	2 000	2 000	1 000	500	500	500	500
研究开发	项目 A 7000	500	1 000	500	500	1 000	500	500	500	500	500	500	500
	项目 B 8000	1 000	500	1 000	500	1 000	500	1 000	500	500	500	500	500

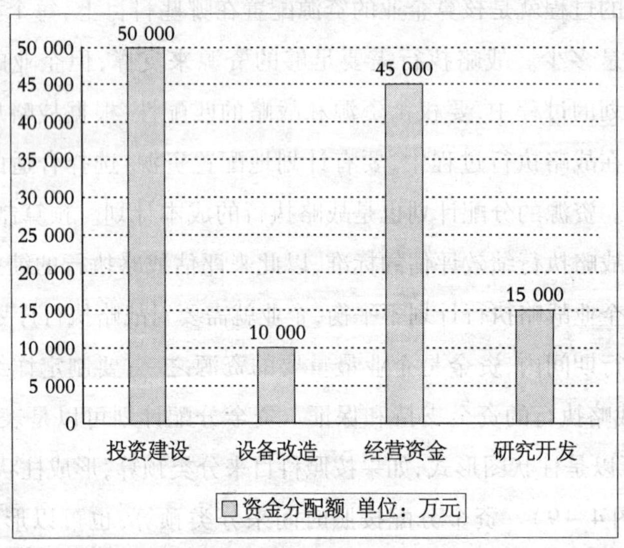

图 4－9　按科目分类的资金使用计划

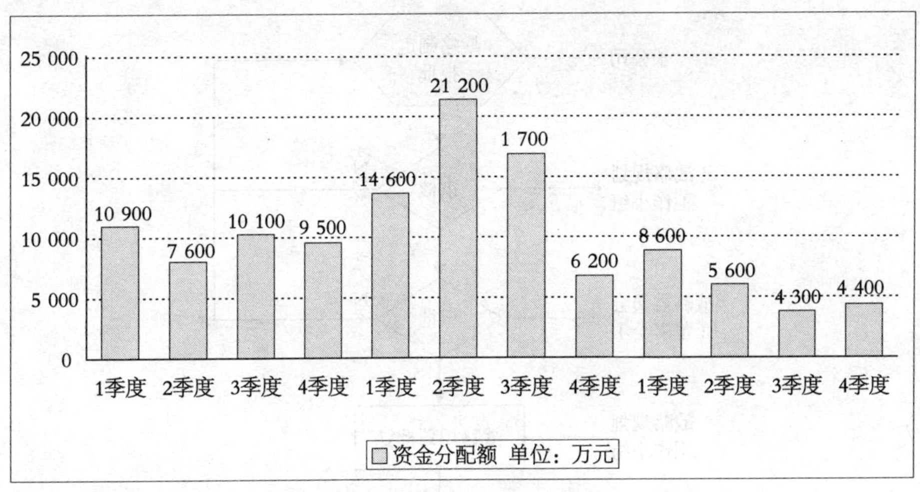

图4-10 按时间的资金使用计划

四、战略制订的流程

假设企业属于集团公司，由集团总部和下属子公司组成。集团总部设定多个职能部门，对下属子公司进行战略管控或经营管控。集团范围内的战略制定需要遵循一定的流程，可以达到明确工作路径、提高工作效率、降低各种风险的目的。集团公司可以编制五年战略规划，属于整体发展战略；而直接面对市场的子公司可以编制三年战略规划，属于经营战略或者竞争战略。战略规划制定过程中，需要上下互动，反复论证。首先组建"跨职能工作团队"，成立战略规划工作小组。在一定时期内，战略规划工作小组主要负责战略的制定工作，对子公司报上来的战略规划进行审核，给出专业意见，然后报请集团战略委员会审批。战略委员会代表董事会，对集团公司及其子公司的战略规划进行审批。最后，战略规划工作小组办理批复手续，战略开始生效，进入战略执行阶段。同样，战略规划的修订需要经过战略委员会审批，相关分管职能部门办理批复手续，修订才能生效。遵循一定的流程，可以保证战略规划的系统性、协调性和严肃性，避免随意调整战略的情况发生。战略制定流程见图4-11，具体的附表见表4-7。

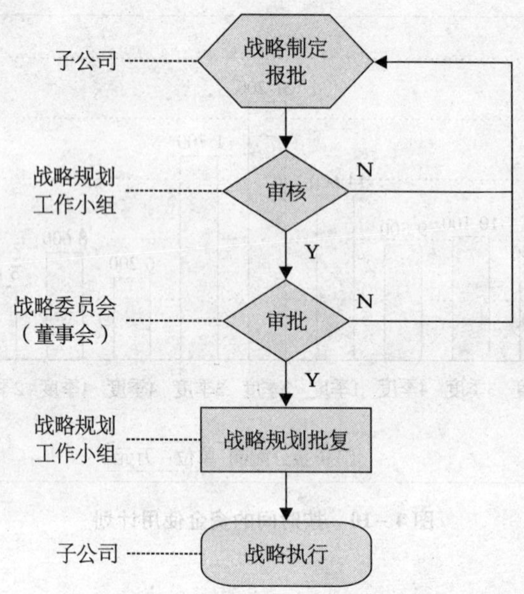

图 4－11　战略制定审批流程

表 4－7　战略规划制定审批表

<table>
<tr><td>公司名称</td><td></td></tr>
<tr><td>批复时间</td><td></td></tr>
<tr><td colspan="2">子公司战略规划报批意见：

责任人签字：　　　　　　　　　日期：</td></tr>
<tr><td colspan="2">集团战略规划工作小组的审核意见：

责任人签字：　　　　　　　　　日期：</td></tr>
<tr><td colspan="2">集团战略委员会批复意见：

责任人签字：　　　　　　　　　日期：</td></tr>
</table>

4.4　战略制订:审慎决策

一、战略规划的内涵

战略规划是一个审慎的决策过程,是对未来发展或竞争策略的决策。战略规划是系统性的思考,是高层管理团队思想碰撞、反复论证的结果。战略规划需要知己知彼,充分反思过去、预测未来,对发展方向、发展步骤和竞争策略作出准确地判断。战略制定需要全体高层管理者的全程参与,进行审慎决策,没有经过反复论证和碰撞的战略规划是无效的战略规划。战略制定绝对不是某个人能完成的,必须是高层管理团队集体智慧的结晶。在战略制定过程中,要充分尊重战略的特性。首先,战略具有动态性,外部环境的变化和企业自身的生命周期决定了战略的动态性特征。随着外部环境的变化,以及企业进入生命周期的不同阶段,应该快速调整战略以求得生存和发展,这是正确的举措。但是,一般情况下,企业发展的大方向不能随便发生重大变化,否则,企业就会缺乏持续发展能力和持续竞争能力。其次,战略执行需要组织和机制保证。企业 CEO 是战略规划和战略执行效果的最终负责者。只有高层管理者真正对战略规划重视,安排专门职能部门对战略执行结果进行跟踪,对每个战略执行者都设定明确的责任和目标,战略执行才会取得明显成效。外部环境和内部条件在不断变化,企业必须善于捕捉外部的信息,快速抓住发展的机会,做最擅长的事,这就是企业的战略选择。在竞争激烈的社会里,只有做最擅长的事,才能立于不败之地。很多企业付出很大的代价去做某件事,但总不能达到预期效果,带来重大损失,原因就是该企业正在做一件并不擅长的事。再次,战略实施需要提高协同能力。通过有效管理,实现协同作战,从而协作制胜。如果大家方向不一致,即使都很卖力,也不能取得很好的效果。企业高管团队要提升战略执行力和战略关注度,以 CEO 为核心的高层管理团队要对战略执行保持持续的关注,定期进行战略执行情况评估,并定期发布战略执行通报。

二、明确企业的使命，确定战略目标

企业的使命(Mission)是企业生存的理由和动力，是对企业存在目的的一种诠释。高层管理者应该针对企业使命进行认真思考，明确企业为何而存在。高层管理团队要有意愿、有能力去完成企业的使命。明确企业的使命是进行战略规划的前提。对于企业来说，可以通过制定战略，达到目标，实现目的，最后完成使命。德鲁克指出，界定企业的使命是管理者的三大任务之一，企业的使命关系到我们的事业是什么？我们的顾客是谁？顾客的认知价值是什么？这三个问题明确了，企业的使命也就界定了。

战略目标(Strategic Goal)是企业战略规划的起点。战略目标要具体，且可以转化为具体的行动。比如三年战略目标，需要描绘得比较清楚，在三年时间范围内(Time)，投资多少资源和资本(Cost)，需要达到怎样的效果(Qulity)，要有明确的时间节点。具体来说，(1)时间要求。在总时间范围内，按照计划的进度推进，不得出现延误。(2)成本要求。需要投入的人力资源、资金资源、物质资源，按照计划支付和分配资源，不得超过预算。(3)质量要求。按照质量计划执行，保证预期的效果和质量，要提高生产率，要达到的效益目标、规模目标和市场目标，要承担的社会责任。战略目标的确定需要付出艰苦的劳动，应该充分论证，谨慎做出。战略目标的确定首先基于内部条件和外部环境的基本现实，通过对机会和威胁、优势与劣势的分析研究，拟定目标的方向和所要达到的目标标准。在此基础上，需要内外部管理专家对战略目标进行论证，主要考虑目标方向是否正确，目标的期望水平能否实现，期望效益是多少等。战略目标是战略所要达到的目标，战略目标要分解成具体的目标，对具体目标要尽可能量化和精确地描述，最好是确切的财务指标的目标。也可以归纳为所谓的SMART原则，即目标要具体明确(Specific)、要有衡量的标准(Measurable)、要通过努力可以实现(Attainable)、要与工作有相关性(Relevant)、要在规定的时间内可以完成(Time bound)。德鲁克指出，在制定目标时，需要把目标与可以达到的利润率相平衡，与近期需要和远期需要之间相平衡，与各种目标之间加以平衡。在每一个目标领域，都应该提出这样的问题:为了实现我们未来的目标,我们现在必须做些什么?

案例4-1

某电缆有限公司的三年战略目标

未来三年,依托集团的铜产业链,树立创业理念,发挥人才和技术优势,通过整合资源、优化流程,打造集生产、研发于一体的现代化电缆生产基地。在三年内,通过业务整合、产品结构调整和新建项目投产,进入国家电网和南方电网,完成100亿元的销售额,提升市场占有率;完成6个新产品的开发和市场推广,成为企业的利润增长点;招聘100名经验丰富的管理人员充实生产管理环节,突破生产管理的瓶颈问题,提升资金使用效率和设备利用率,实现5亿元的净利润。

三、内部资源和外部环境:约束性条件分析

企业资源理论(Barney,1991)认为企业是一个具有独特资源的集合体,资源因差异而呈现出异质性。企业的竞争优势主要来源于企业拥有和控制的异质性资源或称战略性资源。动态能力理论(Teece,1997)强调企业要适应不断发展变化的外部环境,企业必须根据外部环境的变化重新配置和使用内部资源和外部资源[①]。企业的资源与能力是企业的特有性质,具有难以替代性;企业资源和能力的异质性(Heterogeneity)决定了企业的竞争优势状况的差异。企业资源不仅包括经济学里所指的生产要素禀赋,更强调企业特定资源的组合,与可以在公开市场上随便买到的资源存在根本差别,这种组合使得企业的竞争优势也有所不同。企业

① Teece把企业的资源分为四个层次:公共资源、专有资源、组织与管理能力和创新能力。公共资源指企业可以购买的生产要素和可以获取的知识,专有资源是企业特有的、具有价值的、稀缺的、不易模仿的、不易替代的战略性资源,组织与管理能力是企业生产要素与专有资源有机结合起来的组织与管理能力,这种能力是企业竞争优势的主要来源,创新能力是企业发展的关键能力。

资源异质性的存在,使得企业的竞争优势也存在差别。制定战略时,企业要充分结合自身特点,进行内部条件分析,分析企业内部资源,针对不同的产品和市场,找出自身的优势和劣势,充分发挥优势,避开劣势,制定符合自身特点的战略规划。

相对于主要竞争对手,企业的内部资源和能力评估可以直观地表现为内部资源和能力评估曲线图(见图4-12)。该种方式的优点是简单、清楚,可以把反映企业资源能力的要素详细标明,可视化程度高,缺点是没有量化的指标,属于定性的描绘,缺乏详细的描述。企业的内部资源和能力评估也可以用量化的方式,通过专家打分和计算的方式来评价企业资源和竞争能力的状况。

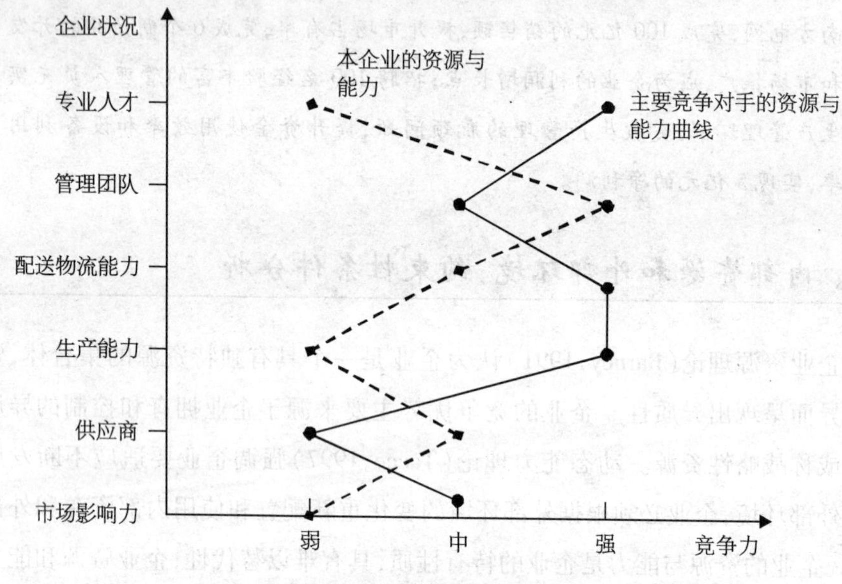

图4-12 相对于竞争对手的资源和能力评估

企业所处的外部环境是动态的,但在某个特定时期又是相对稳定的。外部环境包括世界经济发展状况、国内经济发展状况、行业环境、国家产业政策等。通过对外部环境进行分析,找出本企业的市场机会(Opportunity)和所面对的外部环境对企业的威胁(Threaten)。宏观因素可以借鉴PEST分析方法,即政治(Political)、经济(Economic)、社会(Social)、技术(Technological)四大因素,基本描绘出企业所面临的外部宏观环境①。企业资源在一定时期内是相对固定的,且是有限的。在给定的企业资源和外部环境约束条件下,具有理性基础和复杂行为特征的高层管理者通过调配和重组企业的内外部资源,通过分析内外部条件,制定合适的战略规划,最终实现企业价值最大化。

四、实现发展战略和竞争战略的平衡

1. “多元化”战略与“归核化”战略的选择

“多元化”和“归核化”曾经是学术界和企业界多年探讨的问题。“多元化”又分为投资多元化和经营多元化。投资多元化指企业投资在多个不相关的行业;经营多元化指企业的产品或服务分布在多个不相关的行业里。“归核化”主要指企业回归核心业务,抛弃没有竞争优势的行业和业务。到底是“多元化”战略有利于企业发展壮大,还是“归核化”战略有利于企业发展强大,可以说莫衷一是。其实,两者没有必要比较好坏,“多元化”战略和“归核化”战略都有成功的案例,关键是企业要根据自身状况和外部环境的变化,选择适合自身条件和适应外部环境的合适战略。

何种情况下选择多元化战略?多元化战略的理论依据和基础是分散投资和经营的风险,使企业的整体规模快速扩大。多元化会带来更多的管理成本和内部协调成本,对企业管理能力有较高的要求。多元化战略的实施需要具有“阶段性”,要选择适当的时机实施多元化战略。企业处于成长阶段或创业阶段,不宜采取多元化战略。在企业的成长阶段,资金财力较小、人力资源匮乏,管理大型企业的经验不足,市场资源不充分。这时贸然实施多元化,企业有限的精力和财力被分散,无法集中资源做好某一项主业,多数情况下是失败的。当企业进入稳定阶段,企业积累了丰富的管理经验和雄厚的财力,拥有了一定的市场资源,储备了较

① 政治因素主要指制度与体制、政局、产业政策、法律、法规。经济因素主要指GDP、利率水平、财政政策、货币政策、通货膨胀、市场需求等。社会因素主要指人口规模、年龄结构、人口分布、文化背景等。技术因素主要指新技术、新工艺、新材料的发展及应用。

大的人力资源；在主业做得非常强大的情况下，企业通过自身优势和外部环境分析，把握时机，可以考虑实施相关多元化。对于控股性质的企业，可以通过参股和控股途径，实施经营多元化和投资多元化，涉足多个产业和行业。

实施多元化战略的企业需要注意两点：第一，不能盲目多元化，要充分练好内功，形成一定的管理和控制能力，关键性管理人才具备较强的执行力。多元化的管理重点，一是建立有效的管理流程，设置控制点，保证资金链的安全；二是明确利润中心和成本中心，保证企业的管理规范化和运营高效化；三是进行有效的战略规划，确立确切的战略目标，推进战略的有效执行。第二，对于多元化的企业集团，应该把雄厚的产业实力作为企业集团发展的基础和支撑。产业是基础，资本运作是手段。没有产业的基础，资本运作很难取得成效。反过来，没有资本运作的支持，产业也很难快速发展，资本运作获取资金非常快捷，可以给企业带来丰厚的利润，企业应该把资本运作当作产业发展的支撑和配合。企业应该把产业当作企业发展重心，把通过资本运作获取的资金反过来支撑产业的发展，实现企业的产业发展蓝图。

何种情况下选择“归核化”战略？“归核化”战略的理论依据和基础是做自己最具有竞争优势的业务，而放弃不具备竞争优势的业务。“归核化”依然可以把企业规模做大，而且管理成本、交易成本和协调成本比多元化小。在买方市场的环境下，在竞争日趋激烈的背景下，企业要在近乎惨烈的市场上立于不败之地，某种程度上应该考虑实施“归核化”战略，做精做大最擅长的、最具竞争优势的业务，而放弃不擅长的、缺乏竞争优势的业务；有计划地放弃不具有优势的业务，集中优势资源，把具有竞争优势的产品或市场做到行业内的领先地位，让国内外同行业的企业一提到该业务领域，马上就会想到本企业。激烈的竞争催促企业走专业化的道路，实行回归核心业务的战略选择可能是市场发展到一定程度的必然选择。准备实施“归核化”战略的企业需要注意：“归核化”战略实施到一定阶段，还会实行多元化战略。回归核心业务，企业可以迅速扩大市场份额，甚至处于垄断地位。但是，企业发展到一定程度，还会有强烈的多元化发展倾向。因为在主业处于垄断地位的时候，高层管理者开始要考虑可能的产业风险，考虑更大的产业发展，这时可能要考虑多元化,一方面降低产业风险,另一方面谋求更大的发展。

2. 放弃某种业务,新进某种业务

战略是决策,战略是抉择。外部环境在变化,内部条件也在变化,企业不适应环境的方面和问题会逐步浮现出来。选择符合现状的行业、产品或市场,放弃不适应的行业、产品或市场,这是战略选择的过程。是否退出某行业或某市场,是否放弃某种产品,何时退出,何时放弃,这是一个战略决策过程。德鲁克告诫我们,为了实现未来的目标,要有计划地放弃。在战略制定过程中,选择合适的业务,放弃不合适的业务。高层管理者制定放弃计划的过程就是一个战略决策过程。管理者要考虑决策的结果,要考虑承担决策风险。判断进入或退出的业务领域,以及进入或退出的时机,为企业提供明确的发展目标及方向。放弃和新进业务都需要慎重论证,权衡成本和收益、长期战略和短期利润的关系,谨慎决策,果断出击。在执行的过程中,按照计划放弃或进入,要全力以赴达到战略目标。

放弃某种业务的依据是市场成长率较低,该市场已进入成熟期,市场竞争比较激烈,而本企业的市场占有率较低,应该整合或退出该市场领域的业务。按波士顿矩阵分析方法,属于"廋狗业务"区域;按通用矩阵分析方法,属于本企业的实力较弱,行业吸引力也不大,企业可以选择及时退出策略。放弃某种业务的成本巨大,前期的巨大投资中,部分成本将变成沉没成本,包括建立的营销网络、客户资源、现有设备技术等。

新进某种业务的条件,按波上顿矩阵分析方法,该市场在成长发展期,市场成长率较高,本企业具有一定的竞争优势,企业可以扩大投资,实施进攻战略。或者按通用矩阵分析方法,本企业的竞争力较大,而且行业吸引力大,可以重点投资,重点发展,采取加强型战略或一体化战略。新进某种业务的成本主要体现在设备技术引进、人才的引进、营销网络的建立、市场开拓成本。新进业务领域需要经过深入缜密的战略分析,认定自身拥有的竞争优势,进行持续的投入。新进业务能否成功取决于市场的开拓能否成功,以及能否生产出符合客户需求的高质量的产品。

附：波士顿矩阵分析法和通用矩阵分析法

1. 波士顿矩阵分析法

波士顿矩阵是波士顿咨询公司创立的战略分析工具，得到学术界和企业界的广泛认可(见图4－10)。波士顿矩阵的横坐标是相对最大竞争对手的市场份额比率，以1为界限分为高低两个区域，从右到左依次为0.1、1和1.5。波士顿矩阵的纵坐标是市场成长率，从下到上依次为0、10%和20%，一般用过去两年平均市场销售增长率表示。波士顿矩阵一共划分为四个区域，分别表示金牛业务、明星业务、问题业务、瘦狗业务。不同的区域，具有不同的战略定位，实施不同的战略。见图4－13。

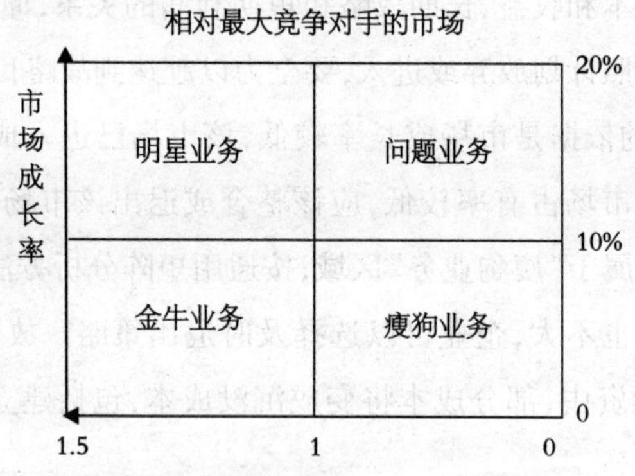

图4－13　波士顿矩阵分析图

在波士顿矩阵中，金牛业务区域表示市场成长率较低，说明该市场已进入成熟期，进入障碍较大，本企业具有较高的市场占有率，可以获得较多的利润来源，采取的战略应该是稳定战略。金牛业务获取的资金可以支持或支撑问题业务。明星业务区域表示市场成长率较高，说明该市场在成长发展期，本企业也具有较高的市场占有率，具有竞争优势，企业可以扩大投资，实施进攻战略。问题业务区域表示市场成长率较高，该市场在成长发展期，但本企业拥有较低的市场占有率，对企业的现金流贡献率不大。本企业如果具有竞争优势，可以追加投资，扩大市场份额。瘦狗业务区域表示市场成长率较低，该市场已进入成熟期，市场竞争比较激烈，而本企业的市场占有率较低，应该整合或退出该市场领域的业务。

2. 通用矩阵分析法

通用(GE)矩阵是通用电气和麦肯锡咨询公司提出的战略分析工具，比波士顿矩阵增加了坐标等级(见图 4 - 14)。通用矩阵的横坐标表示企业竞争力，从右到左依次为 1、2、3、4，企业竞争力可以通过企业内部评价的得分为依据；企业内部各因素综合评分得出的加权值反映了企业内部的综合实力和竞争能力。加权分值越高，说明企业的综合实力和竞争能力越强，即企业在内部状况方面处于强势；加权分值越低，说明企业的综合实力和竞争能力越低，即企业在内部状况方面处于弱势。通用矩阵的纵坐标表示行业吸引力，从下到上依次为 1、2、3、4，可以建立行业吸引力评分表进行评分，是对行业机遇与威胁的量化评价及企业对外部环境所做出反映的程度，加权分值越高，说明企业越能利用有利的行业机会，减少外部竞争威胁的不良影响，加权分值越低，说明企业不能有效地利用有利的行业机会，企业在外部环境方面处于劣势。通用矩阵共划分为 9 个区域。

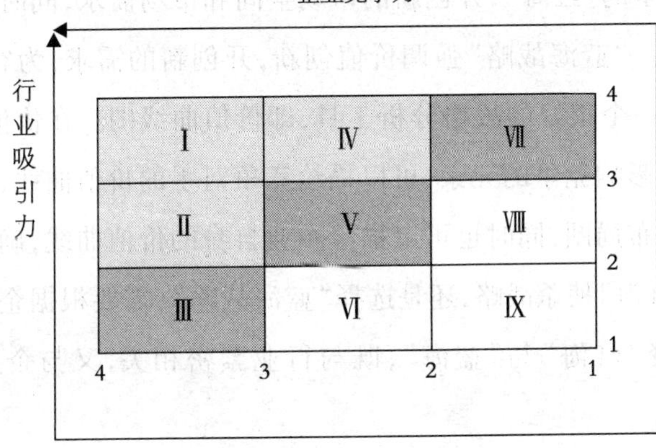

图 4 - 14　通用矩阵分析图

在通用矩阵中，9 个象限对企业的所有产品或业务进行分类，再把这 9 个象限分成具有战略意义的三个区间。这样就把企业的产品或业务分成三种类型,然后根据不同类型产品的特点采取不同的发展战略。处于左上角的三个方格的业务,表示本企业的竞争力较大,而且行业吸引力大,可以重点投资,重点发展。采取加强型战略或一体化战略。处于右下角的三个方格的业务,表示本企业的实力较弱,行业吸引力也不大,可以迅速获利,及时退出策略或者利用战略。处于对角线的三个方格的业务,表示可以区别对待,适当盈利的策略,采取坚持或保持战略。

3. 选择“红海”搏杀,还是“蓝海战略”

合适的竞争战略可以帮助企业建立竞争优势,可以促进企业内部资源产生协同效应,迎接竞争对手的挑战。被称为竞争战略之父的哈佛教授迈克尔·波特强调指出,企业在同行业、供应商、购买者、潜在进入者、替代品五种力量的竞争状态中,通过采取低成本战略、差异化战略或聚焦战略,可以使企业在竞争中获得竞争优势。制定竞争战略要根据企业内部优势和劣势,剖析企业所处的外部环境,选择合适的竞争战略。以波特理论为代表的竞争战略理论为“红海”竞争提供了战略思想和战略方法。钱·金和勒妮·莫博涅(2005)提出了“蓝海战略”,鼓励企业敢于冲破激烈竞争的“红海”,开创新的市场空间和市场需求,同时追求机会最大化和风险最小化。“蓝海战略”强调价值创新,开创新的需求,为客户创造价值。金和莫博涅给出一个很好的战略分析工具,即价值曲线图。在价值曲线图上,可以直观地标绘出影响竞争的元素,可以描绘竞争对手的价值曲线,可以看出主要竞争对手的战略布局图,同时也可以描绘企业自身的价值曲线,确立自身的战略布局图。选择“红海”搏杀战略,还是选择“蓝海战略”,需要根据企业的条件和能力而定,因为选择“红海”与“蓝海”,既与行业紧密相关,又与企业特征有很大关系。

(1) 企业选择“红海”搏杀的理由和成本。在现实中,多数企业以及企业的多数业务属于“红海”搏杀战略。多数企业习惯于选择已有的市场需求空间,致力于现有需求的争夺。在“红海”竞争过程中,企业竞争采取的战略大多符合波特的三个战略类型之一。有些企业采取低成本战略，通过经验效应、规模效应等降低成本和费用；有些企业采取差异化战略，通过提供具有差别化的产品和服务，巩固一定的市场；有些企业采取专一化战略，主攻特定的细分市场和顾客群。激烈的竞争促使企业必须设法获取竞争优势，否则就很难生存。

企业选择"红海"战略可能基于的多种原因：由于有现成的市场需求和市场空间，企业进入成本和要求都低，只要抢夺到一定的客户，企业就可能获得生存与发展，很多企业选择该种途径进入"红海"市场。由于某些行业经营进入成熟阶段，很难开发出新的需求，只能对现有需求进行抢夺。由于企业自身条件制约，企业管理水平、市场资源、人才资源等都缺乏，无法开发出新的市场需求，没有能力为客户创造价值，只能选择进入"红海"市场进行竞争。"红海"搏杀的代价往往是大量企业的倒闭，生存下来的企业多数靠低价竞争，在激烈的竞争中，很多企业靠低价取胜，蚕食利润；有些企业偷工减料，降低质量标准，为后续的市场埋下隐患；有些企业靠长期占有供应商的资金维持运营。"红海"战略的战略布局曲线图很有特点，本企业与主要的竞争对手的战略布局曲线比较相似，见图 4－15。

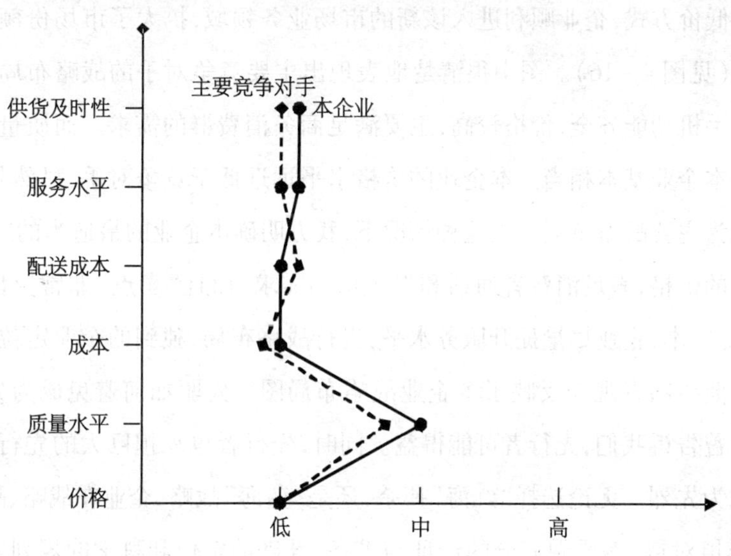

图 4－15　红海战略的战略布局曲线图

(2) 企业选择“蓝海”战略的条件和成本。“蓝海”理论给了我们启发,进入“蓝海”市场,需要企业具有独特的定位,善于挖掘客户的特定需求,为客户创造了现实的价值。对于习惯于“红海”搏杀的企业来说,进入“蓝海”市场需要具备较强的资金实力和专业技术积累,而且在同行业中要走在技术、市场和服务能力的前沿,在市场上被广泛认可。部分企业进入“蓝海”领域,开辟了竞争很小甚至没有竞争的产品和市场领域,拓展了新的市场空间,创造了新的市场需求,为客户创造了新的价值,企业会得到很好的发展(见图4－13)。以手机为例,中国是手机消费大国,手机曾经是少数群体能买得起的产品。一部手机价格昂贵的主要原因之一是手机的功能很多,照相、摄像、录音、上网等。随着手机市场的竞争越发激烈,手机厂家开始寻找新的市场。假定本企业想抛开激烈竞争的“红海”市场,希望开拓没有竞争的“蓝海”市场,本企业聘请的调研组进行市场调研,市场调查结果发现,在客户群体中,相当的手机功能并没有使用,多数手机只使用通话和发短信功能。有企业针对手机的“功能过剩”,有企业针对只需要通话和发短信功能的消费群进行战略创新,进入低端市场,创造了低端消费者的需求,满足特定消费群体的需求。通过低价方式,企业顺利进入该新的市场业务领域,扩大了市场份额,取得更好的发展(见图4－16)。图中很清楚地表现出主要竞争对手的战略布局,主要竞争对手的手机功能齐全,价格较高,主要满足商务消费群的需求。而质量水平、服务水平与本企业基本相当。本企业的价格水平远远低于竞争对手,显然是以占领低端市场为主要战略意图。在这种情况下,我方明确本企业的最适当的“卖点”是非常低廉的价格,满足消费者通话和发短信的需求,而且“卖点”非常突出。围绕低价格、低成本,企业尽量提升服务水平,进行战略布局,独到的企业定位,独特的战略布局曲线图直观地反映了本企业战略布局图。先驱如何避免成为先烈?经济博弈论曾告诉我们,先行者可能得益。同时,先行者也承担巨大的先行风险,先驱可能成为先烈。无论选择“红海”搏杀,还是“蓝海”战略,企业在战略、战术层面都需要谨慎对待,需要做充分的论证与准备,准确的定位和科学的规划才能使企业脱颖而出。

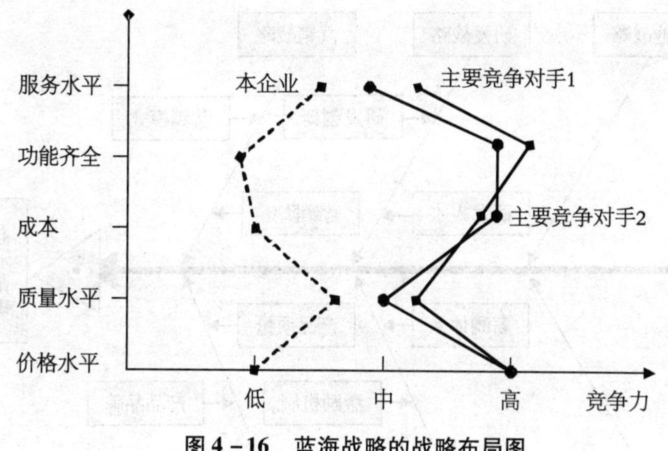

图 4－16　蓝海战略的战略布局图

五、核心战略与辅助战略

有些企业的战略规划非常庞杂，有些企业还借助咨询公司的力量，提出了难以琢磨的一大堆战略目标，加上市场分析、竞争对手分析等方面的图表和数据，高层管理者把大部分精力花费在填写数据和接受访谈上，而对战略的全局性把握缺少更多的思考，最后，制定出来战略规划往往是一个图表和数据的堆积。所以，战略执行效果并不能如愿，高层管理者们也无所适从，无法用简单的语言清楚地表达企业的战略，很多战略规划的内容并没有落地。其实，简单、合适、有效是战略规划的最佳状态。战略规划可以分为核心战略和辅助战略两部分。核心战略主要解决企业在某阶段的总体竞争和发展的思想；辅助战略解决采取哪些行动支持企业的核心战略。Eric G. Flamholtz（2004）把核心战略定义为企业或者经营单位将如何参与竞争的总体思想，辅助战略阐述的是企业或者经营单位要采取哪些行动来支持企业的核心战略。在制定战略规划的过程中，我们也可以分为总体战略和职能战略两部分。如果把总体战略的关键点看作核心战略，职能战略看作辅助战略，两种分类方法基本一致。职能战略是指各个职能范畴如何采取行动支持总体战略，可以分为营销战略、人才战略、研发战略、品牌战略等（见图 4－17）。

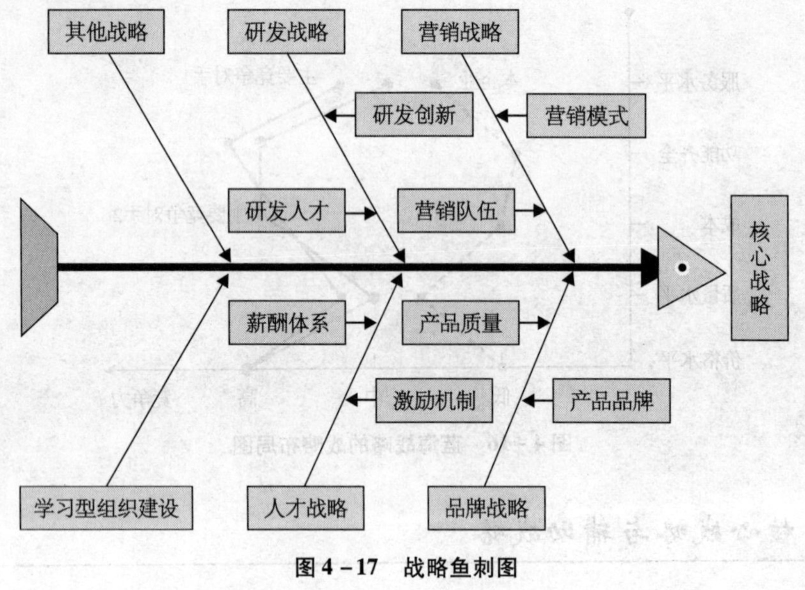

图 4－17　战略鱼刺图

4.5　战略执行：有效落地

德鲁克指出，判定一项规划是否有效，主要考察管理当局是否把各项资源投入到将来可以取得成果的行动之中，是否是使关键人员从事特定的任务；规划要可以转化为具体的工作，战略执行就是把规划转化为行动的过程，是实现战略落地的过程；如果规划不能转化为行动，再好的规划也只是一种良好的愿望。

一、战略制订与战略执行

战略管理是一个连续的过程，可以把战略管理划分为战略制订、战略执行和战略评价三部分。首先是战略制订过程，然后是战略执行阶段，战略执行的过程伴随着战略评价。战略制订界定企业的发展方向或竞争的策略，战略执行给出实现战略规划的行动计划，而战略评价对整个战略起到监督或纠偏的作用。在战略执行的过程中，可以定期进行阶段性战略评价，如季度、半年度和年度战略评价。

以三年战略为例，可以进行定期战略评估，看是否需要进行战略调整。三年战略期到期以后，要实施总结性战略评价，看是否实现了战略目标，要对整个战略执行情况进行整体判断。三年战略执行完毕的一年之后，再对该三年战略的实施和落地情况进行后评价，为后期的战略管理总结经验。战略规划、战略执行和战略评价之间相互关联，相互衔接，是一个统一体。如果把战略制订、战略执行和战略评价三项工作之间的关系归纳一下，可以这么界定：战略制订是基础，正确的战略保证了企业的正确发展方向，应该花费 30% 的时间和精力用在战略制订上。战略执行是关键，是保证战略规划落地的必然手段，应该花费 50% 的时间和精力用在战略执行上。战略评价是保障，对战略思想的落实情况，对战略任务的执行情况，以及对战略目标的达成情况作出判断，应该花费 20% 的时间和精力应用在战略评价上。

战略制订完毕之后，企业要有效组织资源，促进战略执行。将战略规划转变成战略行动是一个充满挑战的过程，同样很艰难。因为企业的资源是有限的，对资源的分配存在分歧，可能导致内部冲突。高层管理者对战略的执行存在认识上的偏差，如果事业部或业务单元的关键人物对战略执行缺乏积极性，或者有抵触情绪，战略执行无法有效完成。对于集团性质的复杂型企业，执行战略的实体部门较多，相互之间的协调沟通存在一定的难度和成本，所以对战略的执行也会产生一定的不良影响。在现实中，企业花费很大的精力和代价制订战略规划，但是企业缺乏执行力，或者没有运用适当的方法，战略规划并没有得到彻底贯彻。如果企业没有制定切实可行的战略执行计划，没有实质性的战略评价环节，战略规划很难有效落地。基于此，制订有效的战略执行计划将变得至关重要。把战略执行当作一个项目，把项目管理的思想融入战略执行中来，可以有效地推进战略的执行，企业制订战略执行计划就是项目管理思想的主要体现。确立项目目标，界定工作范围，明确人员责任分配，预算可支配资源，制订进度、成本、质量或效果实施计划；在过程中对进度、成本、质量进行有效控制，对整个项目执行情况进行定期的评估，保证按计划执行；项目结束时进行总结性验收，还要进行后评价，保证达到预期的战略效果。

二、战略执行计划

战略执行计划的内涵是针对战略规划的要求，制定具体的实施计划。战略执行计划需要明确战略性任务，确定战略执行的载体，明确高层管理者的责任分配，制定合理的资源分配计划、战略执行进度计划和战略执行效果计划。

1．确立战略执行的目标

实施"战略执行"这个项目，首先要确立战略执行的目标。"战略规划"给出了企业发展的战略目标以及达到目标的路径，战略执行的目标应该是按照进度计划实施战略任务，进行资源配置，实现战略推进的效果。

2．界定战略执行的工作范围和需要完成的关键任务

实现战略规划需要界定工作范围。战略是否得以实现，必须明确影响战略实施的主要因素，学术界称之为关键成功因素（Critical Success Factors），比如客户的稳定和新业务的进入。为了完成关键成功因素的要求，企业必须找到具有可操作性的载体，即关键性任务，如通过投资建设、新产品开发、技术改造等具体项目，实现企业的战略目标。通过战略执行的工作任务分解，明确战略执行需要做哪些关键任务，包括"事务性"任务和"项目性质"任务，并按层次进行分解，分解到具体的工作任务为止（见图4－15）。战略执行工作任务分解图可以很清楚地看出关键性任务，以及为完成关键性任务而需要做的具体工作（见图4－18）。

3．明确战略执行的责任分配

战略规划、战略执行计划和战略评价必须由企业最高层级的管理者亲自主持和推动，相关高层管理者、下属实体业务单元和职能部门负责人参与，形成一个战略执行团队。如果离开企业最高层级的管理者主持和推动，单独靠主管职能部门来推动，战略管理很难取得预期成效。在战略执行的工作任务分解图的基础上，对于每个战略性任务，可以分配给有专人负责。对于每一个具体的战略性项目，企业高层管理者应该进行有效分工，尽可能界定清楚彼此的工作边界，明确责任，实行战略执行责任制。把管理者的战略执行绩效作为每年度的考核依据之一（见表4－8）。

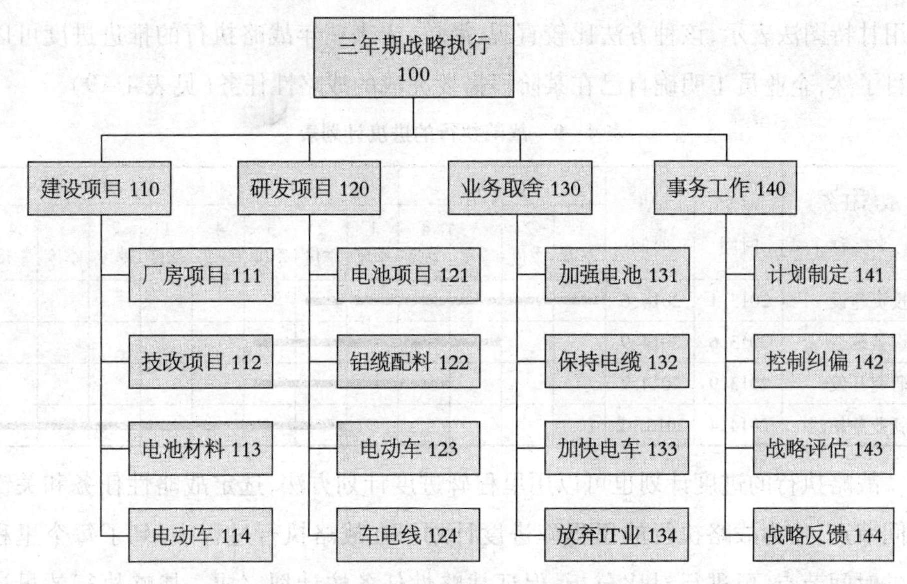

图 4－18　战略执行工作任务分解图

表 4－8　战略执行责任分配

	某研发项目	新进某业务领域	某投资建设项目	组织结构调整
集团董事长	－	－	－	J
集团总裁	－	－	－	F
集团副总裁 A		J	J	C
集团副总裁 B	J	－	－	C
事业部总裁 A	－	F	－	－
事业部总裁 B	F	－	F	－
某职能部门	C	C	C	C

注：F 负责；C 参与；J 监管

三、制定详细的战略执行进度计划和战略执行效果计划

战略执行的进度计划把战略执行分成几个阶段，明确每个阶段需要完成的战略性任务，并界定好战略推进的时间节点。企业管理者在战略执行过程中，应密切关注时间节点，保证在预定的时间内完成战略性任务。战略执行的进度计划可

以用甘特图法表示，该种方法比较直观、简单，未来三年战略执行的推进进度可以一目了然，企业员工明确自己在某阶段需要完成的战略性任务(见表4－9)。

表4－9　战略执行的进度计划表

战略任务名称	起始时间	结束时间	2013年				2014年				2015年			
			1季度	2季度	3季度	4季度	1季度	2季度	3季度	4季度	1季度	2季度	3季度	4季度
投资建设	2013.1	2014.6												
设备改造	2013.6	2014.9												
研究开发	2013.9	2014.9												
新业务拓展	2014.4	2015.12												

战略执行的进度计划也可以用里程碑进度计划方法，选定战略性任务和关键时间节点，作为战略执行的里程碑进度计划。在战略执行过程中，到了每个里程碑的时间节点，要进行对比分析，保证战略性任务按计划完成。战略执行效果计划就是战略执行的质量计划，通过采取有效措施，保证实施战略的预期效果，指明到某个时间节点，应该实现何种战略子目标，里程碑进度计划都在关键路径上，一般不允许推迟，否则战略规划无法按计划完成(见表4－10)。战略委员会对重要的里程碑计划进行检查和评估，提出具体的指导意见。

表4－10　战略执行里程碑计划表

时间节点／战略科目效果	里程碑的时间节点	实现标志
研发项目中试成功	2013年12月1日	验收
建设项目试车成功	2014年7月1日	验收
设备改造完成	2014年9月1日	验收
新业务拓展完成	2015年12月1日	验收

四、评估战略执行效果

战略评价是战略管理的重要组成部分，对保证战略推进起到重要作用。战略评价可以分为战略执行前评价、战略执行中评价和战略执行后评价。战略评价主体可以分为两个层面：一是战略委员会或董事会，主要从董事会角度评价战略执行效果。战略委员会对整个战略过程进行评价,包括战略制定和战略执行阶段。另一个层面是经营团队,主要从经营角度评价战略执行计划的完成情况。经营团队对战略的评价属于自我评估,属于企业内部管理的重要内容。根据要达到的战略目标,以及战略执行计划中的里程碑计划和质量计划进行定期战略评价。战略评价可以分为月度评价、季度评价、半年度评价和年度评价。战略委员会或者经营团队通过战略评估,及时掌握战略执行情况,对出现的问题及时纠正,对没有实现的计划及时补救,保证战略规划的有效实现。

在不同阶段,战略评价的内容有所不同。首先,战略规划前评价主要针对战略规划的适用性与可行性两个方面展开。战略规划的适用性主要评估企业战略与外部环境的匹配性,以及战略与企业能力的一致性。战略规划的可行性主要评估资源对战略的支撑程度和相应的风险程度。其次,战略执行中评价属于过程评价。战略执行的过程,伴随着战略评价的过程。过程控制的基础是战略执行计划。在战略执行过程中,要反复追问,我们到哪儿了?我们应该到哪儿了?我们如何返回到预定计划的轨道上来。再次,战略执行后评价主要是战略执行结果的评价,是整个战略执行效果的最终评价和总结,为下一轮的战略规划总结经验和教训。

战略委员会和经营团队的评价重点不同。战略委员会评价的重点应该是战略执行效果,包括阶段性战略目标完成情况和阶段性的执行成果,以及取得成果对整体战略规划落实的贡献评价。经营团队评价的重点应该是战略执行计划是否按期完成。经营团队定期召开战略执行情况评审会,分析资源配置是否合理。当实际结果与战略执行计划出现偏差时,经营团队应该找到出现这些差异的原因,采取有效措施,及时完成阶段性战略目标。每一次评估都应该给出战略评价报告,作为后续战略推进和后评价的主要依据。

★ 自测题

1. 企业战略规划为何可以看作项目来管理?

2. 如何理解企业战略制订是解决方向问题，而战略执行是解决战略落地问题？

3. 如何理解企业战略评估实际上是战略规划项目中的控制环节？

第5章 组织变革项目管理

本章精要

为了实现企业战略，需要建立适当的组织，设置适当的岗位，进行人力资源的优化配置。战略决定组织，而组织需要适应战略，组织变革是企业可持续发展的重要支撑，没有组织的保证，战略是无法实现的。组织变革的目标可以是控制，也可以是创造和承诺。可以通过组织变革，对所有员工的行为进行管控，从而达到降低成本的预期效果；也可以通过组建跨职能工作团队实现组织创新，满足组织发展的需要。组织目标决定了组织的结构，组织目标也决定了企业的文化。

5.1 组织的价值和组织变革

一、组织为履行使命和实现战略而设置，为适应战略而调整

艾尔弗雷德·D·钱德勒(Alfred D. Chandler)指出，企业战略变化必须有相应的组织结构调整相跟随，通过结构调整实现协同效应。因此，企业需要根据战略的变化调整组织结构，适应战略的要求，为利益相关者创造价值。企业的组织结构经历一个较长的发展历程，最常见的仍然是传统的职能制结构和事业部制结构。亨利·法约尔(Henry Fayol，1916)的计划、组织、指挥、协调和控制五大职能为职能制组织结构形成奠定基础，逐步实践形成职能制组织结构，故又称"法约尔

模型”。职能制结构主要适用于中小型企业。职能制结构的主要特点是管理权力集中,职能部门专业性高,可以提高工作效率,但部门之间的横向协调较难,往往需要上层协调才能解决,企业高层领导容易陷入事务性工作中。事业部制组织结构是阿尔弗雷德·P·斯隆(Alfred P. Sloan,1924)提出的,集团公司可以按照企业所经营的产品或地区或顾客等为依据,设立若干事业部,事业部是利润中心,实行独立核算;事业部对产品开发、生产制造及销售负责。事业部组织框架下,集团领导层的重点是集中力量研究战略发展和经营方针问题,而把面对市场的经营管理权下放到事业部,事业部也可以按职能划分的方法进行部门设置。根据管理需要,大型集团公司尝试从层级式组织结构转向扁平化组织结构,如网络型组织结构和矩阵式组织结构,以满足企业战略发展和管理需要。

组织是什么?组织是为利益相关者创造价值的、具有特定结构的功能集合体,组织的存在理由是为利益相关者创造价值。切斯特·巴纳德(Chester Barnard,1938)提出组织是人的协同行为关系。西蒙(1948)认为组织就是管理,是实现某些功能的实体。德鲁克认为组织是为社会服务的协同体系。这些大师把组织的内涵逐步完善,为组织理论发展做出了贡献。组织包括营利性组织和非营利组织,两种类型的组织都广泛存在,而且都在为社会创造价值。企业属于营利性组织,这里所描述的组织主要是营利性组织。组织是一个功能集合体,人、财、物各种元素之间有不同的组合方式,形成了各种类型的组织结构。组织结构体现了组织内部上下级之间的领导关系。通过职位职责描述,帮助员工明确责任分配和工作汇报路径,反映人力资源的配置情况和各个部门之间的关系。组织结构可以分为层级式组织结构和网络型组织结构。层级式组织结构偏重于从上到下的管理层级,信息由权威机构发布,下级严格执行上级命令。网络型组织结构偏重于扁平化管理,各个单元是相对独立的运营系统,相互之间更多的是协调。不同的组织结构有不同的运行效率,不同的组织结构适应不同的战略。

组织设计的依据是什么?企业的“使命”和“愿景”反映了企业未来所要达到的目的和要实现的目标,是企业生存和发展的动力源泉。为了实现使命,需要制定相应的战略,战略是企业发展的导航系统和控制系统,战略界定了企业发展的方向和竞争的策略。为了实现战略，需要通过相应的组织来落实。组织是企业发展的载体系统和配置系统，组织实现了资源集聚和配置功能。德鲁克指出，战略决定组织，战略是企业的导航标，为了适应战略的动态变化，组织也需要及时进行调整。德鲁克进一步指出，组织设计应遵循一定的原则和逻辑，可以基于工作和任务进行组织设计，也可以基于成果和绩效进行组织设计。以工作和任务为中心的组织可以分为职能式组织和团队式组织；以成果和绩效为中心的组织可以分为联邦分权式组织和模拟分权式组织。

组织结构应该是简单、高效的统一。多数管理者偏好于先搭建复杂的组织架构，然后充实完善组织结构中每一部分的功能。很多企业还处于创业和成长阶段，搭建了一个大型公司的组织结构，就开始设立若干个事业部，每个事业部又下设几个业务单元。在大型企业的组织结构下，组织可以实现的功能却相对较小，机构部门繁多，但每一个部门力量单薄，不能有效地实现部门职能。结果组织结构弄得很复杂，看似庞大的企业，实际收入和利润都很弱小，组织结构空泛，相互协调困难，组织结构不当，造成沟通的不通畅和管理成本的增加。比较有效的做法是，在公司成长阶段，包括创业阶段和扩张阶段，应根据实际需要构建尽可能简单的组织结构，只要能满足运营需要且可以有效运行即可，而且要保证组织结构在目前阶段的合适性。简单的、适合的，就是最好的。在企业规范化阶段，逐步充实完善各个部门，增加需要的部门和机构，满足组织的职能需要和管理控制需要。然后可以在原有基础上，挑选合适的人选担任高层管理者，水到渠成地成立事业部，进行系统化和专业化管理，最终形成一个大型集团企业的组织结构。

组织结构应该在保持稳定和动态调整中找到一个平衡点。组织结构随着战略的调整而动态调整，长期不变的组织结构显然不能适应组织的发展和战略的要求。而组织结构的频繁调整会给企业带来不稳定性，造成组织运行效率的降低。一个新的组织结构从构建到有效运作需要一个过程，员工需要时间对该组织结构进行熟悉和习惯，需要与上下级和平级之间进行相互适应。如果大家还没有充分磨合的时间，组织运行效果就会较差。随着大家之间的合作默契，组织运行效率会快速提升。组织运行效率随着时间的推移而不断变化，从组织运行初始低效阶段，进入到组织运行效率逐步提升阶段，然后进入组织运行效率趋于稳定阶段。随着时间的推移，外部环境和内部条件会发生变化，组织运行效率开始进入衰减阶段。我们应该选择合适的组织结构调整时机，过于频繁地调整组织结构或者长期不调整组织结构都是不合适的。如果在组织运行效率逐步提升阶段调整组织结构，组织运行效率还没有达到稳定阶段，破坏了组织效率，得不偿失。除非有重大外部环境变化或者特殊情况出现，不要随便大规模地变更组织结构。当组织运行效率处于衰减阶段时，要及时修改组织结构，以适应外部环境的变化。

组织结构的调整并没有固定的时间，各个公司根据需要来调整，而且组织结构调整与企业发展所处的阶段有一定的关系。企业成长分为四个阶段，即创业阶段、扩张阶段、规范阶段和巩固阶段。创业阶段的主要任务是确定市场和开发产品。扩张阶段的主要任务是逐步建立起企业的运营体系，保证企业高效运营。经过扩展阶段之后进入第三阶段，即规范化阶段。规范化阶段的主要任务是逐步创建企业管理系统，关注领导、计划、组织、激励、培训和控制。巩固阶段的主要任务是逐步形成企业的价值观和行为规范。第一阶段和第二阶段属于企业家典型技能占主导地位的创业阶段，第三阶段和第四阶段属于企业家精神为导向的管理规范化阶段。在不同的成长阶段，组织结构的调整频率不一样。对于创业和快速扩张阶段的小型企业，组织结构简单，灵活性强，可以根据需要及时变更，1 年甚至半年调整一次组织结构都可以接受。对于规范化和巩固阶段的大中型企业，要保持组织结构的相对稳定性。在外部环境和内部条件没有重大变化的条件下，2—3 年大范围调整一次组织结构相对比较合理。组织结构的调整还与企业的规模大小有一定的相关性。企业规模越大，组织结构调整的间隔时间越长；企业规模越小，组织结构调整的间隔时间可以越短。对于一个企业来说，组织变革是稳定性和动态性的统一。首先是稳定性，保持组织的相对稳定，至少在一年内保持稳定。其次才是动态性，外部环境或内部条件发生了变化，原来的组织已不能适应支撑战略的实施，需要调整组织。但组织调整也不能过于频繁，如果过于频繁，对企业的危害比较明显，员工无所适从，产生担心、忧虑和不安的情绪。组织一旦改变，管理流程也要跟着调整。除非企业处于异常情况下，平时要保持组织的相对稳定性，同时，梳理组织动态性的理念，在适当的时机根据外部环境都和内部条件进行组织调整（见图5－1）。

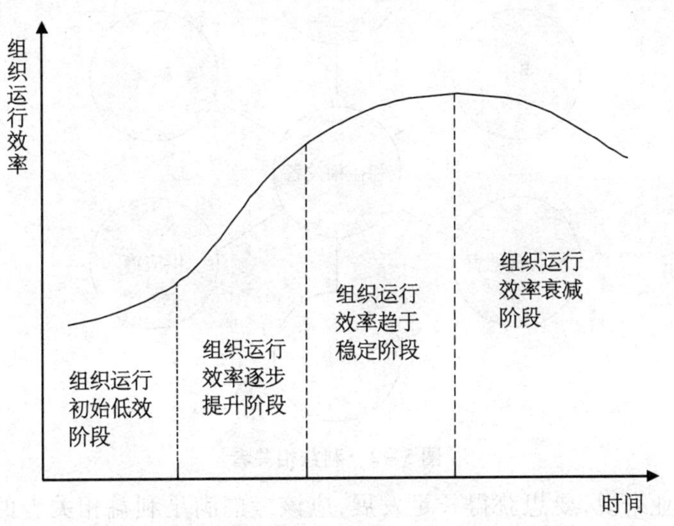

图5－1　组织运行效率的发展阶段

二、组织是通过资源配置和管理协调为利益相关者创造价值的行为和过程

组织既可以看作一个名词，又可以看作一个动词。如果看作名词，组织是一个具有特殊结构的功能集合体；如果看作动词，组织是一个实施协调行为的管理过程。切斯特·巴纳德（1938）提出，组织是人的协同行为关系，一个组织要生存，必须确立共同的目标，协同组织成员的行为，并建立社会性规范。企业存在的依据是获利，企业通过＝组织行为和过程，优化人、财、物的配置，通过获利为利益相关者创造价值。对于创造价值，不同的群体有不同的看法。有的看法认为企业主要为股东创造价值，实现股东价值最大化；有的看法认为企业主要为顾客创造价值，实现顾客价值最大化。其实，企业要想获得长久发展，必须为所有的利益相关者创造价值，任何只强调一方利益的说法都可能会有失偏颇。对于一个企业来说，利益相关者包括顾客、股东、经营管理者、员工、供应商、社区等（见图5－2）。

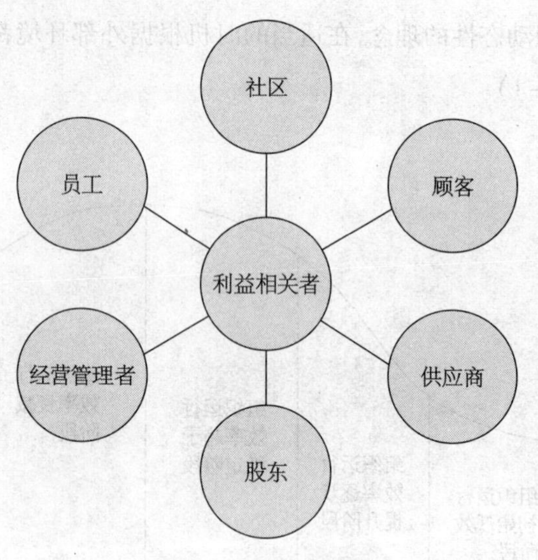

图 5－2　利益相关者

对于企业来说，要想获得长足发展，应该考虑满足利益相关者的优先次序。首先，应该为顾客创造价值。菲利普·科特勒(2009)指出，传统的企业价值传递过程是制造产品到销售产品，而现代企业价值传递过程是通过顾客细分选择价值，通过产品开发提供价值，通过促销传递价值。只有为顾客创造价值，企业才能赢得客户的认可，才能奠定生存的根本，被客户放弃的企业只有毁灭。企业要善于发现客户的需求，积极为客户提供解决问题的方案，通过与客户合作研发、合作设计、合作制造等途径，为客户提供了价值，赢得客户的信任和依赖，并且可能成为长期的合作伙伴。如果企业保持这种为客户创造价值的理念，就会赢得越来越多的客户，可以保持企业持续的竞争力。其次，为股东创造价值，让股东得到合理的回报。股东作为企业的所有者，是企业风险的最终承担者，是企业经营发展的持续关注者。遵循风险收益的平衡原则，理应收到合理的回报，经营团队确实应该关注股东财富的最大化。经营团队是创造价值的直接群体，在为顾客和股东创造价值的过程中，也要关注经营管理者的利益，让持续创新的管理团队的价值得到认可，否则，很难保证不出现道德风险等委托代理问题。西蒙(1948)指出，组织是功能实体，组织的力量源于管理，源于成员对组织做出贡献。有些企业对经营团队激励不够，授权不足，不能发挥经营团队的主观能动性。同时，员工是价值的直接创造者,让辛苦工作的员工的价值得到体现,直接决定着员工的工作绩效。如果企业给员工带来额外的福利,员工会给企业更多的回报。额外的福利会促进员工提升自己的责任感,提高成品率,降低损耗率,可以为企业带来更多的成本节约。反之,企业如果克扣员工,可能会给企业带来更大的损害。员工的不悦情绪会产生传导效应,从而转为对生产的不合作,可能通过提升故障率、损耗率等途径给企业带来巨大的损失。所以,卓越的管理者最关注员工的福利和情绪,为员工带来额外的福利。卓越的管理者通过情感交流和物质激励,缩短与一线员工的距离,给员工带来更多价值。企业要关注社区和社会,不能给社区和社会带来危害,要尽可能为社区和社会带来机会。德鲁克(1974)认为组织不仅要服务于人,还必须服务于社区和社会,提出了组织使命和社会责任的概念,为现代组织理论的发展奠定了基础。现代社会越来越关注环境、和谐、节能等可持续发展因素。企业的使命和战略决定了企业的特性,也决定了企业与社区和社会的关系。如果企业可能给社区带来巨大的负面效应,如噪音污染、空气污染、视觉污染等,就会引起社区和社会的反作用力,企业的前景就会非常暗淡。企业应该主动做好战略规划,及时定期为社区提供服务和福利,改善企业在社区的形象和地位,成为具有“亲善型”特征的知名企业。同时,如果企业财力允许,要为社会承担更多的责任,尽可能多地帮助社会解决就业问题,与当地政府合作。企业勇于承担社会责任的形象,会换来社会的认可与尊敬。

三、组织变革是企业适应外部环境和内部条件的选择,是企业高层团队审慎决策的结果

管理大师德鲁克认为,组织最可能受到的最大伤害是这样一些错觉,即认为明天的情形会与昨天一样。德鲁克告知我们,企业所处的环境每天都在变化,不能认识到动态的变化,企业就会受到伤害。德鲁克还指出,企业家总在寻求变化,对变化做出反应,并把变化看作机遇。因此,组织变革的决策是企业家主观动因和外部客观环境共同作用的结果。从客观环境的角度来说,企业所处的环境是动态变化的,企业必须要适应动态的外部环境,适时进行组织变革。从企业家的角

度来说，为了实现企业使命，保证组织有效运行，企业家有进行变革的内在需求。这两点分别从外部环境和企业家两个方面阐述了企业变革的基础和依据。对于企业来说，变革是永恒的，但是，成功的组织变革应该是企业家智慧的结晶。组织变革欲实现的效果是优化结构、提升功能、理顺关系和提高绩效。有效的组织变革应该是促进组织趋于简单、合理和高效。

组织变革的决策主体往往是高层管理团队，基于此，组织变革的决策会受到个人因素、团队因素、组织因素和经济环境因素的影响。就个人行为特征来说，个人的偏好、个人认知度、知识结构和实践经验存在差别，而且还存在个人的情境依赖性的特征。对于集权性很强的企业，组织变革的决策人就是在决策中处于主导地位的个人，他或她的行为特征对于组织变革起到主导作用。在这种情况下，组织变革的决策速度比较快，比较适用于企业创业和扩张阶段。如果企业是集体决策的企业，高层管理团队的综合力量是决策的主体。在这种情况下，组织变革需要团队形成一致意见，决策速度较慢，但可能考虑比较充分，可以降低组织变革带来的风险，适用于企业的规范和巩固阶段。组织变革的决策有一定的约束条件，即决策者信息不完全、决策者决策力的有限性等。组织变革的决策过程应该注意因势利导，以组织战略为导向，从组织的资源、人才和能力的状况出发，集中力量，发挥组织的强项，适应外部环境，创造企业所专注的外部市场需求。组织变革也是组织自学习、自调整和自适应的过程，组织变革能否成功，是对企业家智慧的考量。

四、组织变革需要系统性思考，应该适时有效且循序渐进

从经济学的视角来分析，组织变革的过程是打破一种平衡，同时建立另一种平衡的过程。建立新平衡的过程就是重新形成新的组织结构和重新构建行为准则的过程。组织具有强大的自我强化功能，在各个方面促进组织的有效运作，直至形成稳定的可以自我约束的体系。组织变革是对原有系统进行破坏性调整，肯定会遇到一定的内在阻力。所以，在组织变革的过程中，需要付出一定的代价和成本，包括机会成本。比如，组织结构的调整导致内部领导关系的变化和员工角

色的变化，彼此的适应需要时间成本。员工之间达到变革前的合作默契与高效率也需要一个过程，组织运行效率会受到较大的影响。组织调整可能伴随行为规范的调整，员工需要重新适应新的行为规范；而原来的行为惯性可能造成新组织运行秩序的破坏，给组织带来冲击。新秩序的建立影响了企业运行的效率，也需要时间成本。基于此，组织变革要进行系统性思考，既要充分考虑外部环境，又要考虑企业内部资源条件；选择组织变革的时机，把握组织变革的节奏，充分权衡利弊，制定系统性计划，为达到组织变革的预期目标提供保障。组织变革一般情况下不应该是颠覆性的，而应该是循序渐进的，螺旋式上升的。每一次变革都促进组织在原来的基础上得以提升。而且，组织变革给企业带来的进步，可以让大家都明显感受到，这为下一次组织变革提供基础和信心。

五、组织变革需要明确变革的依据，把握好变革的时机

组织变革可以概括为对组织的规模、结构、关系和角色的变革，还应包括对组织员工的理念、价值观和行为规则等层面的变革。组织变革的发展方向是责任明确，只有每个人的责任都明确，都知道具体对那些工作负责，各级管理者才不会太累。机构臃肿是很多企业的弊病，应该剥离不创造价值的资产或机构，保持组织的灵活性。组织变革的动因可能是基于战略导向的变革，可能是流程导向的变革，也可能是问题导向的变革。

1. 战略导向的组织变革

企业的使命决定了企业的基本定位，企业的核心价值观决定了企业的行为准则。企业的战略为履行企业使命和核心价值观而制定，战略决定了企业的发展方向和竞争策略。组织为实现战略而设置，为适应战略而进行变革。如果基于使命和战略的调整，组织进行变革就属于战略导向的变革，包括组织结构的调整、理念、方法、行为规则等方面变革，甚至核心价值观方面的变革。战略导向的组织变革，主要是为了适应战略的需要，为实现战略而进行的组织变革。

战略导向的组织变革往往是基于集团对下属子公司管控模式变化的需要。我国企业快速成长，通过兼并收购和资本运作方式，打造或整合自身产业链，形成

众多战略管控型的大型企业集团,以及金融和产业混合发展型的大企业集团。随着外部环境和内部条件的变化,集团对下属子公司的管理关系可能会进行调整。大型集团公司或控股公司组织结构比较复杂,对下属子企业的管控模式决定了对下属企业的控制能力。集团企业对下属子企业的管控能力从强到弱,可以分为职能管控、战略管控与财务管控。职能管控偏重于集权,集团各个职能部门对口对下属子公司的日常经营运作进行直接管理,强调整个集团公司行为统一性和协调发展,是管控力度最大的模式。财务管控偏重于分权,集团通过授权批准制度、全面预算制度、内部审计制度、会计系统控制等财务手段实现对子公司的管理,集团只关注财务目标的实现情况,对子公司的日常经营和战略不加以干涉,是最松散的管控模式。而战略管控介于财务管控和职能管控之间,集团通过战略协调和控制,实现对子公司的管理,集团对子企业进行战略引导,一般不直接参与子企业的经营活动。每一种管控模式都有独特的内涵和特点,都有适用的条件和范围。集团总部可以根据子企业的股权安排和不同的需要,选择合适的管控模式进行管理。

如果集团公司的规模不大,业务集中在同一个领域,可以采取职能管控方式。职能管控的关键是要职责明确,权责对等,避免条块分割或系统性缺失。同时,关注提高管控效率,通过“跨职能管理团队”合作办公,降低多职能多部门分割带来的成本,提升管控效率。对于采取事业部制集团公司,可以更多地采取战略管控模式。事业部是由同类或关联企业组成的经营单位,是属于相对独立经营的企业集体。集团对事业部进行战略管控,从而实现集团整体战略,而事业部对其所管辖的下属企业可以实行经营管控。实行事业部制要避免两个极端:一是事业部不能有效执行集团战略。事业部是利润中心,可能有自己的战略考虑,但是,必须在集团的战略框架下制定自身的战略,保证集团战略的有效落地。二是避免事业部不能体现事业部的职能。如果事业部只是一级虚设的机构,不能实现统一采购、统一营销和统一市场,没有实现事业部的功能,对事业部的战略管控并没有达到预期效果。控股或参股的企业则可以采取战略管控或财务管控的模式。控股包括绝对控股和相对控股,绝对控股指股权占51%以上,对企业享有绝对的控股权。

相对控股指股权在所有股东中占的比例最大，但是，占总股权的比例为 50% 以下。对于控股制多数采取战略性管控，集团控制着资源配置权与战略决策权，通过资源分配和战略控制实现对子公司的管理，但也不排除财务管控的情况。对于实际控制人掌控的情况下，或者没有意愿或精力进行战略管控的情况下，只好采取财务管控。参股制一般采取财务管控模式。图 5－3、图 5－4、图 5－5、图 5－6 是四种管控模式。

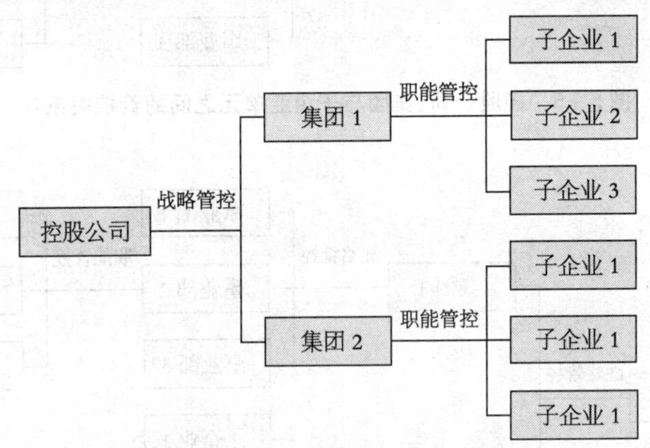

图 5－3　控股公司、集团与子企业单元之间的管控关系 1

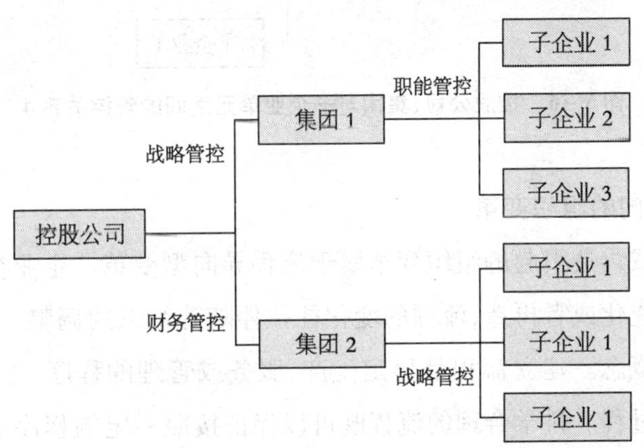

图 5－4　控股公司、集团与子企业单元之间的管控关系 2

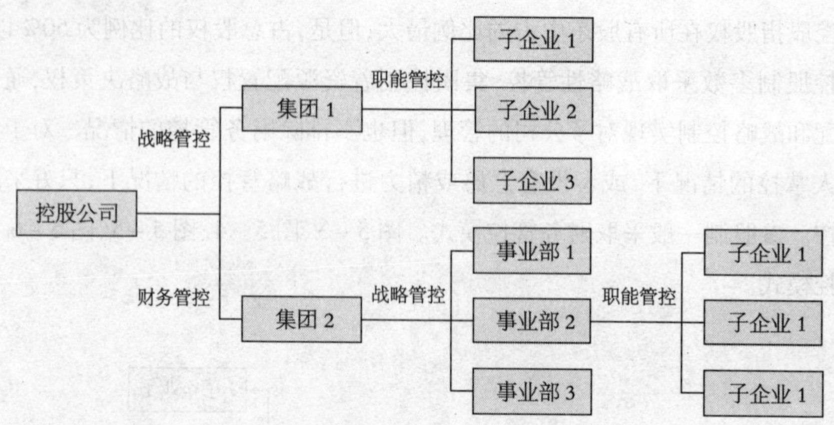

图 5－5　控股公司、集团与子企业单元之间的管控关系 3

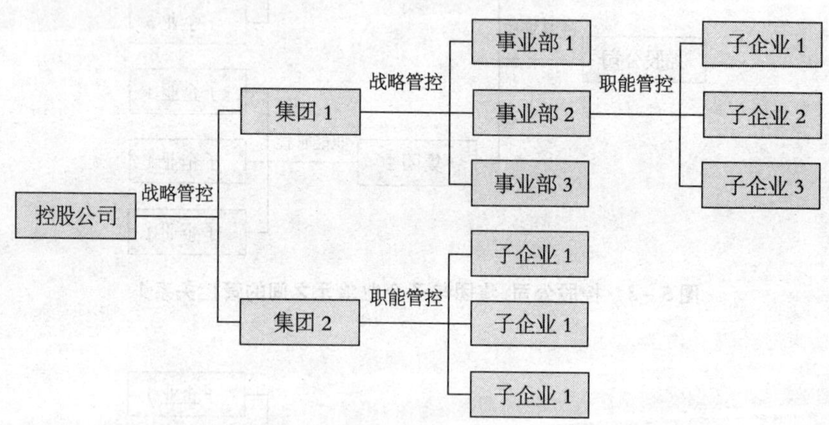

图 5－6　控股公司、集团与子企业单元之间的管控关系 4

2. 流程导向的组织变革

流程优化或再造引起的组织变革属于流程导向型变革。企业在发展过程中，可能进行流程优化或者再造，流程的变化往往伴随着组织的调整。建立流程和流程优化是两个概念。建立流程是界定生产、服务或管理的程序，是建立制度化和程序化保障的过程。科学合理的流程既可以保证按照一定的程序进行，又可以有效控制重大风险。流程优化则是对原有流程进行的修改和优化，使流程的工作效率提升。生产流程或服务流程与管理流程也不一样，生产流程或服务流程属于基础流程，是生产或服务的先后次序，强调的重点是程序性。随着新技术或新方法的出现，需要流程优化甚至再造，可能会牵涉到内部组织的部分调整，但也可能不进行组织调整。生产流程优化的最终目的是降低成本，提高生产率。管理流程是管理框架型流程，是事件的决策和执行过程，强调的重点是控制性。管理新理念、新方法的出现，可能促进管理流程的优化。管理流程的优化可以基于加强对下属子企业的有效管控，也可能基于发挥下属子企业的主观能动性。管理流程的变化必然涉及决策、计划、组织、协调、控制和执行的主体发生变化，或者次序发生变化，往往引起组织的调整。如果管理流程不能适应新的环境和条件，已经影响到了工作效率，这时可以按照组织权责和审批权限，及时修订流程。流程修订之后，相应的组织变革开始，适应流程的需要。组织变革主要体现在组织结构的调整，组织结构变革包括组织内部的权力关系和角色定位的调整和各种协调机制的变化。通过组织结构的调整，使组织扁平化或柔性化，促进组织沟通和信息传播。

3. 问题导向的组织变革

组织本身存在的问题日益突显，需要通过组织变革来克服。有些组织一味追求华丽的组织框架，把架构搭建得很漂亮。但是，在运行过程中可能出现几种情况：一是职能界定不清，实际职能没有实现，企业处于低效运行状态；二是职能管控趋于僵化，束缚了下属子公司的手脚，制约了企业的有效运行；三是控制层极过多，资源和权利过于集中在各层级的管控者手中，制约了资源的配置效率；四是官僚作风在企业蔓延，增加了管理成本，预期的协同效应难以实现。五是管理幅度和管理层级不合理。管理层级是从首席执行官（CEO）到一般员工经过的层级。根据公司复杂程度不同，可能拥有管理层级相差很多。一般来说，管理层级越多，高层管理者对基层员工的距离越远，离市场和客户的距离也越远，企业决策的风险越大，管理也越复杂。管理幅度表示每个经理管理人员的多少，每个经理管理的人员越多，管理幅度就越大。在企业规模固定的情况下，管理幅度越大，管理层级越少，管理幅度越小，管理层级越多。企业应该根据企业特点，选择两者之间的平衡点。向管理者汇报的人数以 3 个至 9 个为宜，过多或者过少的管理幅度很可能是不恰当的，而且有效的管理幅度要权衡直接监控带来的成本降低与缺乏管理造成的成本增加。这些问题的出现很常见，但是集团企业一般都会感到一个怪圈：一旦放权就感到对子公司难以把握和控制，一旦集权就会感到子公司被管死了，缺乏主观能动性。这种情况就是组织设计问题，要通过组织变革逐步趋近于某一点，该点既可以保证集团对下属子公司的有效管控，又能发挥子公司的主观能动性。这一点理论上是存在的，实践中，只有通过持续的、渐近的组织变革，运用试探法寻找该点。基于组织本身存在的问题而进行的组织变革，需要根据组织运行效果来确定；如果组织存在的问题在一定程度上制约了组织的有效运行，就应该考虑进行组织变革。组织变革可以借鉴稻盛和夫提出的"阿米巴"经营模式，发挥每个子系统的作用，同时，借鉴韩国文国现先生提出的"班组"力量，每个团队就是一个战斗堡垒，员工的力量是组织力量的重要来源。组织变革包括重塑组织结构、强化组织激励、坚持组织学习和修炼组织文化。德鲁克提出的知识型组织和彼得·圣吉的学习型组织理论得到广泛应用，现代社会中更多的企业管理者接受了学习型组织理念。

案例 5－1

柳韩—金佰利组织变革带来转机

柳韩—金佰利(Yuhan - Kimberly)是韩美合资企业，韩方是柳韩公司，美方是金佰利公司。柳韩—金佰利在20世纪90年代一度面临巨大的生存危机，其主要产品婴儿用品和卫生用品在韩国的市场几乎完全被其竞争对手宝洁公司(P&G)和尤妮佳(Unicharm)占领，柳韩—金佰利面临被挤出韩国市场的危险。1995年，文国现先生开始担任柳韩—金佰利的CEO。作为德鲁克思想的积极实践者，文先生一上任就致力于组织变革，提出组织的新范式框架。新范式倡导终身学习制，充分发挥"班组"成员的智慧，建立基于信任和知识的高绩效组织。柳韩—金佰利通过透明和正直建立一种信赖关系；柳韩—金佰利通过建立"班组"学习小组，推动学习型组织建设，让每个员工都发挥了最大的效用。柳韩—金佰利关注员工的家庭幸福,实行弹性工作制,强调工作和生活的平衡;倡导企业家精神,坚持持续创新,实现组织高绩效。组织变革带来的绩效明显而迅速,2007年文国现先生卸任时,柳韩—金佰利已经战胜了强大的竞争对手,宝洁公司和尤妮佳被迫退出韩国市场,而柳韩—金佰利在韩国婴儿用品市场份额占73%,卫生用品市场份额占57%,组织重新焕发出生机,柳韩—金佰利和三星公司一样,被评为韩国最受尊敬的公司之一,这显出了组织变革的重大作用。文国现先生以其杰出的贡献被评为"韩国最受尊敬的CEO"。2009年,我们到韩国参观了位于首尔的柳韩—金佰利大田工厂车间,看到了花园式的精美工厂(见图5-7)。在与员工交谈的过程中,感受到员工对企业的忠诚度非常高,员工都非常热爱自己的公司,愿意为公司终身工作。现场参观和感受让我们深刻认识到组织变革给企业带来了巨大效用。2012年4月,柳韩—金佰利前CEO文国现先生来到中国上海,参加德鲁克管理学院组织的企业家沙龙,文国现先生在专题发言中感慨地说,柳韩—金佰利的成功完全依靠企业的员工,是学习型组织的新范式给柳韩—金佰利带来了巨大的成功。

图5-7　位于韩国首尔的柳韩—金佰利大田工厂车间

5.2　组织变革项目计划

如果基于战略导向的变革,或者流程导向的变革,或者问题导向的变革需要实施,组织变革就要开始了。组织变革是一个系统的变革,涉及组织规模、结构、关系、角色的变革,还涉及员工理念、价值观、行为规则等层面的变革,所以,需要系统性地考虑和审慎对待。组织变革具有一次性和独立性特征,可以按照项目管理的方法来运行。首先确定项目目标,组建变革团队,进行责任分配;然后制定时间计划和效果保证计划;接下来推进组织变革,保证按计划推进;最后进行组织变革效果评估。

一、组织变革项目目标

做好前期调研准备工作,运用 90 天时间完成组织变革工作。具体目标是2013 年 9 月 1 日—2013 年 12 月 1 日,组织变革团队制定组织变革计划后,开始推动组织变革,通过组织结构调整和人员安排优化等途径,完成组织变革,使组织适应内外部环境的要求,适应战略以及管理流程的需要。

二、组织变革组织安排和人员配备

表 5 -1　组织变革工作小组

序号	姓名	变革小组职务	具体职责	公司职务
1	李伟	组长	统筹规划协调,带领制定工作计划,推动组织变革,检验变革效果	总裁
2	张路	副组长	按计划执行推进,推动组织变革	副总裁
3	王文平	组员	参与制订计划,参与变革	人力资源总监
4	李浩	组员	前期访谈,制订计划,参与变革	财务总监
5	郝耘	组员	前期访谈,制订计划,参与变革	业务总监
6	郑平	组员	前期访谈,制订计划,参与变革	人事经理
7	孙平路	组员	资料整理,规划梳理,规范行文	行政总监

三、组织变革工作任务分解

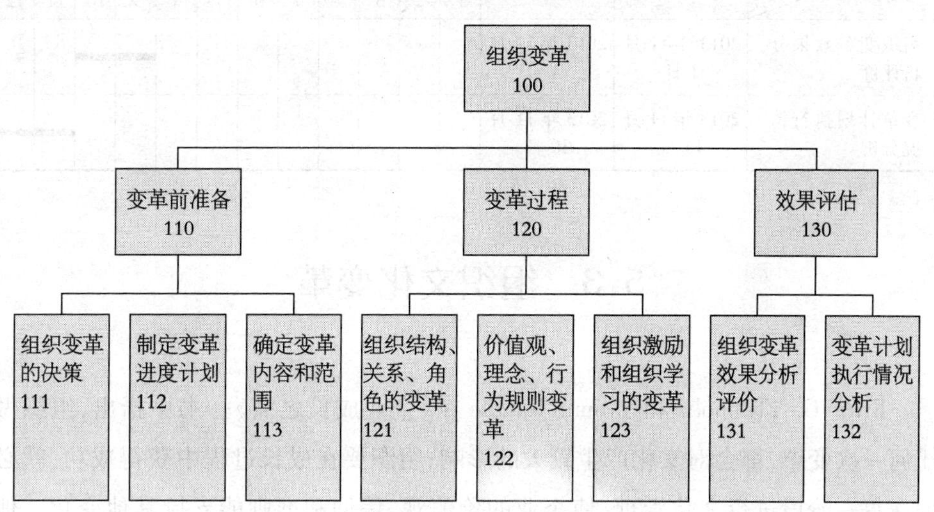

图 5－8　工作任务分解

四、组织变革时间安排

表 5－2　组织变革进度计划表

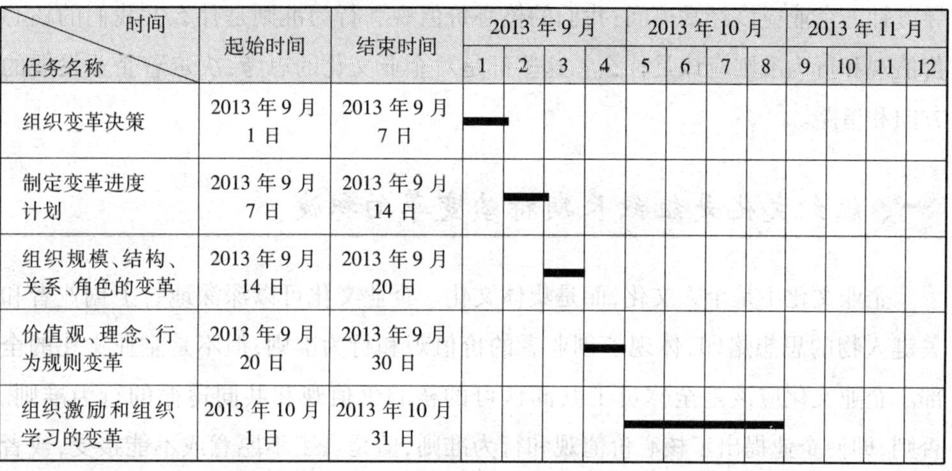

时间 / 任务名称	起始时间	结束时间	2013 年 9 月				2013 年 10 月				2013 年 11 月			
			1	2	3	4	5	6	7	8	9	10	11	12
组织变革决策	2013 年 9 月 1 日	2013 年 9 月 7 日	▬											
制定变革进度计划	2013 年 9 月 7 日	2013 年 9 月 14 日		▬										
组织规模、结构、关系、角色的变革	2013 年 9 月 14 日	2013 年 9 月 20 日			▬									
价值观、理念、行为规则变革	2013 年 9 月 20 日	2013 年 9 月 30 日				▬								
组织激励和组织学习的变革	2013 年 10 月 1 日	2013 年 10 月 31 日					▬	▬	▬	▬				

续表

时间 任务名称	起始时间	结束时间	2013 年 9 月				2013 年 10 月				2013 年 11 月			
			1	2	3	4	5	6	7	8	9	10	11	12
组织变革效果分析评价	2013 年 11 月 1 日	2013 年 11 月 14 日												
变革计划执行情况分析	2013 年 11 月 15 日	2013 年 11 月 30 日												

5.3 组织文化变革

Eric. G. Flamholtz 和 Yvonne Randle 在《企业成长之痛》一书中指出，组织做任何一次变革，都会对文化产生较大的影响；组织要在成长过程中获得成功，就必须在每一阶段进行文化管理，使企业的价值观、信仰和准则能支持其他变化。他们同时指出，企业文化应该通过顾客导向、员工定位、业绩标准和创新变革四个方面来界定。对企业来说，组织文化表现为企业文化，这里主要描述的就是企业文化。企业文化反映了企业的核心价值观，反映了企业认可的行为准则和规范，反映了企业所达到的境界。对待客户、对待员工和对待员工的态度及做法都体现了企业文化。企业文化不是写在纸上、挂在墙上的标语，而是一种做事的原则和指导方针。企业应该经常追问：我们的核心价值观和行为准则是什么？我们的核心价值观和行为准则应该是什么？这些都是对企业文化的思考，决定着企业发展的方向和道路。

一、组织文化是组织长期持续变革的积淀

企业文化不是个人文化，而是集体文化。企业文化可以深深地打上创业者和关键人物的思想烙印，体现了创业者的价值观和行为准则，但不是企业文化的全部。企业文化应该是全体员工共同认可的核心价值观和共同遵循的行为准则。否则，即使企业提出了核心价值观和行为准则，但是员工不愿意或不能接受，或者

表面上接受,但实际上不履行,这就不是真正的企业文化。只有转化为全体员工共同的价值观和行为准则,才真正成为企业的文化。在创业和成长阶段,创业者的个人文化可能更加浓厚一些。毕竟企业规模小,创业者的影响太大,创业者个人文化在某种程度上代表了企业文化。但到了规范和巩固阶段,反映的一定是集体文化。创业者的个人文化经历一个转化过程,形成了相对稳定的集体文化。这个转化过程中,既有企业文化的历史积淀,又有新鲜的文化补充和提升。

企业文化的形成不是一下子建立起来的,是全体员工长期实践的积淀。有些企业专门找咨询公司帮助打造企业文化,其实,企业文化不应该是外部咨询机构打造的,也不是一夜之间就能建立起来的,聘请外部机构只是帮助提炼升华企业文化而已。企业文化一定是以该企业为载体,以该企业创始阶段确立的企业使命与核心价值观及行为准则为基础。随着企业的发展,经过全体员工长期的实践,反复摸索和提炼才逐步形成的。凡是进入该企业的员工,就要接受企业的文化,并为企业文化的发展做出贡献。如果企业文化只是停留在创业阶段,没有持续的创新发展,创业阶段的核心价值观和行为准则没有变成全体员工共同信奉的规则,缺乏了企业文化的延续性,这样的企业做不大或做不长久。而且,创业者一旦离开,企业可能面临丧失精神支柱的灭顶之灾,不可能完成企业的使命,不可能把企业打造成百年品牌,这将是企业的悲哀。

二、组织文化也需要变革,需要保持文化的传承和更新

不同的发展阶段,企业文化的适用性是不同的。在创业阶段非常有效的企业文化,在规范化阶段可能出现不合适的状况。企业文化需要持续的修正,逐步摒弃不适当的文化内容,加入适应组织发展的文化内涵。任何事情都有两面性,企业文化作为一个系统性综合体,也有正面和负面的双重表现。企业发展过程中,在逐步打造和积淀企业文化的同时,负面的文化肯定也会出现,并会产生积淀,逐步变成企业文化的一部分。不良的企业文化对企业发展产生消极影响,比如帮派之分等,一旦形成文化就难以克服和除掉,还有自我强化的趋势。所以,企业在进行文化建设的同时,必须持续地、有选择地摒弃不良的企业文化,清除不良企业文

化存在的土壤,树立正气,用正直之人,看重绩效。

企业文化是动态变化的。在企业的生命周期范围内,从创业阶段、成长阶段、规范化阶段到巩固阶段,企业文化逐步完善和发展。在不同的发展阶段,企业文化反映的内涵存在很大的差异。在企业的创业和快速成长阶段,企业的创始人和创业团队的价值观和行为准则对企业文化的形成往往起到根本的作用。主要原因是创业者的追随者,往往对创业者有强烈的崇拜感和信任感,非常容易接受创业者的核心价值观,非常偏好于模仿创业者的行为模式并遵循其行为准则,企业的核心价值观和行为准则等文化要素很快形成组织文化的雏形。进入规范化和巩固阶段,外来人员开始增多,流动性也较大,很多新进人员来自不同的企业,有过不同的企业文化经历,新团队的形成促进企业文化的融合发展。如果企业的关键人物更换,原有企业文化的延续和新的企业文化的融入,进一步促进企业文化的提升和发展。在这个阶段,关键是保持企业文化的延续性和创新性,避免走极端。新的领导团队要把握文化传承和创新的关系。企业里存在一种倾向,新上任的领导为了突显自己的独到和创新,倾向于否定企业原有的价值观和行为准则,另辟蹊径,重新打造企业文化,这是一个误区。企业是接力跑,每一个接力者都担负着重要责任,每一个接力者的表现都决定着整个事业的成败。如果有一棒没有传承好文化,把已有的企业文化积淀抛弃在一边,重新建立所谓新的企业文化,这是对组织长期积累的文化成果的毁灭;没有企业文化精华的传承,打乱企业的信仰和行为规范,将给企业带来极大的文化资源浪费。其实,任何企业的文化建立都经历了一个过程,既然企业能成功运行,肯定有合理的价值观和良好的行为准则。后来的高层管理团队应该延续原来企业文化的精华,在此基础上,融入新理念或新准则,可以发展提升企业文化。企业的控制人要牢牢把握住这一点,保证企业文化的延续性,保证企业的长久发展。

企业政治是企业永远之痛。企业的主要功能是生存、获利和发展,似乎与“政治”挨不上边。但是,企业政治确实存在,只是有些企业明显,而有些企业内隐而已。企业政治导致企业内部纷争,人事更换频繁,虽然有些人乐此不疲,但是企业政治永远是企业之痛。企业政治给企业带来的是内耗,是和谐氛围的丧失,是工作乐趣的泯灭，是企业文化的遗失。有些企业的企业政治趋于明显化，企业内部管理团队帮派分明，相互之间恶斗不断，人身攻击、相互诽谤比比皆是。实际工作中，很少听到有人夸赞同事，听到的更多是对同事、对下级或者对上级的不满，甚至是很偏执的、恶意的、不公正的评价，这种文化氛围极其不佳，不利于企业的正面文化发展。被动接受企业政治恶斗者，要经常考虑是否被别人设了陷阱，考虑如何防止被别人陷害等，人人自危，在这个环境中缺乏安全感。整个企业变成了内部员工之间的战场，管理团队要集中精力去应付政治恶斗，大大消耗了员工的精力和时间。这样的企业频繁通过洗牌和调整，促使企业持续处于动荡之中，只要这种不良风气存在，没有进行彻底更改，企业总在动荡中前行或灭亡，要么企业自身脱胎骨，要么就是倒闭或被同业并购。

德鲁克提出，企业最稀缺的资源是人，最宝贵的资源也是人，如何留住人才，并发挥他们的作用是企业管理的重要内容，如果企业能让员工在工作上有成就感，让员工感受到企业的尊重和温暖，员工对企业的工作绩效会大大增加。韩国新范式学院提出的对员工的健康关爱，追求工作和生活的平衡，建立每个员工的终身学习体系，邀请员工家属到工厂参观等，反映了尊重员工的人本关怀。基于此，企业应倡导企业同事之间的平等文化，同事之间只有工作分工不同和工作岗位不同，而无高低贵贱之分，所有员工在人格上是平等的。企业的最高领导对打扫卫生的员工都会尊重有加，充分认可他们的劳动。企业营造一种和谐氛围，不允许出现在大庭广众之下上级故意大声训斥下属的情况，反对人身攻击。德鲁克提出，企业要培养敢于担当的员工，包括敢于担当的领导者和敢于担当的一般管理者。工作中难免会出现问题，对于出现的问题，领导者首先应该敢于承担，因为上级是事件的最终责任人，这样才会赢得下级的认可和尊重；反之，领导者对于出现的问题不敢担当，全部推给下级，不敢也不愿承担任何责任，这样的领导不受尊重，这样的文化不利于企业的发展。

企业应该树立弘扬正气的包容文化，同事之间形成一种包容发展和相互支持的文化氛围。鼓励辅佐上级、协助同事、激励下属；上下级同事之间提倡团队协作，强化团队合作意识；企业在和谐氛围中推进合作创新，在愉悦的环境中，为顾客、股东、经营者、员工、社区等所有的利益相关者创造价值。要认可别人,认可自己,正确评价别人,正确评价自己。认可别人,意味着认可同事的长处和优点,承认同事为组织创造的价值;认可自己,意味着看到自己的长处,相信自己能持续为组织创造价值。正确评价别人,需要对同事的长处给予肯定,同时,接受包容别人的短处;正确评价自己,则需要看到自己的长处,也清楚自己的短板。在这种正常的企业文化氛围中,企业倡导包容、肯定的文化,反对排挤、否定的文化,每个员工都能处于和谐氛围中,工作效率会大大提升。

三、组织文化反映了组织变革所达到的境界

1. 对待客户体现企业文化

客户导向的理念在一定程度上反映了企业的核心价值观和行为准则,是企业文化的对外表现。现代社会,企业应遵循诚信的理念越来越广泛地被接受,企业对客户的诚信状况反映了企业的文化。有些企业确实反映了以客户为上的企业文化理念,这类企业主动为客户创造价值,为客户提供方案,与客户开展联合研发,主动为客户解决困难,体现了客户为上的原则。比如,企业在为客户提供设备的过程中,除了及时提供质量可靠的设备,还主动帮助解决设备使用中遇到的问题,直到完全解决了客户的问题为止,不推诿责任,还额外提供价值。这类企业是真正以客户为尊的企业,是受人尊重的企业。企业文化决定了企业命运,该类企业的文化得到发展和积淀,在未来社会将会得到长足发展。但是,有些企业打着诚信的旗帜,却未必真正实现了诚信。有些企业在为客户提供设备的过程中,不能按计划提供设备,找出很多理由进行搪塞;在交付设备之后,设备出现问题,不能正常运行时,回避责任,给客户带来了严重的损失,还不愿承担责任。这类企业的文化就是负面的文化,给企业带来的只有消极影响,最终必然导致企业的毁灭。

2. 对待员工体现企业文化

在一定程度上反映企业的核心价值观和行为准则,是企业文化对内的表现。无论是富有知识、经验和能力的管理团队,还是掌握技能、技巧和经验的操作工人,都是企业的宝贵资源。越来越多的学者和企业管理者认可一种观点,即不要

把员工仅仅看作是成本,更重要的是把员工当作创造价值的资本。对待员工的态度更加全面地反映了一个企业的文化。有些企业把员工看作是企业的宝贵资源,把员工放在第一位,给员工提供尽可能好的生活条件和工作环境,给员工优先的权利。例如,一个公司的春节晚会结束时,总经理并没有坐车首先离场,而是握手送别200余名员工,让每一位员工坐上车,看着一车一车的员工离去,挥手致意,直到全部员工离开,总经理最后一个上车返回,这是一种文化,真正地把员工当作资源的企业文化。而另一家公司的春节晚会刚结束,该公司领导快速退席,钻入自己的轿车扬长而去,尔后员工陆续散场,这也是一种企业文化的体现。这体现了企业里的"官本位"文化,企业并没有把员工放在第一位。

有些企业仅仅把员工看作成本,在追求利润的大背景下,尽可能压低员工的工资,从而获取更多的利润。该类企业按照人工成本进行核算,关注付给员工的每一元工资是否得到回收。企业对待员工非常苛刻,认为企业养活了他们,企业发给他们工资,他们就必须为企业拼命干活,哪怕付出健康甚至生命代价。如果效益不佳,就会克扣员工工资,唯恐企业受到损失。这类企业不在少数,特别是劳动密集型企业,靠长期压低员工工资来生存获利。这类企业没有生命力,也没有创新能力,很难获取员工的归属感和信任感。员工获得很低的薪酬,如果没有其他就业机会,他们会留下来观望,但是绝对没有积极性和创造力,还可能故意降低成品率,甚至不留痕迹地损坏机器,故意浪费企业资源,从而发泄内心的不满,并进行无言的抗争。一旦有机会,员工就会毫不犹豫地跳槽,所以,这类企业的人才流失率非常高,人员不稳定,招来一批,走了一批,没有企业文化的积累,在未来激烈的人才竞争中,必然会被社会淘汰。

如何对待员工的成绩?对待员工取得的成绩,有些企业表现得很平淡,甚至是漠视,感受不到员工取得成绩所带来的正面效应。然而,有些企业却表现得很重视,甚至是夸大效果,员工取得的任何成绩都会受到企业的高度认可,通过板报、企业网站等途径进行宣扬。两种企业的对比方显出企业文化之差异,同时可以预测两种企业的命运和未来发展之前途。第一种情况,员工被放在次要位置,通过努力换来的成绩好像不受鼓励,形成的文化就是员工在这儿没有归属感。第二种情况,对员工的任何创新行为和取得的成绩及时给予认可和奖励,这不仅仅是钱的问题,而是建立一种对员工辛勤工作、锐意创新、大胆尝试所取得成果的认可文化。通过对员工成绩的及时认可,企业释放一种信号,敢于创新、勇于进取并有成绩者一定会得到公司的奖励认可。在这种氛围下,该因素逐渐融入企业文化,所有为企业做出贡献者都会得到相应的认可和回报,并逐步成为企业文化的一个重要元素。反之,没有为企业做出贡献者,得不到相应的回报,但不一定受到惩罚,在这种情况下,没有得到表扬就是最大的惩罚。还有一种情况,有些企业对于员工的成绩认定可能会出现经济学所讲的"相机抉择和动态不一致"的问题。最初制定奖励政策时是在一种经济状态下,而随着时间推移,到了该执行政策时,经济状态已经发生了变化,所以奖励政策也应随机调整,出现了制定政策和实际执行的前后不一致。企业的这种做法,其实反映了了一种文化,企业与员工是一个重复博弈的过程,企业方这次的违约,导致下一次博弈时员工方的策略调整,对企业和员工可能都会产生不良影响。

如何对待员工的错误?这里的犯错误不是指做了坏事,不属于品质方面的范畴,而是在工作中做了不恰当的事给企业带来了损失。每个人都会犯错误,对待员工犯错误的态度反映了企业对员工的文化。企业对员工在工作中的过错应该分别对待,采取合适的处理方法。有些企业对于员工在创新性尝试方面所犯的错误,给予了宽容和支持的态度。对于有价值的尝试,即使失败了,也给予奖励和支持,这样营造了创新发展的文化氛围,企业员工的探索创新积极性得到激发,企业员工充满了激情和活力。而对于员工在流程和操作方面所犯的错误,则给予积极的帮助;通过培训、个别辅导、专题研讨等途径,帮助员工分析原因,找到解决问题的途径,使员工更加有效地提升水平。这种处理方法,非常有效地指出员工所犯的错误,并帮助改进提升;对员工是一种鞭策,更是一种帮助,企业的凝聚力会大大增强。有些企业不允许犯错误,否则就会给予严厉的惩罚,其实,这是负面的文化,因为这样一来,员工不敢越雷池半步,唯恐犯错受到制裁,万一犯错,必然会因为受到惩处而懊恼不已。所以,员工都倾向于不求有功,但求无过的状态;不敢创新,不敢探索,少做少错,不做不错,整个企业处于沉闷状态,不利于企业的创新发展。

3. 对待同事体现企业文化

在企业的职场中,同事之间的交往密切,同事之间的相处文化影响着企业的工作氛围,影响着员工的工作效率。如何对待同事和同事间的相处文化是企业文化的重要组成部分。

首先是如何管理自己的上级。德鲁克指出,领导是一份工作,是一种责任,是下属的信任;下属的职责就是帮助上司有效地工作并且取得尽可能好的业绩。企业应营造下级对上级服从的文化,下级必须对上级负责。对于上级应该以服从为主,听从上级管理者的工作安排,不允许出现对抗上级的情况。但是,企业也不一定推崇对上级唯唯诺诺、溜须拍马的文化;只要在对上级尊重的条件下,合适的建议和按照自己的做法去工作都是受到欢迎的。在上下级面谈时,下属应推心置腹,主动问询上级对自己的期望,自己在哪些方面可以提升,可以主动协调上级,主动问询可以为上司做些什么。如果能获得上级的支持和帮助,可以提升自己的工作绩效。

其次是如何管理自己的下级。对下级的有效管理,需要满足几个要件。首先,要赢得下属的信任,这是上下级深入合作的基础。上级要赢得下级的信任并不是一件容易的事。第一步,需要上级是公正的。一个不公正的上级不可能获取下级的信任,尽管下级也会听从上级的安排,但心里对上级缺乏信任感,对上级的决定也不是无条件地认可和接受,而是存在着戒备和怀疑。上级是否公正无私需要时间和事件的检验,所以上级要赢得下级的信任也需要时间的考验和事件的检验;只有经历了时间和事件,下级对上级的信任感才会产生。第二步,要为下属的工作提供帮助和指导。下级对直接上级具有天然的依附感,最希望得到上级对自己工作的指导和帮助。如果上级及时给予下级工作方面的支持和帮助,下级会找到归属对象和成绩的倾吐对象。下级在上级指导下提高绩效的同时,对上级充满了敬畏和爱戴。上级的权威和威信就是在为下级提供帮助和指导工作的过程中形成的。威信来源于下级员工对上级的知识、经验、能力或博大等优势的仰慕,威信是下级通过切身感受给上级建立起来的,上级对下属的训斥和轻视绝对建立不了权威。第三步,要为下属建立工作规范和行为规则。上级的工作成效需要下级的合作和支持,为了提高下级的工作效率,需要上级建立工作规范和行为规则。比如,下级要建立较强的执行力,对上级的安排要坚决执行到位,达到预期效果,不准许拖沓松散,推诿责任。下属之间要相互合作与信任,强调团队合作精神。

4. 出差体现企业文化

企业对成本进行控制是正确的,有效的成本控制可以减少浪费,提高资金创造价值的效率,同时营造并形成一种节俭的文化氛围。但是对成本控制应该注意方式,避免因成本控制给员工带来不快甚至反感,影响了工作效率和工作绩效。企业员工出差是企业的较大开支之一,对于差旅成本控制属于成本控制的一部分。有些公司的出差报销牵涉到出差员工大量的精力,还给员工带来了心情的不悦和负面情绪。这种出差文化并没有真正降低成本,反而给公司带来巨大的损失,包括员工士气导致的绩效降低和公司和谐信任的氛围趋于恶化。无论信奉“人本善”,还是信奉“人本恶”,无论是推崇儒家“以礼以德”的治理理念,还是推崇法家“以法以刑”的治理理念,都应该尊重人性,企业管理也不能挑战“人性”,否则众叛亲离,丧失凝聚力。对于成长期的公司,企业可以推崇儒家的以德服人的理念;对于相对成熟的大公司,采取以法治理的方法,建立行为规范和制度,要求员工严格遵守。其实,如果需要控制或降低差旅成本,提出“节俭原则”即可,营造节俭的文化,不必制定很多限制,否则,扼杀了员工的主观能动性。过多的限制让员工感到缺乏人本关怀和人本理念。员工每做一件事都要想到上级的审批,干脆奉行“少做为佳”的原则,为公司创造价值的活动减少,最终损失的是企业。对员工有充分的信任,给出差员工自由的空间,尊重员工的选择,这是人本管理理念的重要表现,人本理念应体现在细微处。被充分信任可以给员工带来自我激励,带来了员工自我管理的巨大动力。其实,企业的出差者会给企业创造价值,而且代表企业形象,需要完成特定的使命,应该说都带有一定的压力,企业对于经常出差的员工要给予一定的发挥空间和信任,这是一种人本文化。当然,任何企业都会有不自觉者,对于铺张浪费者和借出差之名另有所图者,应该分别对待。不符合本公司文化者,可以给予引导和教育,不能接受和遵循本企业文化者,可以让其选择离开本组织。

5. 用人也体现企业文化

不同的企业用人文化存在着较大差异。有些企业倾向于用正气之人；有些企业倾向于用强势之人；有些企业倾向于用忠厚之人；有些企业倾向于用会逢迎之人。不同的用人文化反映了企业不同的价值观和行为准则，对企业文化的发展也起到不同的影响作用。如果企业的用人文化是以绩效为主要依据，企业如何对员工绩效进行界定，能否以绩效作为员工晋升的主要依据，这就是用人文化问题。如果企业的用人文化是以人品为主要依据，是否真正实现忠厚、正直之人可以得到晋升，这也是用人文化问题。企业面对市场和竞争对手，竞争非常激烈，需要员工拥有渊博的知识、丰富的经验和出众的能力，还要有较高的情商、实干的精神和明显的绩效。但是，人在一些方面越强，在另一些方面可能越弱，拥有高超知识技能的知识工作者在沟通方面可能存在一定的缺陷，所以，企业的用人文化影响着知识工作者的才能发挥。

有些企业根据好恶和亲疏作为用人的标准，从上到下竞相效仿，对于所谓的"自己人"，百般呵护，亲自指导，广为宣扬，提供一切条件和方便，甚至不惜损害公司利益。而对于被认定的"非自己人"，不闻不问，不提供任何工作指导和工作安排，甚至故意设局看下属出纰漏，然后给出不能胜任的结论。这种文化下，善于逢迎者如鱼得水，平步青云，而忠诚实干者往往逐渐被边缘化。这样的企业文化决定着企业的邪气氛围，决定着企业的不良命运。

有些企业把知识、能力和经验作为用人的标准。不论亲疏，能者上，不能者让，让管理团队保持一种持续的工作能力和良好的工作状态。在这种文化氛围内，愿意做事而且能做事的人，不必挖空心思去站队，而是集中精力去做事，只要真正有能力，并且主观上愿意供职于该企业，该类公司一定会提供一个合适的角色。企业会给每个员工一个适合的定位，可以发挥出各类人才的智慧和才干，该类企业可以留住优秀人才，发展前景肯定很好，是用人文化使然。

树立良好的用人文化，摒弃不好的用人文化。在动态进化过程中，推进用人文化的协调演进。首先，支持正气之人掌权。在企业里树立正气，形成良性循环。

其次,强调知识、能力和经验的统一。让愿意为企业做贡献者都会有合适的选择和定位,善于用人所长。再次,保持用人文化的连续性。企业更换管理团队,新的团队不可随意丢弃企业的优良文化,要持续保持企业的核心价值观和行为准则。

6. 优秀员工评选体现企业文化

评选优秀员工是很多企业每年末开展的活动,评选活动是企业文化的组成部分。如果评选不当,不但不能起到鼓舞优秀员工的效果,反而会打击员工士气,造成企业的价值观和行为准则的扭曲。集团企业对优秀员工评选问题应给予足够的重视。不少部门和子公司单位对于优秀员工评选问题认识不够,在推荐优秀员工时,对于比较熟识或比较亲近的随便推荐一个,没有经过员工的选举和认可,或者有些单位本着轮流的想法,大家轮流做先进。这些做法会伤害真正优秀的员工。因为,准备争优的员工要常年付出艰苦的劳动,年终非常希望得到公司的认可。如果各级部门只推荐亲近之人,或者大家轮流做,就等于否认了创优者的劳动,创优者或其他员工会明显感到不公平、不合理。本来评优的目的是鼓励员工创新工作,提高绩效,如果推荐过程失去了严肃性和公平性,评优的效果和意义完全失去。公司付出很大的代价,换来的却是对员工积极性的打击,以及员工的失望委屈,甚至对公司的怨恨。所以,对于优秀员工评选问题应该认真对待,把它提高到企业文化建设的层面和高度。首先,评优这件事一定要做。要让敢于创新、勇担责任的员工在年底得到认可与回报。其次,一定要把工作做细和做好。所有推荐上来的员工必须是员工推选上来的,要有具体的事迹和绩效。再次,集团层面专门成立评选委员会,对推荐上来的候选人事迹进行核实与筛选,保证优秀员工评选工作的有效性。企业形成一种理念,凡是能评上优秀者,肯定都是企业最勤奋、最能体现企业价值观或者最能为企业做出贡献者。评上优秀员工者感受到优秀员工确实是一个真正的荣誉,是通过辛勤的工作才能换回来的,这样的荣誉感能给企业员工带来激励。优秀的员工可以是基层的工人,可以是企业的厨师,也可以是企业的保安。被评为优秀者有共同的特点,把公司看作家,真正热爱本职工作,为所热爱的工作付出辛勤的劳动,并取得明显的成绩。

7. 越级管理体现企业文化

企业的管理者可以分为“文臣”和“武将”,“文臣”主要进行职能管理,而“武将”主要带兵开拓市场。两者都很重要,任何轻视“文臣”或“武将”的思想都是错误的。在企业管理中,职能部门提供的是专业管理和服务,主要是对企业内部进行管理,可以从某一个职能出发进行深入管理,通过专业化管理,保障管理效果提升。比如,财务管理、经营管理、项目管理、研发管理等,每一个职能部门都有专业人才团队,对整个系统进行对口管理,有效控制。而带兵打仗的“武将”就是子企业单元的总经理。他们带领团队组织营销,开拓市场,争夺资源,组织生产,降低成本,获取利润,促进企业的生存发展。子企业单元的总经理既要对外部市场进行管理,又要对自身内部进行管理,还要协作集团的管控。应该说,企业是一个复杂的系统,如果实现有效运行,需要规则,需要规范,需要流程,需要制度。为了各行其道,各司其职,最好避免越级管理。对于高层管理者,主要任务是选择合适的人,把握战略方向,进行有效激励,进行风险评估,以及进行危机管理和控制。对于内部管控事宜,应该由职能部门分别执行。对于开拓外部市场,应该由各子公司单元的总经理去执行。上级不要做下级应该做的事,不要管下级应该管的事。否则,下级就会感到无所适从,还可能在其下级面前丧失威信和领导力,不能全面发挥其聪明才智。而且一旦形成一种文化,员工竞相越级汇报,企业处于无序状态。管理也是一个逐步均衡的过程。无论管理者还是被管理者,双方的接受、适应和理解等都需要一个磨合过程,并逐渐形成一种均衡状态。在这种状态下,管理者和被管理者都愿意接受,当然,这种均衡状态是动态的。如果上级越级对下级进行管理,就打破这种均衡,处于中间层级的管理者处于被动状态,上下级关系失衡。在以知识工作者为主体的企业组织内,要建立新型的上下级关系,上下级之间是合作关系。上级尽可能减少对下级的命令,而是把命令变成一种责任,让作为下属的知识工作者感受到责任。然后,知识工作者自己决策做什么,采取什么方式去做。下级要了解上级对下级的期望,根据期望充分运用自身知识、能力和经验,努力做好关键的事。

5.4 组织内部关系变革

大型集团公司是由数量众多的中小企业组成,学界称之为联邦式集团。联邦式集团总部需要具备强大的管控能力,保证对下属控股子企业进行有效管控。在联邦式集团的战略框架下,假设集团总部对子企业实施职能管控方式,职能部门需要与子企业发生各种关系,包括对口的监管和服务。因为每个子企业都有自己的战略定位和发展轨道,集团总部与子企业之间的监管和被监管、服务和被服务过程中,可能会出现一些矛盾。组织变革的过程中,新型的组织内部关系应该形成,通过服务功能和监管职能的结合,可以达到较好效果;职能部门可以通过服务途径,实现对子企业的管控效果。

一、集团职能部门的监管和服务可能受到子企业的软抵触

大型集团公司一般设有强有力的职能部门,通过职能部门对下属子公司对口管控,实现对子公司的有效经营管理。集团公司的职能部门代表集团实施其部门职能,职能部门从各个专业视角进行管控,贯彻集团的战略意图。集团职能部门担负着对下属子公司在某个领域的监管功能,如何既能实现服务功能,又能完成监管的使命?这是每个集团职能部门经常面临的问题。监管和服务是相辅相成的,监管需要服务的配合,职能部门提供服务的过程,也就履行了监管职能。

大型联邦式的集团公司的下属子公司比较多,内部组织之间的协调比较复杂。作为集团的职能部门,有责任履行某专业领域的监管和服务工作,通过对某领域的监管为上级决策层的决策提供依据和基础;同时,职能部门还要承担为下属企业指导和服务的功能,通过专业服务执行集团决策,推进所管辖项目在下属子企业有效实施。在这个过程中,集团所属的子公司是否乐意接受职能部门的服务,决定了职能部门的工作成效。一般情况下,下属企业应该接受上级职能部门

的服务和指导。但是,有些子公司可能不情愿接受集团公司的指导或服务,他们认为是集团干扰子公司的正常经营,对集团职能部门的监督往往不配合。子公司采取不合作态度,对职能部门提供的服务也不愿接受,在一定程度上影响了职能部门监督功能的发挥。出现这种情况的主要原因可能有两类情况:一是接受服务的子企业领导人比较保守,不愿意接受新事物,认为有没有专业服务都能正常运营,所以就按照自己的思路工作;二是子公司领导对集团职能部门提供的专业服务和指导没有概念,不能领会内在价值,所以就可能干脆拒绝接受服务。

二、集团职能部门应树立内部服务的营销理念,在服务中实现部门监管功能

集团的子企业不能很好地接受集团职能部门的指导和监管,职能部门如何应对?这里存在一个内部服务营销问题。职能部门可以通过内部营销的方式,推销其服务,满足子企业的需求,同时实现职能部门的监管职能。针对该种情况,职能部门可以强化内部服务营销意识,在集团内部进行服务营销,把部门的产品即"服务"想方设法推销给子企业,这里营销的对象是"无形的服务"。营销的本质是寻找需求,满足它,从而自身获利。营销的目标是把产品或服务推销出去,通过提供产品或服务满足消费者的需求,在大型集团公司内部进行服务营销。首先,要明确顾客需求,针对内部客户的服务需求,提供合适的服务或产品。在此基础上培养与服务对象的顾客关系,与每一个服务需求部门更多地交流互动,在交流过程中建立信任机制,加深对客户服务需求的了解,以便更好地推广服务产品。顾客资产是顾客给企业带来的所有未来价值的折现值,培育顾客资源的关键在于不断地为顾客提供信息和建议,让顾客感受到提供服务的潜在价值。各个部门在提供服务的过程中,让服务落在实处,体现服务价值;被服务部门感受到服务价值之后,就会主动接受服务产品,以后的服务就会变得更加容易,服务营销得到贯彻。

三、集团职能部门应选择合适的内部服务营销策略，保证监管意图的实现

首先，分析集团下属子企业所处的环境，分析服务对象的潜在需求，基于子公司的管理需求，推动“服务产品”的开发。不同的子公司有不同的发展阶段，对于快速成长的子公司，更多地提供理念和方向上的支持，如发展战略、柔性战略等。对于处于规范阶段的子公司，更多地提供规范化管理的工具支持，如流程建设、战略规划等。对所服务的市场进行细分，明确核心的目标市场。通过对服务市场分析，进一步对客户进行细分，瞄准集团内部的大客户，推行全面营销管理。对大客户企业的服务进行层层分解，明确职能部门队员的责任，分工落实到每一个人，所有队员围绕营销提供合适的服务，实行全员营销，这是实现职能部门监管和服务的重要手段。比如，子企业属于重新组合的新企业，在管理流程方面存在混乱情况，在战略执行、财务支付和投资项目审批等方面存在不固定性和不规范性，很多风险已经开始显现。针对该企业所处的现状，集团的企业发展部门针对该类情况提出服务要求，表明可以达到的效果。对子企业的高层管理者来说，可能很想规范管理，但又担心制定流程和执行流程的繁琐，可能处于不确定状态或者犹豫状态。如果集团的企业发展部适时指出存在的问题，主动提出帮助建立流程以规避风险，可以消除可能给企业带来巨大的资金支付风险和管理漏洞风险。子企业的高层管理者应允之后，职能部门深入该企业，对症下药，制定规范完善的管理流程，建立风险控制环节。对于制定的流程，不熟悉管理的经营者可能有一种畏惧感，可能会以流程复杂为借口，不愿意落实和执行；可能仍然按照传统的方法和经验，实行拍脑袋决策和拍胸脯保证。这时，职能部门可以及时提出培训要求，对子企业的相关管理人员进行流程培训。子企业的高层管理者必须参加培训，让参加培训者都明确流程的意义和流程的关键点，熟悉流程的操作过程，并且严格要求按流程执行，这样可以达到服务的效果。反之，如果企业发展部没有捕捉需求，没有针对问题提出服务请求，被拒绝的可能性很大。即使制定了流程，如果没有后续的培训服务追加，没有最终价值的吸引，流程可能就变成了一纸空文，没有体现

价值。后续的服务保证前期制定的流程得到落实,实现了职能部门的服务价值。其实,集团可能获取了很多有价值的管理方案,包括战略规划、管理流程、管理制度、绩效考评、项目管理方法等,可能花费很大代价请外部咨询机构提供,也可能由内部专家讨论而成,但多数没有完全落实到位。因为在执行过程中,可能遭到各层级管理者的阻碍,没有实现真正的价值,这是非常可惜的。

其次,分析子企业的高层管理者的行为和心理,采取不同的营销策略。每个管理者的专业背景和实践背景不一样,个性存在很大的差别,对于集团的管控模式也有不同看法。有些管理者真正接受集团的管控模式,严格按集团要求去做;有些管理者表面接受集团的管控,实际上没有真正按照集团要求去做;有些管理者喜欢独立运行,对于来自集团的指导或指令采取不合作态度。当然,企业需要有特点、有特色,打造企业特点是提升企业竞争力的重要基础,否则很难长期立于不败之地。同时,有特点的企业需要有个性的高层管理者,没有特点的人很难带出出类拔萃的企业。针对每个子公司高层管理者的个性和特点,在没办法改变用人的条件下,采取合适的服务策略。对于真正接受型的子企业领导,采取提供优良服务的策略,为企业提供有价值的方案,真正为企业带来看得见的成绩。对于表面接受型的子企业领导,职能部门要不断沟通,为该子企业高层管理者提供信息和建议,让该高层管理者明确感受到提供服务的潜在价值,同时,通过同类企业的应用情况作为案例,逐步引导表面接受型领导领会到职能部门提供专业服务的价值,进一步提供优良服务。对于比较强势的子企业领导,集团职能部门可能感到没有办法合作,处于一种僵持状态。当然,特别强势的子企业领导可能做出很突出的成绩,也是子企业强势领导者存在的资本。但最后无外乎有两种情况:一是子企业强势高层管理者在企业做大的过程中,自己认识到在某些专业领域需要集团帮助,主动向集团提出请求,请求职能部门提供专业支持,这时职能部门提供服务就是雪中送炭,对子企业的发展提供有价值的专业支持。二是子企业强势高层管理者过度自信,不愿意与集团职能部门合作,完全按照自己的思路开展工作,做到一定的程度就选择离开,可能是被动离开,也可能是主动离开。被动离开可能是偏离或脱离了集团的战略,不能融入集团的管理团队;主动离开可能是集团的制约束缚了他的发挥和发展,必须有新的舞台才能发挥他的能力,这也是他的强势特征决定的。

再次,真正为服务对象创造价值。职能部门拥有专业知识和经验的优势,有能力为集团内部的子公司提供专业化支持。通过知识和技能的传播,通过方法和理念的灌输,通过服务过的案例推介,让子公司真正感受到专业知识和技能可以提升企业的运营和管理水平。职能部门在为子企业提供服务的过程中,要提高交流效率,建立解决问题和沟通信息的平台,及时解决实际问题。在与子企业交流过程中,要杜绝学术性的术语,要简明扼要地提出需要解决的问题,及时给出建设性的建议和方案,达到双方思想火花碰撞的效果。比如,并购是集团快速成长的重要途径。集团职能部门投资管理部对并购后的子企业提供整合帮助,制定合适的整合策略,对提高并购绩效和运营效率具有重要的现实意义。很多情况下,在并购初期企业处于严重亏损状态,集团职能部门对被并购子企业提供专业帮助和支持,实行快速整合策略,迅速扭亏为盈,并且获取了合理的利润。再如,集团人力资源部门帮助子企业寻找合适的市场营销人才,构建营销团队;帮助子企业进行人力资源配置,把合适的人放在合适的岗位上;帮助子企业建立合理而先进的激励理念,对于有功劳的人,企业会及时给予合适的回报。这些帮助都为子企业创造了价值,为以后提供专业服务或者行使监管职能奠定了基础,建立了示范工程,在以后的工作中,职能部门的工作开展就会变得非常容易。

5.5 知识工作者的激励变革

彼得·德鲁克(Peter F. Drucker,2002)在其后期的重要著作《下一个社会的管理》一书中指出,下一个社会将是知识型社会,知识成为社会的关键资源,知识工作者成为主要劳动力,知识工作者的生产工具就是知识本身。社会的变迁将给企业管理者提出了新的管理课题,在知识工作者成为主要劳动力的知识型社会里,知识工作者有易流动性特点,如何适应社会的变化?如何进行创造性管理变革,甚至颠覆性变革?如何对知识工作者进行激励,提高知识工作者的绩效?这个问题摆在每一个企业管理者面前,需要管理者进行系统性思考。

一、因势而动,明确管理变革的方向

社会发展,观念变迁,带给企业的是挑战和变革。社会的变化和经济的变化对企业的管理都会产生重大影响。作为企业高层管理者,首先要敏锐地捕捉经济的变化,快速调整市场营销和管理策略。其次,从长期来说,高层管理者要善于把握社会的变迁方向,充分考虑可能出现的社会环境变化,适时调整管理理念和管理方法。既能适应经济环境又能适应社会环境的企业才能更好地生存与发展。在外部环境这个约束条件下,高层管理者寻找有效的激励和控制策略,实现员工绩效最大化。幸运的是,社会的变化是一个渐进过程,留给了企业管理者一定的转变时间,关键是管理者要知道应该往什么方向转变,应如何转变,以及转变的时机。现阶段,信息社会已经来临,知识工作者涌现,合格的企业高层管理者要经历一个从理念到制度,再到方法的转变过程。企业高层管理者要敏感地捕捉到信息时代的来临,企业的经营管理、市场模式、营销模式都要发生重大调整,以适应电子商务的发展。企业高层管理者要清楚知识工作者的特点,从而采取合适的、有效的激励方法。在知识型社会里,知识工作者是企业最宝贵的财富,是企业最有价值的资产,是企业最有增值潜力的利润增长点。基于知识工作者的自尊、追求成就感等特点,把知识型员工看作合作伙伴,给予一定的发挥空间和体制支持。

二、明确使命,选择合适的领头人

企业的使命是企业生存的基础和动力,是企业存在目的的一种表述,明确企业的使命是对知识工作者有效激励的基础和前提。每个企业的高层管理者都应该针对企业使命进行认真思考,应该明确企业为何而存在,提出让利益相关者能接受和认可的表述是需要的,而且高层管理者要有能力、有意愿去完成企业的使命。对于企业来说,可以通过制定战略,实现目标,达到目的,最后完成使命。按照德鲁克的思想,企业的使命关系到我们的事业是什么?我们的顾客是谁?顾客的认知价值是什么?这三个问题明确了,企业的使命也就界定了。合适的领头人是发挥知识工作者积极性及对知识工作者有效激励的关键。一个强有力的领头人的理念决定了公司的文化传承与发展,带头人的知识、见识、能力、魄力、胸怀等决定了企业的发展潜力和发展远景,也决定了企业知识工作者的工作状态。知识工作者是一支有能力、有潜力的人才团队,人才团队的能力状况和潜能发挥状况决定了企业的发展速度和发展水平。对知识工作者的激励方法和手段是否合适决定了人才团队的潜能发挥状况。

三、团队协作,对知识工作者进行有效激励

激励是通过对人们各种需要或动机施加影响,强化、引导或改变人们行为,达到激发个体潜能、产生更高绩效的目的。激励理论主要是对人的认识和研究,从“经济人”假设到“社会人”假设,再到“复杂人”假设。“经济人”认为人是理性的,追求自身效用最大化,工作的目的只是为了获得经济报酬。“社会人”认为人不仅有追求收入的动机和需求,还需要得到友谊、安全、尊重和归属等。“复杂人”认为人的个体需要和潜力会随着年龄的增长、知识的增加、地位的改变、环境的改变以及人与人之间关系的改变而各不相同。德鲁克提出专门针对知识工作者的激励思想,强调在知识型组织里,通过满足知识工作者的成就感,实现知识工作者的兴趣偏好,以及体现知识工作者的价值观,达到对知识工作者的激励。为此,管理者的思维方式要发生变化,要把知识工作者看作自己的合作伙伴,而不要仅仅把他们看作下属,要引导知识工作者献身于他们愿意从事的事业,而不是要求他们忠诚于所服务的组织,要建立好的体制,为知识工作者服务,而不是要求知识型员工为体制服务。对于知识工作者,要通过管理制度的安排,设立激励机制,让员工感到自己的价值,使员工有成就感,这是发挥知识型员工作用的最好方式。对于知识工作者,要充分授权,尽可能是指导性的工作安排,具体做事的方法和工作的思路尽可能尊重知识型员工的意见,不要过多地干预做事的方法,但要对结果进行控制。现代和未来的社会,受过高等教育并拥有某项专长的人才并不缺乏。但

是,人才流动加快的趋势已经呈现,优秀的人才在不同的企业、不同的行业中间快速流动。如何留住优秀人才,如何管理好人才,两者相辅相成,相互影响。对知识工作者管理好了,知识工作者感到了工作的快乐,有了成就感,有了归属感,即使工资待遇比较低,他们仍会待在该企业里,也就留住了人才。反过来,要想留住人才,必须让知识工作者获得尊严感、成就感和快乐感,否则,他们很容易找到可替代的工作岗位。现代规范的企业是优秀人才集聚的地方,对于优秀人才的争夺非常激烈,吸收进来的人才,要发挥潜能,把他安排到能发挥其专长的岗位上,这才真正做到成本最小化。针对某个具体的企业,能否吸引优秀的人才到本企业来,并能有效发挥作用,关键取决于企业高层管理者持有的理念和营造的文化。

四、考虑知识型员工的个体差异,实施分层次和分阶段激励

激励的目的是为了提高员工的工作积极性,影响工作积极性的主要因素包括工作性质、领导行为、个人发展、人际关系、报酬福利和工作环境。这些因素对于不同的企业所产生的影响不同,对不同企业的影响力排序也不同。因此,要根据不同的对象特点,制定适当的激励方式,而且在实施激励机制时要充分考虑到个体差异。

首先,坚决摒弃社会上流行的错误观念,即"能力强的人才都跳走了,留下来的都是平庸的人"这种观念。每个人都有一技之长,都希望获取游刃有余的合适环境。对于离开本企业的员工来说,说明该员工不能适应或不愿适应本企业的环境。凡是留下来的员工,说明该员工对企业环境可以接受或可以适应的,都对企业充满期待。对于长期与企业一起成长的员工,企业应该分阶段、分步骤地给予适当的财富分享,提供完善的培训,保证员工的持续激励。

其次,根据不同的岗位、不同的情况制定出不同的激励方法。对于中层管理者,特别是知识工作者,给予授权、尊重、认可,并使其富有成就感,就是最好的激励。传统的"命令式"的管理不适应对知识工作者的管理。如果知识工作者在某公司感到没有尊严感,自己努力工作却得不到直接上级的认可,或者经过努力也无法过上相对体面的生活,说明该企业的激励机制存在问题,可能是高层管理者

缺乏激励的理念,也可能是激励机制没有设计好。在物质财富不是很充分的情况下,物质激励仍然是重要的激励方式,所以,绩效奖金、福利待遇仍是广大中层员工的重要激励来源。对于基层员工,一份良好的薪水报酬能起到很好的激励效果,如果再有精神激励和文化熏陶,激励效果明显出现。

再次,关于高层管理者股权激励。高层管理者可以定义为对企业发展起到重要作用的员工全体。一般来说,股权激励要考虑三个维度:职位高低、贡献大小和工作时间长短。首先,职位处于中高层管理者范畴团队中,能胜任所处的岗位。其次,根据对公司做出的贡献大小进行排序,贡献越大,股权奖励也越大。再次,工作年限达到一定程度后,方可考虑进入分阶段股权激励的候选人序列。例如,在本在公司 3 年以上的、5 年以上的、10 年以上、15 年以上的,愿意继续为本组织工作的,可以分阶段给予股权奖励。在同等贡献条件下,在本企业工作的年限越长,奖励的幅度应该越大。股权激励之后,更重要的是保持持续的精神激励,要为每一个愿意留下的知识工作者提供发挥作用的平台,让每一个知识型员工真正实现自身价值,为公司做出成绩。如果闲置一个知识工作者,即使给再多的股权,也无法达到激励效果,反而促进该员工消极等待股权到期后套现走人。当然,对于员工的跳槽应正确对待,员工的合理流动符合企业发展的规律,有利于公司的发展,同时也有利于员工自身的发展。当员工不再适合本公司的环境时,或者不能、不愿在这个环境下工作,跳槽是一个双赢的选择,可以给员工带来新的环境,同时,可以腾出岗位,引进新的员工。

案例 5-2

郑州电缆有限公司首家导入韩国新范式

郑州电缆有限公司是一家生产电线电缆产品的大型科技型企业。公司创建于1959 年,是原机械工业部的直属企业。2007 年 9 月改制重组后,成立郑州电缆有限公司,公司注册资金三亿元人民币,主营各种电线电缆和电缆材料。郑州电缆改制后,积极进行组织变革,2012 年开始,借助韩国新范式学院咨询机构的力量,引入新范式,打造学习型高绩效组织。郑州电缆是中国第一家引入韩国新范式的企业,2012 年下半年,取得导入新范式的初步成效,企业进入良性发展状态。

新范式是在韩国柳韩—金佰利实践的基础上提出的组织变革模式。柳韩—金佰利前 CEO 文国现先生及其管理团队是新范式的实践者,吸收并创造性地应用德鲁克和其他管理大家的管理思想,提出以持续学习为主要特点的新范式,并通过韩国新范式学院平台在韩国广泛传播。新范式的主要内涵是建立持续学习组织,把员工培养成知识工作者,发挥每个学习小组的智慧,打造一种高绩效组织。韩国共有两百多家企业推行了新范式,并取得较好的效果。文国现先生作为新范式的实践者,致力于在中国推广新范式,为提升中国企业的管理水平做出贡献。

为了配合好新范式的导入,郑州电缆从组织安排、运作机制和实际效果三个方面做了周密计划。专门成立了新范式项目运营委员会、新范式项目设计团队和新范式项目快速改善团队,为新范式推广和引进提供组织保证。运作机制是韩国专家团队承担教练角色进行现场指导,而郑州电缆的新范式项目设计团队和快速改善团队充当运动员角色,进行参与式操作训练。通过"愿景"分享、胜任力探讨、学习体系建设、提案和快速改善,构建高绩效组织。新范式的导入经历三个阶段:第一个阶段是新范式的基础培训。2011 年 6—12 月,对郑州电缆新范式实践的主要成员进行集中培训,培训内容包含新范式的基础理论和基础知识,让员工了解新范式的理念和方法。第二个阶段是新范式推广。2012 年 3—5 月,韩国专家团队进驻郑州电缆,与郑州电缆员工共同探讨和实践新范式,基于目标导向,进行"愿景"分享、提案、快速改善、胜任力模型建立、终身学习体系建设等。第三个阶段是新范式的长期实践和坚持,强调新范式的落地,保证实际效果。2012 年 6 月之后,郑州电缆新范式工作团队继续推行新范式,制定详细的执行计划,打造终身学习的高绩效组织。

新范式致力于打造终身学习体系,建立高绩效组织。新范式鼓励员工持续学习,把最基层的员工培养成具有某种专业技能的知识工作者。新范式的导入过程是培养知识工作者的过程,也是发挥知识工作者主观能动性的过程。韩国新范式专家团队并不直接告诉郑州电缆的员工如何去做,而是完全依靠郑州电缆基层员工的智慧和力量,引导他们归纳出企业愿景,推进快速改善,提炼胜任力模型。新范式咨询专家采取引导和鼓励的方式,通过肯定式探寻的方式,激发员工参与企业的"愿景"分享、快速改善和胜任力探讨。在"愿景"分享、快速改善的过程中,安排同一层级的员工在同一个讨论小组,采取无领导的小组讨论方式,每个人不会受制于领导的意愿,可以充分地、自由地发挥。郑州电缆建立以"愿景"为中心的分享体系,员工通过反复提炼,明确了"使命"和"愿景"。郑州电缆的使命是为社会承载动力,传递光明;郑州电缆的"愿景"是受社会尊重的最佳企业。其次,建立快速改善运行体系,主要是构建项目团队,发动基层员工,寻找身边工作中存在的不方便、不顺畅、不合理的地方,研究改善方案,对于快速改善的工作给予评估和奖励。再次,针对胜任力模型建立培训学习体系,建立胜任力模型为中心的培训学习系统。成员所需的胜任力包括基本胜任力、职务胜任力和领导胜任力,以此为基础,制定开发胜任力的培训计划。

对于新范式的导入,郑州电缆员工表现出很大的热情,员工的状态发生了巨大变化。每个员工开始关注周围的工作,基于目标导向寻找可以快速改善的地方,并且积极参加公司的学习培训。生产现场摆放有序,工作环境不断改进,工作流程持续优化,工作效率持续提升(见图5-9)。新范式的导入是一次意义深远的组织变革,通过参与式管理和持续学习体系的建立,使员工的状态发生巨大变化。

图5-9　郑州电缆厂房内景和交联立塔外观

★ 自测题

1. 为什么企业组织变革可以看作项目来管理？

2. 企业组织变革为什么是适应外部环境的重要途径？

3. 如何理解企业文化对企业效率的巨大影响？

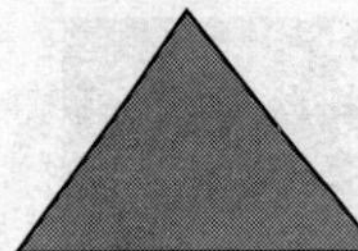

第6章　流程优化项目管理

本章精要

战略、组织、流程相互关联。战略决定组织,组织与流程相互适应。对一个企业来说,在战略明确的条件下,是先设计流程,再确定组织,还是先确定组织,再设计流程?这是企业管理者经常提出的问题。其实,流程和组织是相辅相成的,一般来说,先有流程,后进行组织结构的安排,组织要服从于流程,为流程的制定提供一定的空间。但是,在既定组织下制定流程也未尝不可,因为这时的流程要在组织框架下制定,只是多了一个约束条件而已,即组织结构已确定。

6.1　认识流程的价值

流程(Process)反映各项工作的先后顺序,合理的流程可以提高工作效率,降低或规避风险,反之,不合理的流程增加工作的多余环节或动作,降低工作效率,而且应该控制的风险无法达到控制的效果。对企业来说,流程可以分为生产流程和管理流程。相对来说,生产流程比较稳定,在工艺设计和设备安装时就基本确定,应该在事前做好生产流程的论证工作。管理流程相对比较容易变换,可以根据需要优化调整流程,这里主要讨论管理流程。詹姆士 · 钱皮(James Champy)与亚蒙 · 哈默(Armand Hamer)提出业务流程再造(BPR)的思想,主要观点是对工作流程进行重新思考并彻底改革,当然,业务流程是否需要再造、如何再造,是另外一个层面的问题,这里关键是告诉我们一个道理,流程代表规则和制度,流程决定着运营风险,流程决定着运营效率,我们要选择合适的流程,并及时进行优化,保证企业在高效和低风险状态下运行。

一、流程给企业带来的价值

1. 流程可以建立相对固化的工作路径和运行规则

Eric. G. Flamholtz 和 Yvonne Randle(2004)把企业成长分为创业阶段、扩张阶段、规范化阶段和巩固阶段四个阶段。无论企业处于创业阶段、扩张阶段、规范化阶段还是巩固阶段,都需要有流程来规范工作路径,并形成运行规则,只是规范化阶段和巩固阶段,通过流程规范路径和规则的迫切性更加强烈。在流程设计环节,明确工作路径,设定具体的风险控制点。在流程各个环节中合理授权,发挥各个环节的主观能动性,可以保证组织高效运行。流程解决了部门与部门、岗位与岗位的输入和输出关系问题,明确了各自的职责所在,使企业运行和管理从"人治"转向"法治",从而保证企业处于良性有效运行状态。流程要满足项目目标,促进多目标的实现。战略管理流程的主要目标是确定企业的发展方向,做正确的事。通过发掘企业资源,结合外部环境和变化趋势,获取竞争优势,同时,保证每一阶段战略思想的有效落实。组织管理流程的主要目标是建立合适的组织结构和管控体系,选择合适的人去做正确的事,通过人才开发、晋升与任免等途径,保证员工的行为、结果与组织的战略目标保持一致。投融资管理流程的主要目标是识别和控制重大投融资的各种风险,进行科学论证,审慎决策,保证资金链的安全,避免企业遭受重大财务风险的冲击。资金管理流程的主要目标是保证预算内和预算外经营和投资资金的安全。

2. 流程打破职能部门之间的障碍,促进协同效应的产生

传统的管理活动往往是基于职能部门的分工,存在条块分割、协同不力的状况。基于流程的管理打破这种状况,工作的流程贯穿于几个职能部门,每个职能部门都清楚在流程中需要承担的任务,每个相关职能部门都需要按要求完成流程中的具体工作。多个职能部门协同做一件重大的事情,克服了独立职能部门无法

完成重大任务的困难,基于流程的工作促进了企业内部资源的共享。随着流程的磨合及优化,企业的信息和交流更加通畅,流程带来的运行效果会变得非常明显。对任何工作,基于流程的管理打破了部门障碍,优化了资源配置,提高了管理效率。战略规划的流程、组织变革的流程等使企业走向规范化,促进企业从经验管理向科学管理转变。流程设置多个控制环节,按流程做事可以有效控制重大风险,形成强大的、不依赖人的制度执行力。管理流程使企业开始关注发挥团队协作的作用,组建跨职能工作团队,增加流程意识,给管理层适度授权,使企业管理拥有新的协作方式,促进了协同效应。流程是多种知识的综合,流程的背后需要广博的管理知识支撑,使企业开始关注对各种知识要素的学习和有效运用,进一步促进学习型组织的形成。

3. 流程优化消除不增值的环节和动作,提高工作效率

管理流程的优化主要是诊断并发现不创造价值的环节,消除这些多余环节,实现效率最大化,这个过程就是流程优化的过程。流程优化的过程就是精细化管理的过程,精细化管理也是积极发现并消除工作中的非增值环节。流程优化首先要进行流程优化的需求调查,经过诊断发现不能创造价值的流程。善于发现非增值的环节是流程优化的第一步,也是重要的一步。多数情况下,人们不能发现非增值的环节,而是认为该环节是正常存在的。实际上,通过深入研究之后,就会发现很多环节和动作是多余的,并没有创造价值。在此基础上,消除这些多余的环节和动作,使流程简化。流程的优化不仅是流程的简化,还包括流程的合理化。随着环境的变化和内部条件的变化,流程需要增加环节和调整次序,使流程更加符合实际的需要。流程的简化或合理化需要持续进行,保持流程的持续优化过程。管理流程优化以组织使命和目标为基础,以外部市场为导向,关注核心流程,集中精力做最关键的事。流程优化的关键点在于抓住核心流程,避免陷入“大而全”的流程管理误区。核心流程的控制点要明确。抓流程,主要是抓控制点,该控制点就是决策环节,在核心流程中的决策环节,务必建立科学决策机制,避免决策的随意性。管理流程的制定基础是组织结构稳定、权责分配明确、经营定位与核心战略明确。流程的后续工作是对应制度的配套和对应表单的配套。流程的建立或优化要遵循“先重点、后一般，逐步推进”的原则。企业树立流程思想，逐步推进流程建设，先确定核心流程，把握核心问题，保证不出大的问题。而一般的流程慢慢建立，稳扎稳打。流程优化过程既锻炼了管理层，又让管理者熟悉自己设置的“子流程”，既发挥了员工的智慧，又提升了员工的积极性。企业应尽量避免在同一时间进行大规模的、大范围的流程再造，企业如果在短期内需要按照几百个新流程来运行，可能引起混乱，容易陷入流程陷阱。

二、流程优化是一个持续的过程

流程具有动态性特征。在企业成长的四个阶段中，创业阶段和扩张阶段的企业属于创业型企业，规范化阶段和巩固阶段的企业属于管理规范型企业。创业型企业以企业家的典型技能为重点，管理规范的企业以企业家精神为导向。成长期的重要任务是确定市场和开发产品，寻找市场切入点。扩张期的重要任务是建立起运营体系，使企业能够高效地运营。规范化阶段的主要任务是建立管理体系，强调计划、组织、激励、领导和控制。巩固阶段的重要任务是进行企业文化建设，强化企业的价值观、信念和行为规范。在创业阶段和扩张阶段，不需要规范完备的流程，组织和流程简单高效就符合该阶段的要求。在规范化阶段和巩固阶段，流程需要规范和完备，真正达到计划、组织、激励、领导和控制的效果。在规范化管理的企业里，流程需要持续优化，流程优化需要与战略发展和组织变革相互衔接，促进组织的有效运转。企业的流程经过一段时间的运行，发现存在不适应的时候，流程需要优化。企业流程变化时，组织结构也要跟着调整，反过来，组织结构调整了，流程可能也要跟着变动。或者，外部环境或内部情况发生了较大变化，企业的战略和流程需要调整，流程变化可能导致企业的组织调整，企业组织的动态性特征也主要体现在这里。组织的动态性并不是组织结构随意的调整，对企业来说，组织是稳定性和动态性的统一。首先要保持组织结构的相对稳定，至少在一年内保持稳定；其次才是动态性，外部环境或内部条件发生了变化，原来的组织结构已不能适应支撑战略的实施，这时需要调整组织。如果在短期内调整组织结构，对企业的危害比较明显，员工无所适从，产生担心、忧虑或不安的情绪。除非企业处于异常情况下，要保持组织的相对稳定性，同时，树立组织动态性的理念，选择适当的时机根据外部环境和内部条件进行组织调整。同样，流程是动态的并不是说流程经常要变动，也要保持一定的稳定性。因为流程变化需要企业付出协调成本和机会成本，还会带来人事变更和人心不稳，可能造成人才流失的后果。

三、管理流程的基本分类

管理流程相对繁杂一些，可以有不同的分类，根据流程的重要性，可以把流程分为核心流程、一级子流程、二级子流程，甚至三级子流程。核心流程是最重要的流程，而一级子流程是核心流程的深化，二级子流程是一级子流程的深化，以此类推。对于企业的管理流程来说，核心流程可以包括但不限于以下四类：战略管理流程、组织管理流程、预算管理流程、风险管理流程。对于流程本身而言，简单、有效、适用，就是好的流程。

（一）战略管理流程图

1. 战略管理的基本路径

战略管理的基本路径是战略规划、战略执行和战略评估。首先要进行战略规划，这是战略管理的基础，由战略委员会或董事会审批；战略规划批准后，进入战略执行阶段，战略执行是战略管理的重要环节，战略执行主要落实在每年的年度经营计划上，年度经营计划由预算委员会审批；企业定期或不定期地进行战略评估，战略评估是战略推进的控制环节，由战略委员会负责，而年度经营成果则由预算委员会评估，每月进行一次评估和判断。

2. 战略规划的关键控制点

战略规划由战略委员会或董事会审批，主要审查企业发展方向是否正确，企业的市场竞争战略是否合适；正式的战略评估也应该由战略委员会负责，主要审查是否按照战略执行计划推进，是否达到阶段性战略目标，外部环境或内部条件是否发生重大变化，是否需要进行战略性调整，通过过程控制保证实现战略目标；年度经营计划由预算委员会审批，主要审查下一年度经营思路是否正确，经营预算指标是否合理，经营安排是否符合战略执行计划；每年的经营成果由预算委员会评审，主要审查是否完成分解在本年度的战略指标和战略性任务，年度经营指标是否符合年度预算。战略委员会或董事会的战略评估分为季度评估、半年度评估和年度评估；预算委员会对年度经营成果的评估主要按月度进行（见图6－1）。

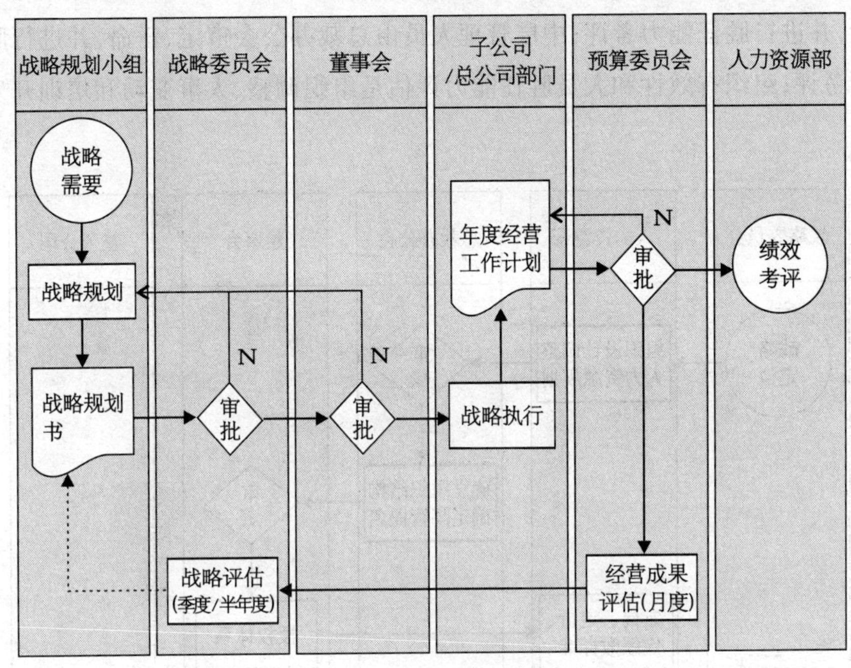

图6－1　战略管理流程

（二）组织管理流程图

1．组织管理的基本路径

组织管理包括组织设计或组织变革，组织管理的基本路径是组织设计、人员安排、授权体系、激励机制、绩效评估。组织设计或组织变革的基本路径如下，见图6－2。根据战略定位进行组织设计和人力资源规划；根据公司治理结构，公司总裁由董事会提名，总裁可以提名副总裁等高管；总裁办公会讨论形成组织结构和其他高管人员设置的定稿，报请董事会审定；董事会建立授权体系，由总裁办公会对组织的有效性和人员胜任能力进行评估。

2．组织管理的关键控制点

组织设计或组织变革或人力资源规划主要审查点是组织结构和人员安排是否符合公司的战略定位，能否促进战略的实施；授权体系包括财务授权和管理授权，这是总裁办公会进行组织评估和人员评估的依据。高管人员由董事会审定、任命，并进行胜任能力考评；中层管理人员由总裁办公会审定、任命，并进行胜任能力考评；组织有效性和人员胜任能力评估是组织调整、人事变动和培训开发的依据。

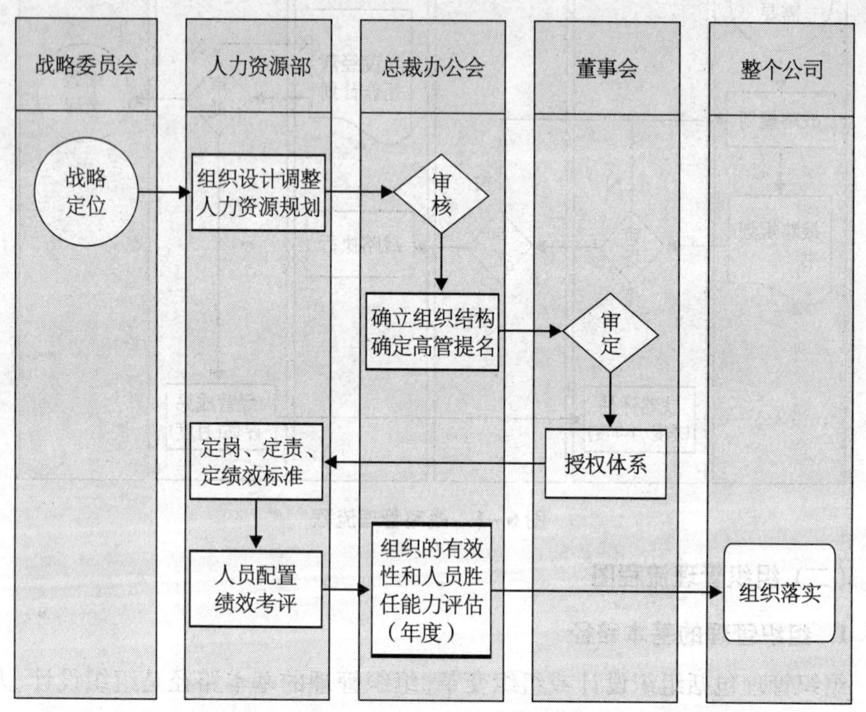

图 6－2　组织管理流程

（三）预算管理流程图

1．预算管理的基本路径

预算管理的基本路径是预算制定、预算执行和预算评估和调整。集团成立预算工作小组，负责牵头制定预算；各业务单元和集团制定好年度预算之后，要经过集团总裁办公会审核，然后报请集团的预算委员会审批，预算委员会是预算的最后把关机构，对董事会负责；各业务单元和集团执行预算，集团的职能部门、业务发展部门和财务部门进行预算执行评估，对预算执行情况进行月度评价。

2．预算管理的关键控制点

预算工作小组的成员来自财务、业务、人力资源和审计等各个职能部门，属于专业人员，从各个视角审核和平衡预算。总裁办公会审核预算，主要审查各个业务单元的预算平衡问题和经营计划；预算委员会审批预算，主要审查预算是否符合战略要求问题。企业推行全面预算的管理方式，具体管理流程见图 6 –3。

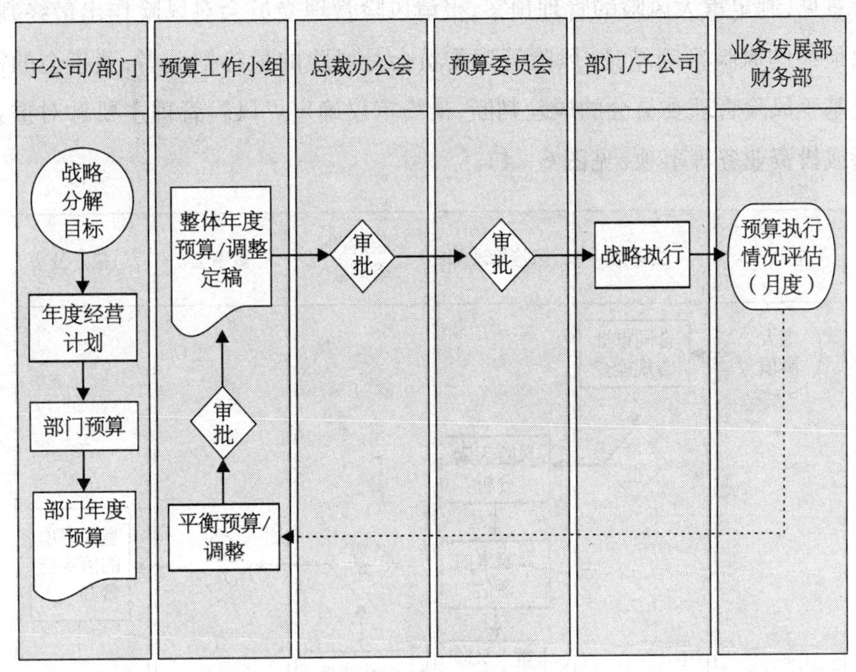

图 6 –3　预算管理流程

（四）风险管理流程图

1．风险管理的基本路径

风险管理从风险因素分析开始，经过风险预评估、风险预案的制订、风险过程评估、风险控制等路径。在这个路径上，法务部门要从合法、合规方面进行把关，从法律视角保护企业利益。风险管理部是专业的风险管理部门,对风险管理起到重要作用;风险管理部在风险预评估、风险预案的制订、风险过程评估、风险控制环节都需要进行专业把关。风险管理委员会代表公司的最高风险管理机构,给出最终的风险判断,也是董事会最终审批项目的重要依据。

2. 风险管理的关键控制点

风险管理是保证企业安全运行的重要环节,对于重大事项,必须严格执行风险管理的流程。凡是进入风险管理流程的重大项目,首先要经过法务部的合法、合规审核,保证不违反法律;然后,风险管理部进行深入的风险分析和评估,给出专业意见,制定重大风险的管理预案,报请风险管理委员会对风险作出最终判断,给出最终的风险判断结论,风险管理委员会是风险的最终把关者;董事会的审批主要基于风险管理委员会的风险判断,最终审议确定。风险管理主要针对重大的经营或投资业务等事项(见图6-4)。

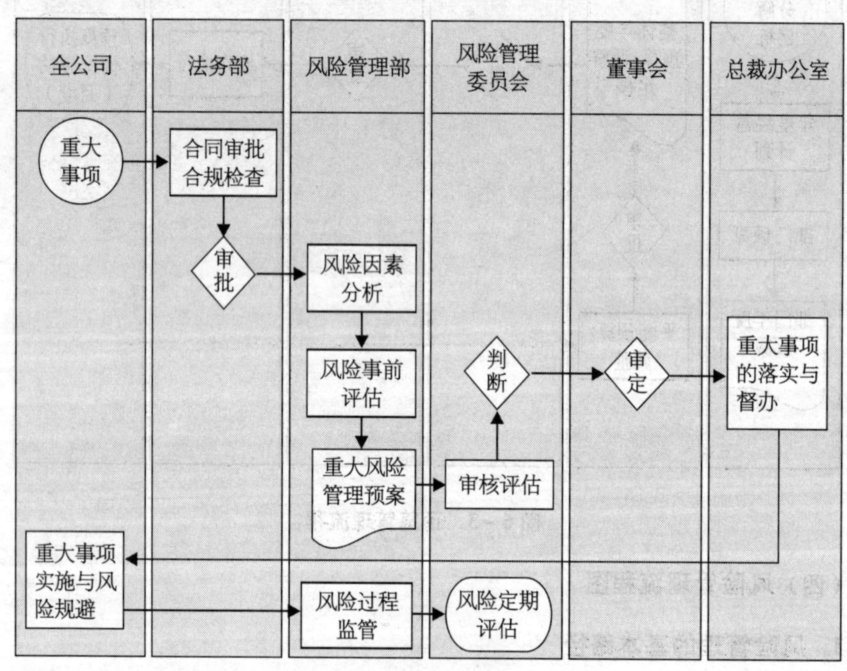

图6-4 风险管理流程

6.2　流程优化项目的计划

企业对管理流程进行优化，具有一次性和独立性特征，所以，可以看作一个项目，按照项目管理的模式来运作。首先确定项目目标，然后组建团队，进行工作任务分解，责任分配，制定时间计划、成本计划、质量计划，按照计划有效推进，实现流程优化的意图，达到流程优化的目标，在推进项目的过程中，及时反馈和纠偏，项目完成后，及时总结验收，并进行后评价，反映项目的实际效果。

1. 确定流程优化项目的目标

从2013年5月1日—2013年8月1日，用90天的时间，预算50 000元人民币，对企业管理流程进行诊断，寻找流程不畅或者效率低下，或者风险关注不足的流程，对该类流程进行优化，达到流程通畅、效率提升、风险可控的效果。

2. 组建流程优化项目工作团队

从相关部门抽调合适人员，成立“流程优化工作小组”，由分管企业发展的副总裁担任组长；组员从各个部门负责人中间抽调，主要是具有管理专业背景且有工作经验的员工构成，人员做到专业全覆盖。也可以外请专家团队帮助流程优化，即使外请咨询公司，本企业的人员要也要全程参与，组成联合工作团队，人员构成见表6－1。流程优化项目工作团队是“跨职能工作团队”，对总裁负责，属于弱式矩阵型组织结构。

表6－1　流程优化工作小组核心成员

序号	姓名	职务	具体职责	原公司职位	联系方式
1	张舟	组长	制订计划，流程优化、有效推动	分管副总裁	－
2	赵嵌	副组长	参与流程诊断，主管生产流程优化	业务总监	－
3	李伟	组员	参与流程诊断，主管管理流程优化	财务总监	－
4	薛叶	组员	参与流程诊断，参与流程优化	审计总监	－
5	王汶	组员	参与流程优化，流程培训	人力资源总监	－
6	章正	组员	参与流程优化，流程培训	运营经理	－
7	韩许	组员	提供信息支持，文本工作	财务经理	－
8	其他	组员	其他	其他	－

项目工作团队设立成组织结构图，设立1名流程优化小组组长，下属四个部门，分别是流程调研组、生产流程组、管理流程组和辅助服务组，每个小组设置2—3个专员岗位（见图6－5）。

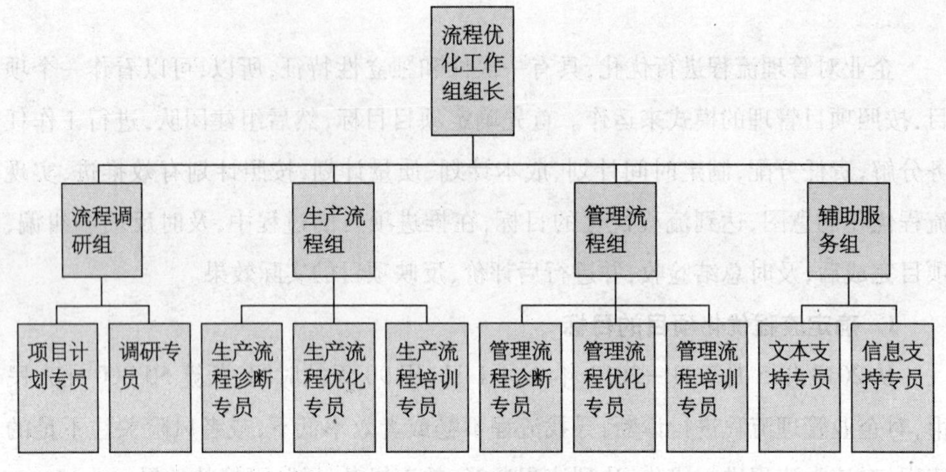

图6－5　组织结构图

3. 工作任务分解

流程优化是一个复杂的过程，工作任务比较多，可以通过工作任务分解结构图的形式列举需要做的任务。首先，需要前期的流程诊断和调研，找到流程中需要改进或需要减少的环节。在此基础上，通过反复讨论，形成流程优化的基本方案。在流程优化之前，还要做好一个环节，就是要进行流程培训。通过现场演示和评估培训，让员工从概念到现场都有一个清楚的认识。接下来，进入流程优化和设计阶段，去掉不创造价值的环节，设置新的流程。最后，对新的流程进行试运行，提供技术支持，评估运行效果，实现流程的优化。工作任务分解结构见图6－6。

4. 责任分配矩阵

针对工作任务分解结构，安排合适的部门或个人负责每一个工作。责任分配矩阵明确直观地描述每项工作谁负责、谁参与、谁审批、谁监督；全体员工都明确自己的责任，也知道在哪些方面需要配合队友的工作，有利于各项工作的开展（见表6－2）。

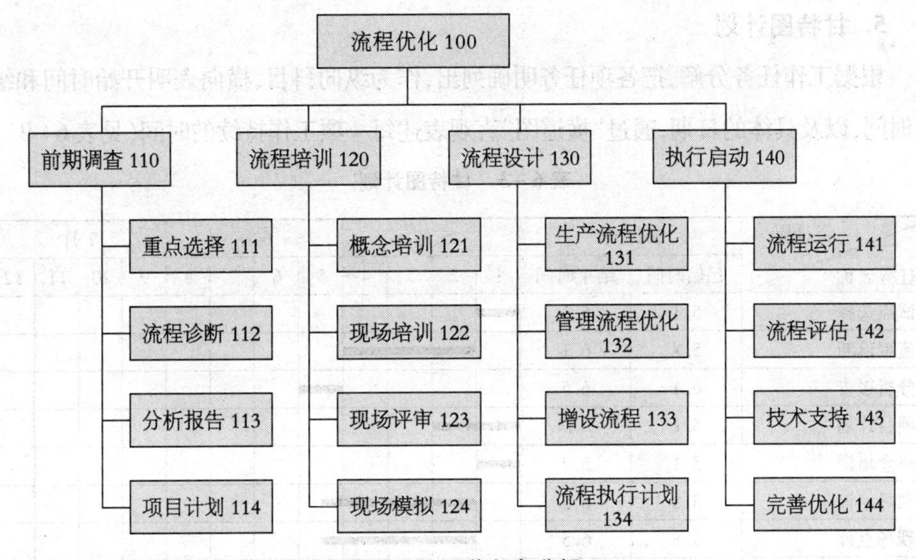

图 6－6　工作任务分解

表 6－2　责任分配矩阵

编码	任务名称	调研组	生产流程组	管理流程组	辅助服务组	项目负责人	其他
111	试点选择	F	C	C	–	S	
112	流程诊断	C	C	F	C	J	
113	分析报告	C	C	F	C	S	
114	项目计划	F	C	C	–	C	
121	概念培训	–	–	F	–	J	
122	现场培训	C	F	C		J	
123	现场点评	–	F	C	C	J	
124	现场模拟	C	C	F	C	C	
131	生产流程优化	C	F	C	C	S	
132	管理流程优化	C	–	F	J	S	
133	增设流程	C	C	F	J	S	
134	流程执行计划	F	C	C	–	S	
141	流程运行	C	F	C	J	S	
142	流程评估	C	F	C	C	J	
143	技术支持	–	–	–	C	F	
144	完善优化	C	C	C	C	F	

注：F 负责；C 参与；S 审批；J 监督

5. 甘特图计划

根据工作任务分解，把各项任务明确列出，作为纵向科目，横向表明开始时间和结束时间，以及具体的日期，通过“横道图”直观表述每一项工作持续的时间（见表6-3）。

表6-3 甘特图计划

年月周 任务名称	2013年		5月				6月				7月			
	起始时间	结束时间	1	2	3	4	5	6	7	8	9	10	11	12
试点选择	5.1	5.7												
流程诊断	5.8	6.1												
分析报告	6.1	6.5												
项目计划	5.1	5.14												
概念培训	5.1	5.7												
现场培训	5.8	6.5												
现场点评	5.8	6.5												
现场模拟	5.8	6.5												
生产流程优化	6.5	7.15												
管理流程优化	6.5	7.15												
增设流程	6.18	7.15												
流程执行计划	6.20	7.1												
流程运行	7.1	7.31												
流程评估	7.1	7.31												
技术支持	7.1	7.31												
完善优化	7.25	7.31												

6. 流程优化的里程碑计划

流程优化是一个艰苦的过程，根据甘特图进度计划，设置重要的里程碑事件，包括流程诊断完成、流程培训完成、流程优化设计完成、流程优化执行启动，每一个里程碑计划反映了流程优化的重要节点，对整个项目起到关键性作用（见表6-4）。

表6-4 里程碑计划

编码	里程碑进度	时间	成果
1	流程诊断完成	2013年6月1日	流程诊断报告
2	流程培训完成	2013年6月5日	流程概念清楚　现场流程明确
3	流程优化设计完成	2013年7月5日	生产流程优化　管理流程优化
4	流程优化执行启动	2013年7月31日	优化后的流程正常运行

7. 流程优化项目的网络图计划

双代号网络图既可以反映项目的进度，又可以反映各项工作之间的逻辑关系，是比较有效的管理工具。网络图计划、甘特图计划和里程碑计划相互协调配合，并且发挥着不同的作用。网络图计划见图 6－7。

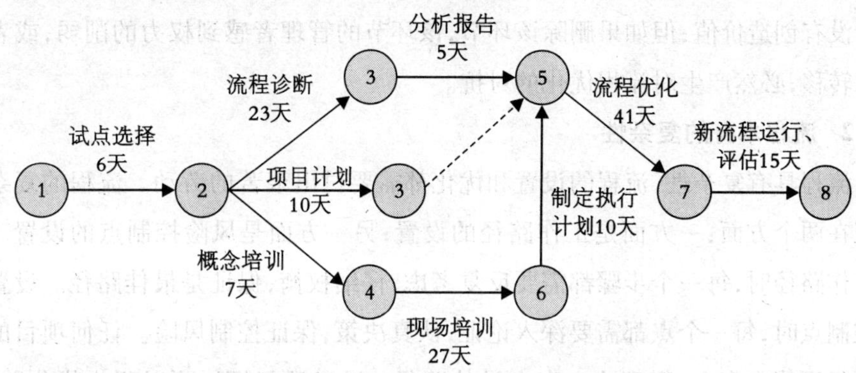

图 6－7　双代号网络图计划

8. 质量保障计划

（1）充分结合流程管理的理论知识，以理论作为后盾指导，以企业实际状况为出发点，保证流程的科学性。

（2）充分听从高层管理者和基层员工的意见，并进行反馈性讨论，保证流程的合理性。深入访谈每一位高层管理者，尽可能倾听更多基层员工的建议和意见。

（3）流程优化过程中，删除不合理的或者不增值的流程环节，设置恰如其分的控制点，规定适当权责，上下充分研讨，反复优化，通过精简流程，保证流程的高效性。

6.3　流程优化的实施和控制

一、流程优化的阻力和障碍

1. 来自管理者的阻力

管理者具有管理惯性，倾向于维持稳定，惧怕变革。管理者已经习惯于现有的管理流程，对流程优化不支持、不欢迎。流程优化可能导致权力的转移和削弱，既得权力或利益者很可能反对和抵制流程优化。流程优化可能要去掉某些环节，这些环节可能是不创造价值的，是可有可无的，但是，可能由于历史原因该环节一直存在，大家已经熟悉和习惯于流程存在，该环节的审批者享受权力带来的感觉，尽管没有创造价值；但如果删除该环节，该环节的管理者感到权力的削弱，或者权力的转移，必然产生对流程优化的对抗。

2. 流程本身的复杂性

流程具有复杂性，流程的设置和优化都需要付出艰苦的劳动。流程的复杂性体现在两个方面：一方面是工作路径的设置；另一方面是风险控制点的设置。设置工作路径时，每一个步骤都需要反复考虑，仔细权衡，保证是最佳路径。设置风险控制点时，每一个点都需要深入论证，认真决策，保证控制风险。任何项目的工作路径可能有多个，但理论上存在最佳路径。通过反复探讨可以逐步优化路径，降低成本，提高效率。在工作路径上设置合适的风险控制点，也就是决策环节。如果风险控制点设置多了，增加了不能创造价值的环节，降低工作效率；如果设置少了，应该控制的风险没有控制，带来管理上的漏洞。流程优化具有困难性。流程的优化是一个高智慧工作过程，流程稍微做些调整，流程的价值可能会大大改变，而且牵一发动全身。流程优化是一个系统工程，不能头痛医头，脚痛医脚，对流程优化工作需要项目团队集体的智慧和力量。

二、确定目标，组建项目团队，按计划推进，关注过程控制

企业项目管理首先要保证在做正确的事，其次要保证用正确的方法做事。流程优化的方向是正确的，可以说是在做正确的事，现在要考虑的是如何用正确的方法来做正确的事。按照项目管理的框架进行流程优化就是正确的方法，把流程优化看作一个项目，根据项目管理的基本框架进行流程优化。首先，确定项目目标，用多长时间，花费多少人力、财力，达到怎样的效果；其次，制定详细的进度计划、成本计划、质量保证计划、资源使用计划等，计划要群策群力，协同作战，上下反复探讨论证，共同研讨而定；再次，在项目执行过程中，要严格按计划推进，进行

过程控制，保证项目推进的效果和质量；最后，要进行项目的验收和总结，对项目的阶段性成果进行判断。

三、坚决去掉不增值的环节和动作

合适的流程可以规范审批路径，规避存在的风险，提高工作效率。任何一个流程都要经历一个逐步优化的过程，在流程优化过程中，坚持有效性原则，坚决去掉不增值的环节或者多余的动作，实现工作过程的精简性。在实际工作中，很多企业认识到流程的重要性，花了很大代价建立了很多流程，风险因素也考虑到了，但是，有些流程太过复杂和繁琐，而且存在效用不大的环节，反而影响了工作效率。很多企业缺少了流程持续优化的环节，存在流程完整但效率低下的状况。企业在流程优化过程中，要进行深入论证和体现，找到最合适的路径和最关键的环节，删除不增值的环节，实现流程效率的提升。

四、流程优化项目的验收和后评估

流程优化项目完成之后，要进行一次验收过程，主要是对流程优化的成果进行判断，对整个项目计划的完成情况进行总结，对工作团队的绩效进行评估。验收通过之后，表示流程优化项目本身画上了一个句号。流程运行 3—6 个月之后，要进行后评价，对前期流程优化的效果做出评价。评价内容包括流程是否通畅，流程中是否还有多余的环节，流程是否控制了风险点，流程优化的战略目的是否实现。

★ 自测题

1. 企业管理流程具有复杂性特征，为什么删除不增值环节是优化流程的关键？

____

____

2. 企业流程确立工作路径,设置决策点控制风险,能认识流程的重要性吗?

3. 如何理解企业的流程优化是一个系统工程?

第三篇　投资实务

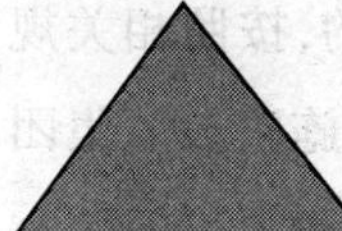

第7章 绿地投资项目管理

本章精要

企业绿地投资是传统的、典型的项目，主要是指企业投资新建的工程项目；绿地投资是一个系统性的工程，投资时间长，规模大，涉及主体多，项目管理团队代表业主对投资建设项目进行管理。企业的项目管理团队要协调多方主体，制定项目计划，按照计划有效推进，进行有效控制，保证在时间、成本范围内达到预定的质量目标。

7.1 绿地投资项目的决策

绿地投资项目是投资项目的一种类型，主要是指以形成固定资产为目标，进行决策、规划、设计、施工、投产运营的固定资产投资。绿地投资项目管理内容包括工作任务分解、责任分配、资源分配、人力资源配置、生产准备、成本管理、进度管理、质量管理、采购管理、施工招标管理、投资生产准备等。凡事预则立，不预则废。项目管理要求按计划行事，按流程办事，流程是规范，流程是保证。企业投资建设项目需要一个完整的决策流程，必须按照“项目建议书”、“可行性研究报告”和项目管理文件的顺序进行评估与决策(见图7－1)。首先，投资执行主体需要提交《项目建议书》，指出立项的依据，介绍项目概况，从公司内外部环境两方面进行分析，提出项目建议。《项目建议书》报请投资决策委员会获批后，项目正式立项，进入可行性研究阶段。《可行性研究报告》的主要功能是对项目本身是否可行做出专业判断，报请企业投资决策委员会进行审批。超过授权权限的，按照相关规定报请董事会或股东大会审批，经正式审批之后，项目进入正式实施阶段。集团相关职能部门指导项目组编制《项目建议书》、《可行性研究报告》和项目管理文件，并组织内外部专家对《项目建议书》、《可行性研究报告》和项目管理计划进行评审，为最终决策提供专业意见。

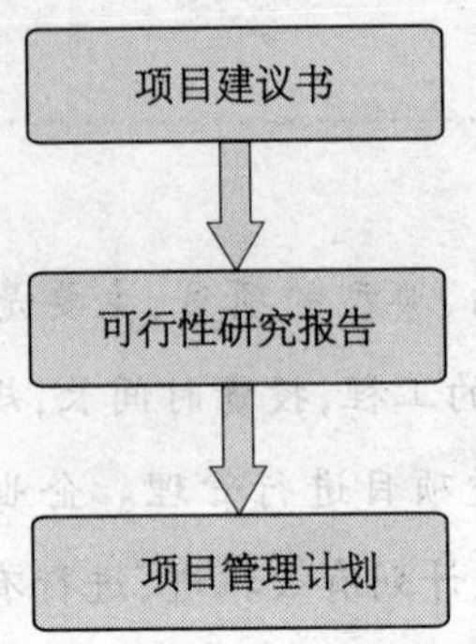

图 7-1　绿地投资的决策过程

一、项目建议书

1. 项目建议是投资决策的初始阶段

子公司或者项目发起者提出项目建议，以项目建议书的形式递交给企业的投资决策委员会。投资决策委员根据建议书，结合企业发展战略做出综合判断。项目建议书的主要功能是提出投资某个项目的建议，对整个投资建设项目做一个概述。项目建议书的主要内容包括项目方案、市场前景、投资估算、财务评价等。通过项目建议书，判断项目是否值得进行可行性研究；判断项目机会研究的效益预测是否可信；判断项目是否有关键性问题需要做专题研究；判断是否考虑了所有可能的项目方案。如果否决项目建议，该项目结束，如果肯定了项目建议，开始进行可行性研究阶段。

2. 项目建议书的基本框架

- 项目简介
- 项目的必要性

- 项目产品的市场分析
- 项目总体方案
- 生产技术和主要设备方案
- 项目组织与人员
- 项目进度安排
- 投资估算与资金筹措
- 效益和风险初步分析

二、可行性研究报告

1. 可行性研究报告的主要功能

可行性研究是项目建议的延伸,是对投资项目进行可行性研究,是企业投资决策的关键环节。可行性研究报告对企业来说是投资决策的重要依据。对外部来说,可行性研究报告是政府审批或核准的依据,是申请贷款的依据,也是初步设计的依据。可行性研究报告可以委托工程咨询公司编制。对于政府核准或审批的项目,可行性研究报告必须由有资质的工程咨询公司编制。企业为了满足投资决策的需要,也可以自行组建团队进行可行性研究。可行性研究必须是覆盖多个专业的工作团队,包括土建工程、设备、机械、技术、市场、财务等专业的专家,大家尽可能做到专业互补,保证可行性研究的科学性。

2. 可行性研究报告基本框架

- 项目建设理由与条件
- 市场分析及预测
- 场址条件与场址选择
- 原材料、燃料、动力供应
- 工程、技术、设备方案
- 总图运输方案
- 环境保护方案
- 劳动安全卫生与消防设施方案

- 组织机构与人力资源配置
- 资源利用分析
- 节能分析
- 环境生态影响分析
- 投资估算
- 融资方案
- 财务分析
- 经济评价
- 社会评价
- 不确定性分析
- 风险分析
- 综合评价及结论和建议

3. 可行性研究报告审查重点

(1) 市场分析审查要点。市场分析的数据可能来自于市场调查,包括问卷调查、实地考察、文献调查、实验调查等方法。市场调查可以包括市场需求的调查、市场供给的调查、消费者调查和竞争者调查等,根据需要可以进行其中某一方面的调查,也可以是全面调查。如果数据来源于市场调查,重点审查调查方法的合理性和调查数据的可靠性。市场分析的数据也可能来自于市场预测,市场预测可以是定量预测,也可以是定性预测。定量预测是根据统计数据建立数学模型,对未来市场进行预测,如回归分析法、加权移动平均法。定性预测则是凭借专家的经验,根据掌握的信息,运用一定的方法,对市场的发展做出主观判断和描述,如专家会议法、德尔菲法。如果数据来源于市场预测,重点审查市场预测方法的合理性和市场预测数据的可靠性。

(2) 整体方案的审查要点。项目的整体方案包括技术方案、设备方案、工程方案和产品方案等。技术方案主要指生产工艺的选择、生产流程的选择和技术方案的比选,包括生产方法和产品标准、技术参数和工艺流程、主要工艺设备选择、主要原材料、燃料、动力消耗指标、主要生产车间布置方案等。技术方案的基本要求是技术的先进性、适用性、可靠性、安全性、经济性。设备方案包括主要设备的选型、主要设备的清单、主要设备的采购方式、主要设备的报价，深度达到采购订单要求。产品方案包括主导产品、辅助产品的品种、产量、规格、质量标准，及其生产能力的组合。重要审查产品方案是否与技术、设备、原材料供应等方案协调一致；工程方案主要整个工程的概况和建设规模是否合理，表现为投入产出是否合理。

(3) 投资估算的重要审查点。投资估算包括固定资产估算和流动资金估算。估算的主要依据是专门机构规定的建设项目费用构成、估算定额、计算方法等，拟建项目所需的设备、材料的市场价格和建设方案确定的建设内容与工程量。投资估算的审查重点：①投资估算的准确性，包括费用种类是否齐全、依据是否充分、计算是否合理、方法是否科学等，一般来说，最终的投资估算误差率不得超过±10%，否则投资估算不准确，需要重新进行投资估算；②投资估算的合理性。根据投资项目工程量的大小以及专家的知识和经验做出判断，投资估算与项目的实需资金是否匹配以及匹配程度。

(4) 财务分析的重要审查点。财务数据的预测依据和预测方法的合理性。财务数据是财务分析的基础，正确的财务数据是财务评价指标的关键。重点审查财务数据的计算过程及数据的准确性及合理性、获取数据所采用方法的科学性、数据作为决策依据的合理性。预测的财务报表包括损益表、资产负债表、现金流量表(经营、投资、融资)，以及相对应的附表，如经营收入表、总成本费用估算表、应纳税及附加估算表、借款还本付息计划表等。从财务指标视角把握投资项目的可行性，主要包括盈利能力、偿债能力、财务生存能力，净现值、内部报酬率、静态和动态的投资回收期等主要指标反映项目的可行性，财务生存能力较强的标志是有足够的净现金流来维持项目的正常运营。

(5) 不确定性分析和风险量化评估时的重要审查点。盈亏平衡点的高低。重点审查不确定性程度，权衡对投资建设项目的影响程度。敏感性因素分析重点审查对敏感性因素变化的应对措施，以及控制不确定性措施的有效性。风险因素的识别重点审查是否准确把握风险因素，是否抓住了“关键风险”因素；风险发生的可能性评估重点审查内外部专家打分的合理性与科学性;风险产生的影响程度评估重点审查内外部专家打分的合理性与科学性。

4. 可行性研究的基本流程

可行性研究是决定是否进行项目投资的关键环节,主要是对整个项目的方案进行详细论证,给出是否可行的结论,结论体现在可行性研究报告上。投资方组建项目组,组织相关人员进行可行性研究,形成可行性研究报告。可行性研究报告先报到集团的主管部门项目管理部,项目管理部组织内外部专家对可行性研究报告进行评估,给出专业意见。然后上报到集团投资决策委员会,投资决策委员会作为决策部门,对项目具有最终的审批权。如果通过审批,由分管项目的职能部门办理可行性研究报告的批复手续。如果没有通过审批,该项目终止或重新进行可行性研究。可行性研究报告审批流程见图7-2,具体的附表见表7-1。

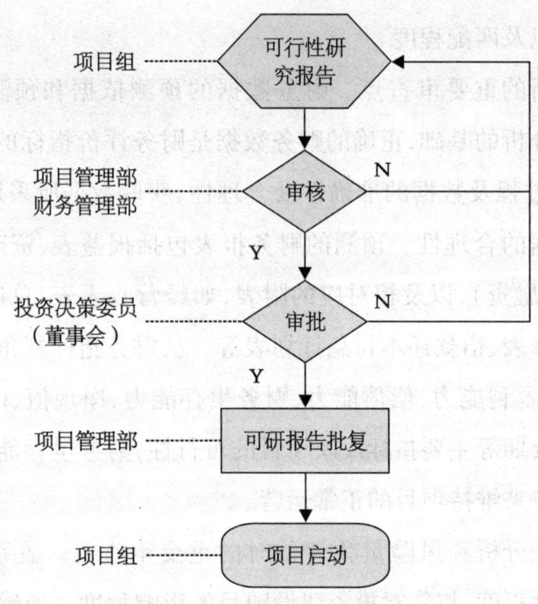

图7-2 可行性研究报告审批流程

表 7－1　项目可行性研究报告批复表

项目名称		申请时间	
投资总额		批复时间	
责任人			
对项目可行性的主要意见： 项目负责人签字：　　　　　　　　日期：			
集团项目管理部、财务管理部的审核意见： 责任人签字：　　　　　　　　日期：			
投资决策委员会的批复意见： 负责人签字：　　　　　　　　日期：			

7.2　绿地投资项目管理计划

可行性研究通过之后，该项目正式启动。项目启动之后，项目组需要编制项目管理计划(Project Management Plan，PMP)。项目管理计划是指导项目执行环节的重要纲要性文件。项目管理计划是项目正式批准后，由项目管理团队制定的文本性资料，是整个项目管理的基本依据。项目管理计划包括项目组织结构、项目进度计划、项目资金使用计划、项目质量管理计划、项目管理工作流程和风险管理计划，也需要报请决策委员会批准。其中，进度计划包括网络图计划、甘特图计划和里程碑计划；工作流程包括项目管理流程、项目用款申请流程、项目招标管理流程、采购审批流程、合同审批流程、信息传输流程、设计变更流程等。在项目开始进行之前，项目管理团队对于项目团队责任分配、进度计划、资金使用计划、质量保证计划、招标计划、风险控制计划、各项工作流程要进行充分讨论。企业相关职能部门指导项目组编制项目管理计划，做到计划科学、形式规范，对于不合规范的材料或者不合适的流程提出修改意见。

一、确定绿地投资项目目标

总投资额为75 339万元，总工期为24个月，即2013.1.1—2014.12.31。在总投资额和总工期范围内，建成符合生产功能要求的现代化的生产厂房建设，完成一切生产设备安装调试并试运行，并为全面投入生产做好充分准备。

二、确定项目管理团队

对于绿地投资项目，成立专门的项目管理团队。项目管理团队可以从属于某个职能部门的领导和管理，即部门内控式组织结构；也可以是矩阵式组织结构，组建“跨职能工作团队”。项目管理团队组织见图7-3。主要管理人员岗位设置见表7-2。

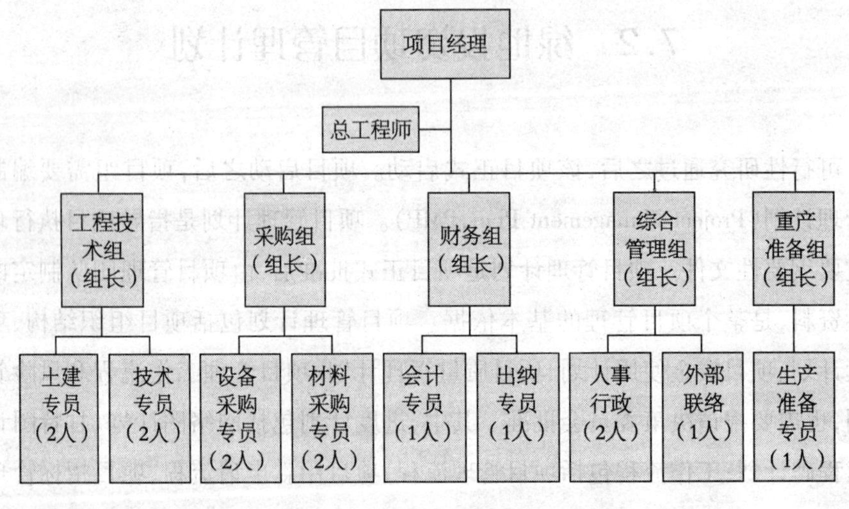

图7-3 项目管理团队

1．项目经理职责

• 对公司决策层负责，根据公司授权范围对项目建设全面负责；

• 组织项目实施方案制定，上报公司审批后，接受公司签发项目任务书；

• 负责项目实施的组织、协调、管理、控制等全面工作。

2．工程技术部职责

• 负责项目施工前各项准备工作，包括项目选址、建筑工程规划许可证、施工许可证、地质勘察，临时用电、用水工程等；

• 管理施工现场工作人员，协调施工单位、监理单位现场工作关系；

• 负责施工单位质量体系评审及施工与材料质量、进度控制、成本控制事项；

• 负责组织编制项目控制进度、质量、成本、风险等计划，经批准后组织实施；

• 负责项目的总体进度、质量、风险控制，监督、协调各部门、各专业的进度、质量、风险管理和控制工作；

• 负责项目的成本控制，组织对设计变更、索赔事项进行协调和控制，并提出处理意见报上级审查、批准；

• 在项目实施过程中，审查项目进度、质量、费用计划执行情况报告，进行偏差分析和趋势预测，必要时提出整改意见和措施，并报请上级批准后监督实施；

• 参与项目竣工验收、总结评价工作；

• 处理施工现场突发事件。

3．采购部职责

• 负责组织编制项目采购计划，经批准后执行；

• 参与项目集成计划、项目管理文件体系的编制；

• 负责组织项目各类招标工作，包括招标方案设计报备、报批，招标文件编制，发标、开标、评标、定标，合同起草、报批、签订、执行等；

• 负责组织非招标设备、物资供应商的评估、商务技术洽谈、采购合同起草，执行经上报批准的采购合同；

• 负责监督供应商采购合同执行情况，催交到期设备、物资，协调、安排设备、物资运输事项；

• 负责组织采购的设备、物资进场后的开箱验收工作；

• 负责采购的设备、物资的仓储保管工作；

• 负责供应商质量体系评审及采购质量的控制，配合控制部协调进度、成本控制事项；

• 项目其他采购管理工作。

4. 财务部职责

• 负责编制、上报项目成本管理计划，并监督执行情况；

• 参与项目集成计划、项目管理文件体系的编制；

• 参与各类招标、主要设备、物资采购工作；

• 负责项目会计、出纳业务；

• 负责编制、提供项目各项费用开支报表；

• 负责按合同规定支付、结算土地出让金、项目工程款、咨询服务费、设备材料款等；

• 负责编制、上报项目内控制度，并监督、检查制度执行情况；

• 负责管理、缴纳各项税费；

• 参与项目的竣工验收、总结评价；

• 项目财务管理的其他工作。

5. 综合管理部职责

• 负责与项目管理咨询公司协同编制、上报项目集成计划、项目管理文件体系，经批准后组织执行并监督检查；

• 负责项目的综合计划、统计工作；

• 负责项目的合同管理，包括组织起草、报批、签订，合同履约监督；

• 负责项目的人力资源管理工作；

• 负责项目的文件资料管理工作；

• 负责项目 IT 系统的建立、维护工作；

• 负责项目非生产设备、物资采购计划的编制、报批、验收；

• 负责项目的后勤保障工作；

• 档案管理，负责项目的会议纪要、合同档案、工程档案，包括电子版和原始文字版的整理归档；

• 项目部外协调和接待。

6. 生产准备部职责

• 参与项目计划的制定，参与项目设计、招标、施工等各个阶段工作；

• 负责编制、上报设备开车调试、试生产计划，经批准后执行；

• 负责组织设备开车调试、试生产，设备调试、试生产合格后的验收；

• 负责编写工艺技术文件、生产操作规程、质量标准、检验标准等；

• 负责编写其他企业管理制度，筹建运营管理系统；

• 负责生产技术人员的培训；

• 参与项目竣工验收、总结评价工作；

• 生产准备的其他工作。

表 7－2　主要管理人员岗位设置

部门	职务	职称	人数
项目经理	项目经理	工程师	1
	项目副经理	工程师	1
	总工程师	高级工程师	1
工程技术组	组长	高级工程师	1
	机械设备工程师	工程师	1
	电气工程师	工程师	1
	给排水工程师	工程师	1
	暖通工程师	工程师	1
	预算员	–	1
	安全员	–	2
采购组	组长	工程师	1
	设备工程师	工程师	1
	采购员	–	2
综合管理组	组长	经济师	1
	人事	经济员	1
	行政	–	2
	司机	–	2

续表

部门	职务	职称	人数
财务管理组	组长	会计师	1
	出纳	会计员	1
生产准备组	组长	生产部长	1
	生产专员	–	2

三、工作任务分解结构

1. 项目组的主要任务

组织编制初步的技术方案和设备选型方案,进一步组织编制可行性研究报告,报企业决策委员会审查,为项目决策提供依据。寻找、评估、筛选工程类咨询公司,包括可行性研究报告、环境评估、勘察设计公司、监理公司、建筑承包商、招标代理等单位,并拟定咨询服务合同,报投资决策委员会审查、批准后开展工作。协同工程咨询公司编制项目集成计划和项目管理文件体系,报投资决策委员会批准后执行。协同咨询公司编制可行性研究报告或者项目申请报告、环境评估等;组织开展项目立项、报审批、报核准或者备案。组织协调设计院进行方案设计、初步设计、技术设计、施工图设计等,并报投资决策委员会审查、批准。组织开展项目施工前各项准备工作,包括项目选址、购置土地,办理土地证、建设用地规划许可证、建筑工程规划许可证、施工许可证,地质勘查,临时用电、用水工程等。组织开展设备和物资供应商的考察、洽谈、筛选,编写项目采购规范书;组织开展项目各类招标工作,包括招标方案设计报备、报批,招标文件编制,发标、开标、评标、定标,合同起草、报批、签订、执行等。组织编制非招标设备、物资的采购方案,包括供应商的选择、采购价格、进度控制、质量控制、采购合同等,报投资决策委员会审查、批准后实施。合理进行项目的各类资源配置,协调项目建设各相关单位的关系,包括业主、设计单位、施工单位、监理、咨询、供应商、各主管部门等。按照项目管理文件体系的规定,组织开展项目施工,进行进度、质量、成本、风险控制,以及安全、环保监督管理等。审核、评估项目设计、费用变更方案,提出处理意见后报投资决策委员会审查、批准后执行;组织进行各类设备、物资采购进场后的开箱检验和仓储保管,组织各类装备的安装、调试、验收。组织各施工项目的阶段性验收,组织项目竣工验收工作。组织项目生产准备工作,组织开展项目试生产;配合决策委会安排的各项审计工作,组织编写项目建设总结评价报告,报投资决策委员会审查。

2. 项目本身的工作任务分解

投资建设项目工作繁多,可以基于“任务”进行工作分解,根据投资建设项目的特点,采用合适的任务分解方式,以便于组织和管理(见图7-4)。

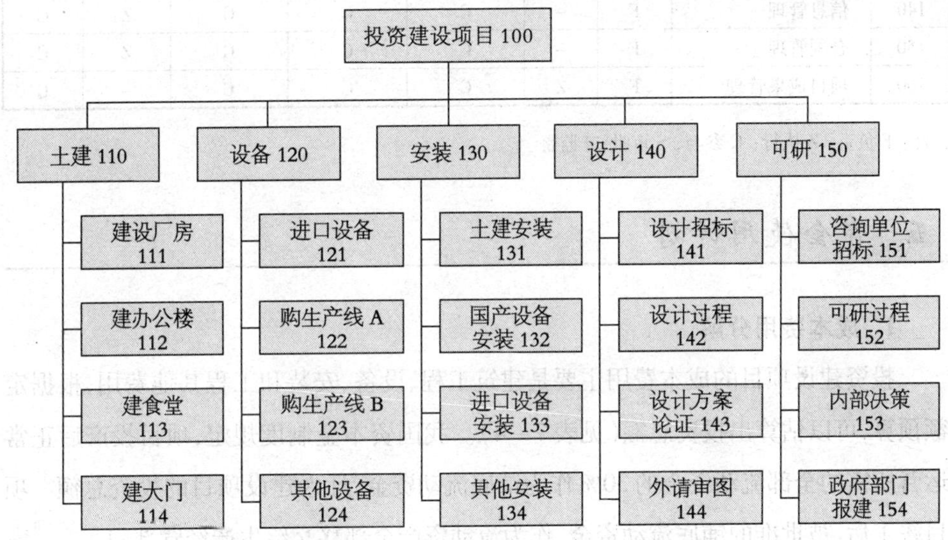

图7-4 按工作进程项目任务分解结构

四、责任分配矩阵

根据组织结构图和部门设置,对工作任务进行责任分配,做到每件事有人或部门负责,每个人或部门有具体负责的事。以项目管理为例,项目管理的工作任务包括制订计划、过程控制、信息管理、合同管理和风险管理等,见表7-3,纵向描述项目管理工作的内容名称,横向描述了责任部门或责任人名称,组成责任分配矩阵。

表 7－3　责任分配矩阵

编码	任务名称	项目经理	总工程师	成本管理组组长	进度控制组组长	质量控制组组长	信息组组长	专家顾问
110	确定项目目标	F	C	C	C	C	C	C
121	成本计划	S	S	F	–	–	–	C
122	进度计划	S	S	F	F	–	–	C
123	质量计划	S	S	–	–	F	–	C
131	成本控制	F	–	Z	–	–	–	C
132	进度控制	F	–	–	Z	–	–	C
133	质量控制	F	–	–	–	Z	–	C
140	信息管理	F	–	C	C	C	Z	C
150	合同管理	F	–	C	C	C	Z	C
160	项目成果管理	F	Z	C	C	C	–	C

注：F 负责；Z 执行；C 参与；S 审批；J 监督

五、资金使用计划

1. 成本费用分解

投资建设项目的成本费用主要是建筑工程、设备、安装和工程其他费用，根据定额预算，可以估算出投资总额（见表 7－4）。我国资本金制度规定，项目投产后正常运营所需的全部流动资金的 30% 作为铺底流动资金，计入建设项目的投资总额。项目竣工后，被批准的铺底流动资金，作为流动资产全部移交给生产经营部门。

表 7－4　项目投资估算表

序号	工程和费用名称	投资估算						含外汇
		建筑工程	设备	安装工程	工器具费	其他费用	总值	万美元
一	工程费用	10 015	45 119	3 755	306	–	59 195	4 104
1	厂房工程费	10 015	2 940	–	–	–	12 955	–
1.1	建安工程费	10 015		–	–	–	10 015	–
1.2	厂房动力设施费	–	2 940	–	–	–	2 940	–
2	设备购置费	–	42 179	–	–	–	42 179	4 104
2.1	进口设备	–	33 002	–	–	–	33 002	–
	设备货价	–	31 810	–	–	–	31 810	4 104

续表

序号	工程和费用名称	投资估算						含外汇
		建筑工程	设备	安装工程	工器具费	其他费用	总值	万美元
	公司手续费	–	477	–	–	–	477	–
	银行手续费	–	127	–	–	–	127	–
	国内保险费	–	111	–	–	–	111	–
	海关监管费	–	159	–	–	–	159	–
	国内运杂费	–	318	–	–	–	318	–
2.2	国内配套设备	–	9 177	–	–	–	9 177	–
	国内工艺设备费	–	6 500	–	–	–	6 500	–
	设备运杂费	–	195	–	–	–	195	–
	水处理设备费	–	1 900	–	–	–	1 900	–
	运输设备费	–	410	–	–	–	410	–
	实验室设备仪器费	–	172	–	–	–	172	–
3	设备安装费	–	–	3 755	–	–	3 755	–
	引进工艺设备安装费	–	–	795	–	–	795	–
	国内工艺设备安装费	–	–	260	–	–	260	–
	工艺配管配线	–	–	2 700	–	–	2 700	–
4	工具及器具购置费	–	–	–	306	–	306	–
二	其他工程和费用	–	–	–	–	2 765	2 765	–
1	无形资产	–	–	–	–	1 535	1 535	–
	地勘费	–	–	–	–	15	15	–
	环境安全卫生评价费	–	–	–	–	60	60	–
	咨询费、设计费	–	–	–	–	600	600	–
	方案审查等有关费用	–	–	–	–	100	100	–
	土地使用费	–	–	–	–	960	960	–
2	递延资产	–	–	–	–	1 030	1 030	–
	建设单位管理费、前期开办费	–	–	–	–	296	296	–
	生产人员培训费	–	–	–	–	74	74	–
	联合试运转费(试车材料)	–	–	–	–	500	500	–
	工程监理费	–	–	–	–	130	130	–
	办公家具购置费	–	–	–	–	30	30	–
三	预备费	–	–	–	–	4 957	4 957	328.36
	基本预备费	–	–	–	–	4 957	4 957	328.36
	固定资产投资合计(一—三)	10 015	45 119	3 755	306	7 722	66 917	4 432.82
四	铺底流动资金	–	–	–	–	–	8 422	–
	项目总投资(一—四)	–	–	–	–	–	75 339	–

2. 资金使用计划和资金来源表

根据投资估算和进度安排，可以制定资金使用计划和资金来源计划。资金使用计划为准备资金和成本控制提供依据，资金来源计划为保证资金及时到位提供保证（见表7－5）。

表7－5　资金使用计划和资金来源表

序号	项目　　年份	建设期		投产期		达到设计能力生产期			合计
		2013	2014	2015	2016	2017	2018	2019	单位：万元
1	总投资	20 075	46 842	10 743	4 124	6 187	–	–	87 971
1.1	固定资产投资	20 075	46 842	–	–	–	–	–	66 917
1.2	流动资金	–	–	10 743	4 124	6 187	–	–	21 054
2	资金来源	20 075	46 842	10 743	4 124	6 187	–	–	87 971
2.1	自有资金	20 075	46 842	4 297	1 650	2 475	–	–	75 339
	其中：铺底流动资金	–	–	4 297	1 650	2 475	–	–	8 422
2.3	贷款	–	–	6 446	2 475	3 712	–	–	12 632
2.3.1	长期贷款	–	–	–	–	–	–	–	0
2.3.2	流动资金贷款	–	–	6 446	2 475	3 712	–	–	12 632

六、进度计划

建设项目的进度计划包括甘特图计划、里程碑计划和网络图计划。基于在其他章节已有介绍，这里不再赘述。建设项目的里程碑计划见表7－6。

表7－6　项目里程碑进度计划表

编号	任务名称	计划完成日期	备注
1	项目报建手续完成	2012.12.30	–
2	土建施工图设计审核完成	2013.1.30	–
3	建筑承包商选定	2013.3.10	–
4	设备供应商和安装承包商选定	2013.6.10	–
5	主厂房施工完成	2014.8.31	–
6	试车方案完成	2015.3.15	–
7	试生产	2015.12.25	–
8	竣工验收	2015.12.31	–

七、基本工作流程

在授权范围内,投资决策委员会是建设项目的最终决策机构,投资决策委员会对董事会负责。超过一定权限的决策要报董事会和股东大会审批。项目管理部属于项目组的主管部门,对投资建设项目负有监管的责任。项目管理部定期派员深入项目现场,对进度、质量和成本计划的执行情况进行分析和检查,对于进展信息进行整理分析,发现问题并提出解决方案建议。项目组对项目管理部汇报信息,听从项目管理部的指令和指导(见图7-5)。

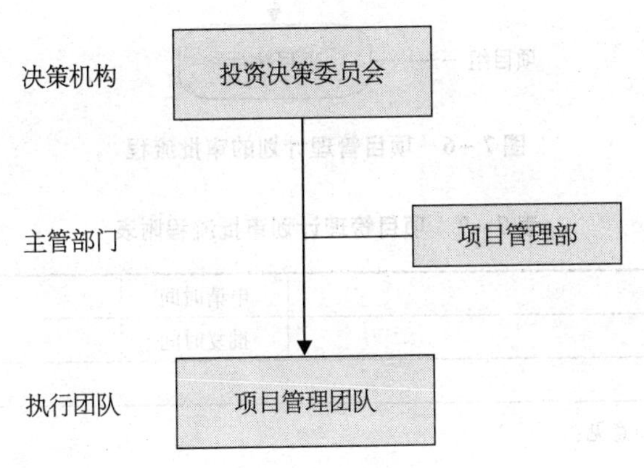

图7-5　项目管理组织关系图

1. 项目管理计划审批流程

可行性研究报告审批之后,项目管理计划开始编制。项目管理计划是整个项目的组织安排、进度计划、资金计划、质量计划、工作流程、风险控制等整体规划,需要主管职能部门和财务部门审核,并经过投资决策委员会审批。项目管理计划的审批流程见图7-6,项目管理计划审批流程附表见表7-7。

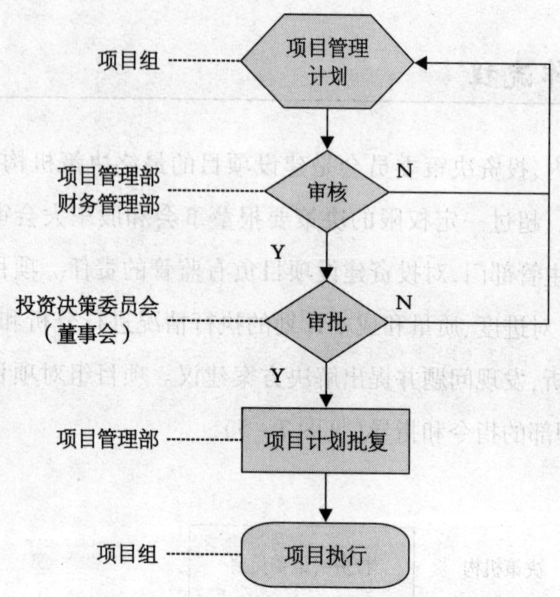

图 7－6　项目管理计划的审批流程

表 7－7　项目管理计划审批流程附表

项目名称		申请时间	
文件编号		批复时间	
责任人			
对项目管理计划主要意见： 项目负责人签字：　　　　日期：			
集团项目管理部、财务管理部的审核意见： 责任人签字：　　　　日期：			
投资决策委员会的批复意见： 负责人签字：　　　　日期：			

2. 设备采购资金支付内部审批流程

设备采购资金支付内部审批流程需要严格执行。首先,需要通过采购负责人和技术负责人安装确认;然后,财务负责人对于采购资金是否符合预算进行确认;最后,项目负责人在授权范围内,项目负责人签批有效,财务出纳支付资金。如果超出授权范围,要上报到分管领导签批。授权范围以正式的授权书为准。设备采购资金支付内部审批流程见图 7 –7,设备采购资金支付内部审批流程附表见表 7 –8。

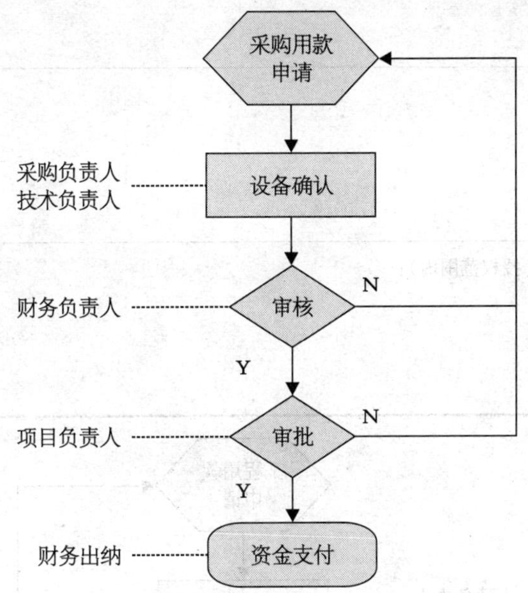

图 7 –7　设备采购资金支付内部审批流程

3. 工程款支付内部审批流程

工程款支付内部审批流程与设备采购资金支付内部审批流程相似。首先,需要通过监理公司和业主土建负责人对工程量确认;然后,项目的财务负责人对工程款项是否符合预算进行确认;最后,在授权范围内,项目负责人签批有效,财务出纳支付资金。如果超出授权范围,需要报请分管领导签批。授权范围以正式的授权书为准。工程款支付内部审批流程见图 7 –8。工程款支付内部审批流程附表见表 7 –9。

表 7－8　设备采购资金支付内部审批流程附表

<table>
<tr><td>设备名称</td><td></td><td>申请时间</td><td></td></tr>
<tr><td>文件编号</td><td></td><td>批复时间</td><td></td></tr>
<tr><td>资金总额</td><td></td><td>本期支付金额</td><td></td></tr>
<tr><td colspan="4">采购部和技术部的确认意见：

负责人签字：
日期：</td></tr>
<tr><td colspan="4">财务负责人审核意见：

责任人签字：
日期：</td></tr>
<tr><td colspan="4">项目负责人审批意见(授权范围内)：

签字：
日期：</td></tr>
</table>

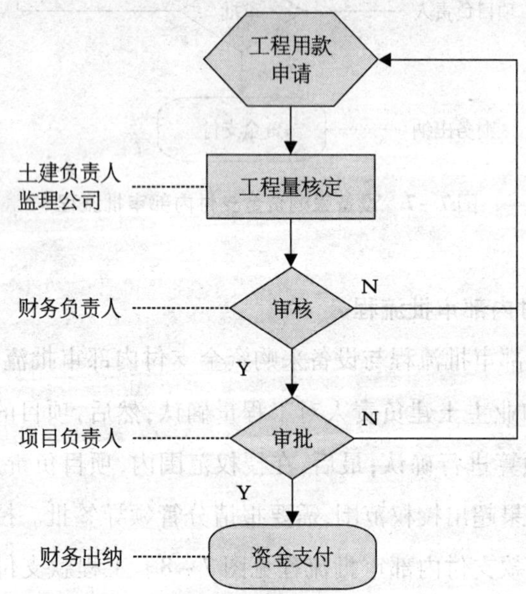

图 7－8　工程款支付内部审批流程

表 7－9　工程款支付内部审批流程附表

<table>
<tr><td>工程内容</td><td></td><td>申请日期</td><td></td></tr>
<tr><td>文件编号</td><td></td><td>审批日期</td><td></td></tr>
<tr><td>合同金额</td><td></td><td>本次付款额</td><td></td></tr>
<tr><td colspan="4">监理公司审核意见：

负责人签字：
日　期：</td></tr>
<tr><td colspan="4">土建部门负责人确认意见：

签字：
日　期：</td></tr>
<tr><td colspan="4">财务负责人审核意见：

签字：
日　期：</td></tr>
<tr><td colspan="4">项目负责人审批意见(授权范围内)：

签字：
日　期：</td></tr>
</table>

7.3　绿地投资项目实施与控制

在项目组织与实施过程中，企业根据组织安排进行管控。主管职能部门对投资建设项目负有监管的责任，对建设项目的进度、质量、成本进行有效监管，派员定期前往项目所在地协助监督项目实施。各项目负责人对整个项目进度、成本、质量控制负责,掌握项目进展信息,包括进度信息、成本信息、质量信息等。项目组可以采取工程半月报、工程月报、会议纪要的方式,定期上报项目各方面的信息。

一、成本控制

成本控制可以采取"分阶段控制法"与"要素控制法"相结合的综合控制方法。首先进行分阶段控制。在决策阶段,进行投资估算,估计本项目需要投资的总额,投资估算的误差率不得超过10%。在初步设计阶段,设计院进行设计概算,设计概算的控制目标是控制在投资估算范围之内。在施工图设计阶段,设计院进行施工图预算,施工图预算的控制目标是控制在设计概算范围之内。在竣工阶段,竣工决算反映了建设项目实际造价和经济效果。竣工决算采用实物数量、货币指标、建设工期和各种技术经济指标,全面地反映从筹建到竣工的全部成本状况。在分阶段控制的同时进行要素控制,要素控制的控制要点在于设备工具购置费、建筑安装工程费、工程建设其他费用等细化分解,确定各项费用的数量和价格,分给归口管理的部门实行专业控制。

二、进度控制

首先,要确定合理的总工期。项目测算期分为建设期和运营期。建设期从项目资金正式投入开始,到竣工验收为止,运营期可以分为投产期与达产期,投产期是指达到设计生产能力之前,达产期是指达到设计生产能力之后。项目建设,最关注的是项目建设期。建设项目要安排合理的工期,可以通过时间安排提高效率,但不能刻意缩短工期,否则欲速则不达。如果工期制定就存在问题,过短的工期可能导致工程出现质量问题,进度计划无法实现,或者因赶工导致成本增加等问题。

其次,要反复论证,安排合理的进度计划。进度计划可以采取网络图、甘特图或里程碑计划的方式进行设计。进度计划的重要事件要有明确的时间节点，而且这个时间是经过严格论证的，要把该考虑的因素全部考虑在内，保证在正常情况下可以完成该阶段的任务。在执行过程中，要严格进行进度管理，不能随便更改进度计划，要保证实际进度与计划进度基本保持一致。如果出现重大变化，进度计划要及时调整和更新，保证进度计划的可执行性。

再次，进度控制的关键是加强各子系统之间的接口管理，统筹安排，协同推进。项目的很多工作同时展开，如设备采购、土建、生产准备贯穿于整个建设过程。系统规划是各个子系统之间相互衔接的保证，而接口管理是进度控制的关键。管理的接口涉及两家以上的单位，如果没有较好的沟通和协商，可能导致总工期的延误。网络图计划的进度要关注关键路径，如果关键路径上的工作耽误一天，整个进度就会受到影响。关键路径上的工作如果出现延误，必须明确相关方的责任，并在以后的时间内设法补回延迟的这一天。甘特图计划是进度的直观表现，如果甘特图中某项工作出现延误，不一定会影响总工期，但也要及时采取措施，否则积累下来，可能影响里程碑计划。里程碑事件都有明确的时间节点，一天都不能推迟，否则，里程碑计划失去其意义，整个项目出现延期。

三、质量控制

首先，制定严格的质量保证计划。识别投资项目过程关键质量问题的控制点，包括可行性研究、招投标、施工、设备安装和竣工验收等环节。明确质量目标和分解目标。质量目标可以分解为设计质量、设备质量、材料质量、工程质量、施工质量、安装质量。分解目标包括整个投资项目的质量要求和各个环节的质量要求。明确质量控制组织结构以及各部门之间的职责权限，每一个环节的质量控制都由专门负责者；确定关键环节的验收准则以及各个子环节的验收流程。

其次，把握质量控制的关键环节，加强界面管理，进行流程控制。在合同评审、工艺技术方案评审、设计评审、施工单位的评审、关键设备采购、材料采购与保存、设计变更、施工安装、联动试车、有负荷试车和竣工验收过程中，注重在流程过程中设置控制点，对重要节点进行质量控制。在调研、设计、施工、设备、调试运营各子系统之间做好界面管理工作,保证在技术、管理等方面进行全面交底,避免接口环节出现信息的遗漏。

设计环节的质量控制。对设计院的设计人员资格控制,设计院提供设计、校审人员的资格证书,交由业主项目管理部认可。设计输入条件的控制包括设计数据的控制、设计标准规范的控制。设计的组织接口与技术接口的控制包括设计与采购、设计与施工的接口以及设计各专业间的接口。接下来,设计技术方案的控制,工艺流程设计方案、主要设备选型方案必须由项目经理、技术总监组织专业技术人员进行评审。文件的输出控制,可行性研究报告、初步设计、施工图设计文件的输出须经校对、审核和审定,并经过相关专业专家团队会签后才能形成正式文件执行。

设备和原材料采购质量的控制。设备和原材料的采购是项目建设中极为重要的质量控制环节。业主要把握采购过程的质量控制,严格执行采购过程中的"不合格控制"流程。对采购的设备、物资进行质量控制,在设备、物资开箱检验过程中被确定为"不合格品"的设备或物资,应作出明显标记并隔离存放,由仓储保管员签字,并报采购部经理。采购部应立即通知供货厂商进行调换和处理,同时发出书面通知,以作为日后索赔的依据。对外商供货的必要时应请商检部门出具相关的商检证明。对无法及时调换的不合格品,由采购部经理负责召集有关专业技术人员根据不合格检验记录,以及产品的可靠性、相容性、可换性、安全性进行评定,并提出处置意见。在特殊情况下,采取让步接收、修复使用或降级使用的,必须经过技术总监审定,并经过项目经理审批。

施工质量的控制。对工程的可靠性或安全性有严重影响的关键特性、关键部位应设置控制点。比如,对施工工艺有严格要求,并对下一道工序的工作有严重影响的关键部位应设置控制点。对隐蔽工程交接点、对质量不易稳定的工序应设置控制点。按工程受影响的严重程度,质量控制要求可分为不同等级,对不同控制等级采取不同的应对措施,可以停工检验点、业务方和监理公司旁站等,施工质量控制措施和控制点应写入施工合同。

投资建设项目生产准备。生产性建设项目的生产准备环节非常重要,贯穿于项目的全过程。生产准备与项目建设同步进行,在项目竣工前全部完成。在可行性研究和设计阶段组建“生产准备组”。在项目实施中后期,适时组建“生产运营管理机构”,负责投产准备和投产后的生产运营管理。生产准备组的负责人或生产运营管理机构负责人必须熟悉该项目的生产过程并了解设备需求情况,具有较强的生产管理和协调能力。生产准备组全体成员在项目经理统一领导下开展工作,生产准备工作做得越周全,竣工后进入正常生产的过渡期就越短,过渡期越短,就越能节省成本。

★ 自测题

1. 如何理解“绿地投资的决策环节非常重要,保证在做一件正确的事”?

2. 如何理解“绿地投资的项目计划很重要,保证按照计划做一件事”?

3. 为什么绿地投资的过程控制是项目成功的重要保证?

第8章 兼并收购项目管理

本章精要

并购是企业快速发展的重要方式,并购具有独立性和一次性特征,并购可以看作一个项目来管理;并购可以分为并购交易和并购整合两个阶段,并购交易的关键在于并购定价,并购定价的重点在于确定合理的并购溢价;并购整合的关键在于快速整合,实现协同效应,达到预期目标。

8.1 企业并购基础知识

并购(M&A)就是购买企业,企业被看作是一种商品,通过买卖,交易双方都会因交易而受益。科斯定理告诉我们,只要产权界定清楚了,在交易费用为零的情况下,自由的交易可以促进资源实现最佳配置。科斯定理还得出重要推论,不管交易费用是否为零,只要允许自由交易,资源的配置就会改善。并购的最高境界是点石成金。并购可以是雪中送炭,也可以是强强联合。雪中送炭是指选择经营不善、面临破产的企业,通过理念输入、管理团队介入或优良资产的注入,把目标企业变成高产出、高效益的实体,实现并购方的战略性意图。强强联合是指选择具有一定经营能力的企业,通过并购实现优势互补,巩固和发展市场,谋取在同行业的竞争优势。

并购要遵循一定的流程和路径。首先,明确并购目的,无论是战略性并购还是财务性并购,并购目的往往决定并购的后续工作。然后,选择合适的目标企业,组织团队对目标企业进行尽职调查,评估目标企业的价值。尽职调查团队可以是自己组建的团队,也可以委托专业咨询机构,一般来说,专业咨询机构可以提供比较科学的调查结果。接下来进行并购方案设计,包括并购交易方案和整合方案,并购方案设计可以是自己的并购团队,也可以委托咨询公司来做。对于大型企业的并购,一般请投资银行或者专业并购咨询公司帮助设计并购方案,专业公司可以提供专业的服务和支持,当然,委托方要付出一笔数量较大的咨询费。并购双方正式签订并购合同之前,可能还需要相应的审批流程,目标企业如果是国有企业,要报国资委审批,如果实行定向增发方式并购,还要报证监会批准。审批手续完成以后,并购方与被并购方签订并购交易合同。并购交易完成以后,进入整合阶段,整合是并购的延续,整合的成败关系到并购的成功与否,整合成功可以认定并购成功,整合失败可以认定并购失败。整合包括组织人员整合、业务整合、资产整合、财务整合、流程设计等。整合完毕之后,新组建的企业进入投产运营阶段(见图 8 -1)。

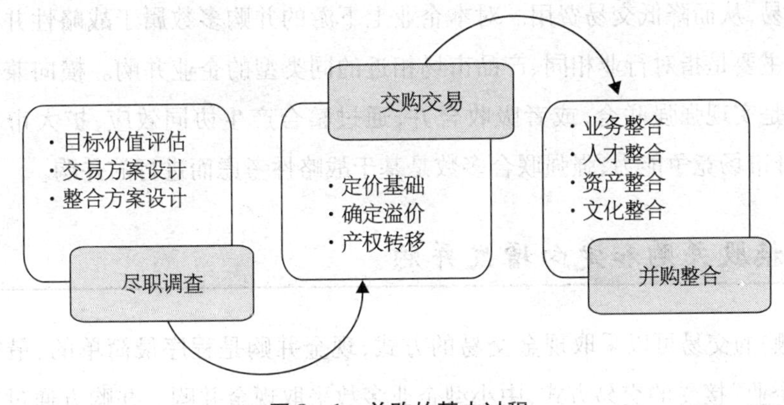

图 8 -1　并购的基本过程

一、战略性并购和财务性并购

并购可以分为战略性并购和财务性并购。战略性并购是指为实现某些战略性目的而进行的并购,并购双方都有战略动机,期望通过实现协同效应,提升综合竞争力。对于并购方来说,并购的战略动机可以是上游产业链拓展,保证获得稳定度、低成本的原材料,或者是对下游产业链拓展,保证现有产品获得稳定的下游客户市场;并购的战略动机也可以是减少竞争对手,或者是取得销售渠道,或者是获得某一商标权,从而获得该市场的相对垄断。目标企业愿意接受并购,可能基于战略性考虑,可能是为了获取并购方的资金支持,实现企业生存的需要;或者是为了引进现代化的管理团队,获得并购方的技术支持。财务性并购主要指以经济回报为主要目的投资方式,希望通过并购目标企业的部分股份,获取一定的投资回报,财务性并购方一般不参与目标企业的经营和管理。本书所讲并购主要是战略性并购。

根据并购的方向不同,并购可以分为纵向并购和横向并购。纵向并购是对并购方的上下游企业进行兼并,主要目的是完善或扩张其产业链,或者为了降低交易费用。科斯(Coase)指出企业和市场是可以互相替代的,企业可以通过市场获取某些原材料,也可以选择企业自己生产;如果通过市场获取这些原料的成本大于企业自己生产的成本时,企业就选择企业自身生产,通过并购上游企业实现内部化交易,从而降低交易费用。对本企业上下游的并购多数属于战略性并购。横向兼并主要是指对行业相同、产品市场相近的同类型的企业并购。横向兼并的主要目的是实现强强联合,或者吸收合并,通过整合产生协同效应,扩大市场占有率,提升市场竞争能力,强强联合多数是基于战略性考虑而进行的并购。

二、换股并购和定向增发并购

并购的交易可以采取现金交易的方式,现金并购是程序最简单的、最容易被“目标企业”接受的交易方式,中小型企业多数采取现金并购。并购方通过支付现金实现并购,而目标企业获得大量现金,可以实现自身发展和股东套现。现金收购需要大量的资金,对于并购方来说,现金收购占用大量资金,如果资金是通过融资获取的,增加了很多财务费用,加大了企业的经营风险。

越来越多的大型企业之间的并购采取现金、定向增发和换股相结合的方式进行。定向增发和换股并购(Stock-for-Stock)以股权作为支付手段,不需要现金支出,所以降低了收购方的财务费用和财务风险。定向增发和换股并购一般需要相对比较专业的投资银行帮助完成操作。定向增发和换股并购以股权为纽带，保住被收购企业的成功要素，保证了所获目标企业的未来价值，直接利用收购扩大规模。

换股合并是指并购方与被并购方企业之间以股份为支付对象，从而完成企业之间并购过程。我国《上市公司收购办法》(2002.10)规定，上市公司可以采用现金、可转让证券以及法律规定的其他支付方式进行，换股合并在我国开始实行。无论是吸收合并还是新设合并，换股合并都将是一个重要趋势。换股收购的关键是换股比例的确定。对于流通股与非流通股的折股比例，一般按市场价格为主要依据。换股并购可以是上市公司对上市公司的收购，也可以是非上市公司对上市公司的收购。东方航空以换股方式吸收合并上海航空，见案例 8 -1。

定向增发是指上市公司获取证券监管部门的批准后，以股权作为支付手段，获取现金或收购资产的过程。作为并购的一种交易方式，定向增发主要是指上市公司针对目标企业收购事项，经证券监管部门批准后，以约定价格向特定的投资者增发股票，从而实现并购过程。对于定向增发对象来说，购买增发股票是一种投资方式，可以获取某上市公司的股权，如果股权扩大到一定程度，可能导致上市公司控股权的转移。

案例 8 -1

东方航空以换股方式吸收合并上海航空

东方航空是国务院国资委监管的中央企业，上海航空是上海市国资委监管的国有企业。东航和上航均依托上海基地，业务重合度高，在竞争中互相消耗，运营成本偏高，并购之前双方均处于亏损状态。2009 年 11 月，东航完成吸收合并上航，通过并购整合企业资源，优化经营管理，盘活资产，同时获取政府财政支持，提升综合竞争力，并购之后东方航空从亏损转向盈利。交易方式为由东航以换股方式吸收合并上航，吸收合并完成后，东方航空作为合并完成后的存续公司,上航也将终止上市并注销法人资格。换股吸收合并完成后,东航按1:1.3的比例向上海航空股东发行东航的新股。东航以换股方式吸收合并上航本次换股吸收合并的对价,东航的换股价格为定价基准日前20个交易日东航A股股票的交易均价,即为5.28元/股;上航的换股价格为定价基准日前20个交易日上航的A股股票的交易均价,即为5.50元/股。双方同意,作为对参与换股的上航股东的风险补偿,在实施换股时将给予上航约25%的风险溢价,由此确定上航与东航的换股比例为1:1.3,即每1股上航股份可换取1.3股东航的股份。

三、并购成功与否的标志:协同效应

并购是企业快速成长的重要途径和方式,企业预期通过并购实现资源优化,提升市场占有率,提升企业的综合竞争力。诺贝尔经济学奖获得者乔治·斯蒂格勒(Stigler, G. J.)通过大量的调查和研究发现,没有一个美国大企业不是通过兼并收购成长起来的,几乎没有一家大公司主要靠内部扩张成长起来的。并购并不是两个企业的简单相加,而是要经过并购后全方位整合,从而实现协同效应(Synergy Effects),实现协同效应是并购的主要预期目标。如果实现了协同效应,并购后企业效率提升,市场占有率提高,运行成本降低。如果没有实现协同效应,并购后效率变低,运行成本没有降低,预期的市场占有率没有提高,这种情况下被认为并购不成功。并购双方可以采取新设合并的方式,也可以采取吸收合并的方式。新设合并是指并购双方或多方共同出资组建新的独立的企业法人,一般并购方以现金方式出资,而被并购方以厂房、设备、商标权、专利等资产出资入股,根据双方的股份比例对新企业实施经营管理权。新设合并最主要的特点是建立新的企业法人,原双方法人可以另外存在,也可以注销。吸收合并是指并购方把被并购企业收购之后,被并购企业变成了并购方的一个组成部分,而被并购企业的法人资格被注销,上市公司可以通过向目标企业定向增发完成吸收合并。

协同效应主要体现在并购双方的协作互补,综合竞争能力提升,实现了规模经济和范围经济。规模经济主要是指并购导致企业规模扩大,从而降低企业的运营成本,在企业管理能力的约束条件下,本企业趋于企业边界,实现了规模经济性。随着企业规模的扩大,企业的管理成本相应增加,当规模扩大带来的边际收益等于管理成本增加带来的边际成本时,就到了企业的边界。如果企业规模进一步扩大,企业的管理成本进一步增大,企业就进入了规模不经济的状态。范围经济主要是指通过并购,扩大企业产品的范围,实行产业链扩张,通过投入要素和生产设备的联合运用,生产两种或两种以上的产品,可以提升生产和成本优势,降低企业成本。实现协同效应,首先需要并购双方高层领导层理念、目标的一致性。并购双方的战略性目标明确,理念基本一致。其次,快速整合能力。并购双方需要具备整合能力,及时通过建立新的管理机制和流程设计,使双方融合成一个整体,实现优势互补。上汽集团与南汽集团并购重组后产生协同效应(见案例8-2)。

案例8-2

上汽集团与南汽集团并购重组产生协同效应

上海汽车工业(集团)总公司(简称"上汽集团")和南京汽车集团有限公司(简称"南汽集团")曾经是竞争对手,在长三角区域都有自己的客户群体,可谓各领风骚。2008年初,上汽集团与南汽集团并购重组开始,重新进行了业务、研发、市场等方面的整合,实现资源的有效配置,经过两年的整合,产生了预期的协同效应。上汽集团与南汽集团的渊源可以追溯到两家同时对英国罗浮汽车公司的竞购,上汽集团获取了罗浮汽车的软件技术,南汽集团获取了罗浮汽车的硬件设备,上汽集团推出"荣威",南汽集团推出"名爵"。兼并重组后,原南汽集团的名爵项目的整车资产并入了上海汽车乘用车分公司,实现统一采购、统一研发、统一营销,产生一定的协同效应;整合后的研发队伍知识结构、研发重点更加明确,实现了优势互补和资源共享,大大提升了中国汽车行业的竞争力。并购完成后,自主品牌资源的整合有效,"荣威"和"名爵"两个品牌具有技术同源性,需要进行差异化定位,原上汽集团的"荣威"品牌被定位于绅士品位,原南汽集团的"名爵"品牌被定位于跑车系列,实现错位竞争;差异化促进两大品牌相互配合,相互支持,相互影响,相得益彰,两者在不同细分市场上的品牌号召力和影响力带动两个品牌在海外市场的发展,实现了两个品牌的双赢,并购后的企业品牌得到大大提升。

8.2 并购项目管理计划

并购项目的起点是目标企业的选择和尽职调查,经过并购谈判和交易过程,再到并购整合阶段,最终完成并购,这是一个完整的并购项目过程。并购是否成功,不仅要看是否成功完成交易,更重要的是看是否成功整合。并购项目管理首先要制订计划,包括确定总目标,建立项目的组织结构,对并购工作任务进行分解,制定责任分配方案,制定并购进度计划和人力资源计划、投资估算、成本计划及资金筹措计划,并购的过程推进,并购风险管理计划,并购整合计划,最后进行审计验收和后评价。在项目组经理统一部署下,制定周密的整合计划。整合要遵循一定的流程,保证信息的畅通性和及时性。在整合过程中,对新企业的采购、销售、研发、生产、管理、财务、审计等方面进行流程设计,整合团队应提前调研,做好设计流程的充分准备。

一、明确并购项目的目标

组建并购团队,从 2013 年 1 月 1 日到 2013 年 7 月 1 日,利用 6 个月的时间,投资 30 000 万元人民币,完成对某一个目标企业的并购交易和并购整合工作。项目结束时,企业进入正常运营状态。并购交易阶段完成目标企业的选择、尽职调查、并购方案设计、双方的谈判、确定价格、签订正式并购协议。并购整合阶段完成对人力资源、业务、资产、财务、管理的有效整合,留住重要技术和管理人才,妥善安置待岗人员，建立新企业的良性运营机制，保证企业平稳运营。

二、组建并购项目工作团队

并购过程需要多个专业人员组成并购团队，可能涉及战略、财务、生产、销售、管理和人力资源等职能。实际上，企业采取的是矩阵式组织结构，既有传统的职能部门的存在，又有项目组的存在，项目组是"跨职能工作团队"。团队比较灵活，比较有执行力，可以集中时间做好一件事（见图8－2）。并购团队成员直接对并购项目负责人负责，项目负责人对集团公司的项目管理部负责，集团投资决策委员会是并购项目的决策机构。如果超过授权范围的，投资决策委员会向董事会和股东大会报告，需要董事会或股东大会的审批（见图8－3）。

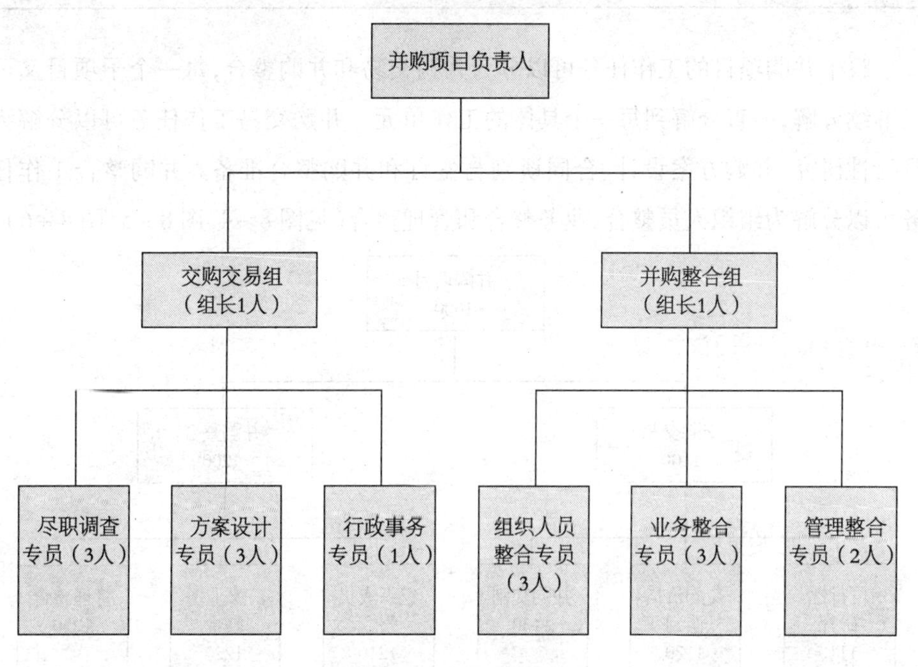

图8－2 并购项目团队

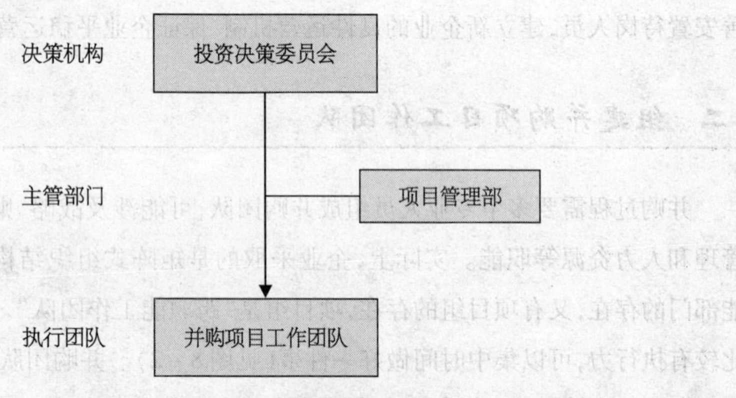

图 8-3　并购项目管理组织关系图

三、并购项目的工作任务分解

整个并购项目的工作任务可以分为并购交易和并购整合，每一个子项目又可以继续分解，一直分解到每一个具体的工作单元。并购交易工作任务可以分解为可行性研究、并购方案设计、合同谈判与签订和并购整合准备。并购整合工作任务可以分解为组织人员整合、业务整合和管理整合（见图 8-4、图 8-5、图 8-6）。

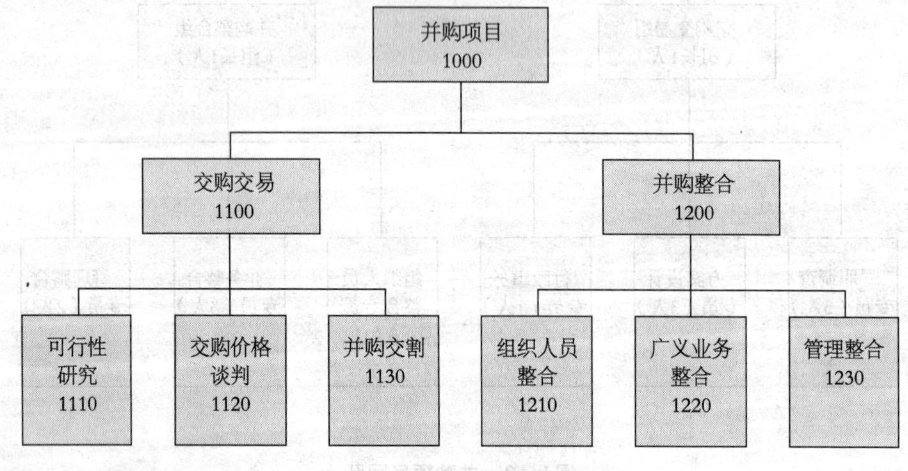

图 8-4　并购项目工作任务分解

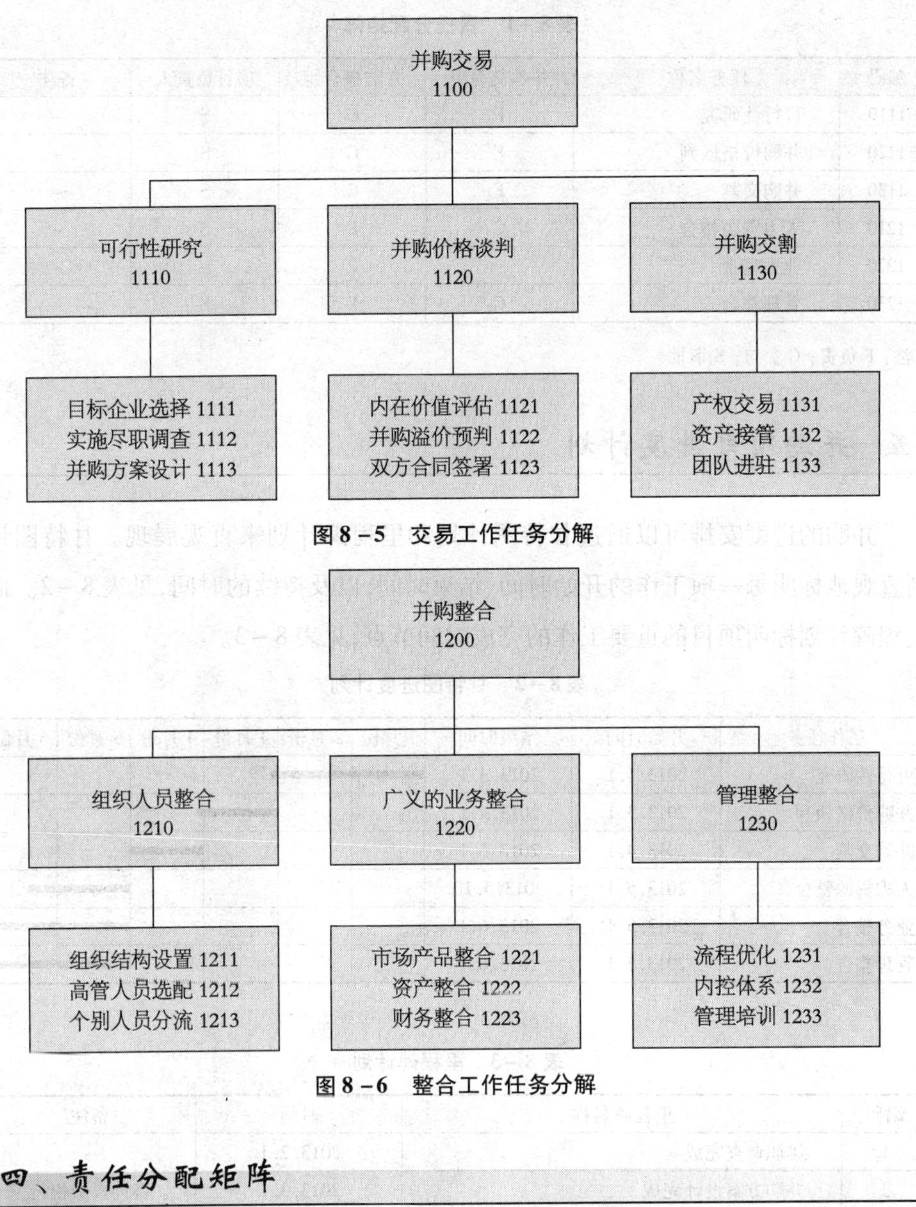

图8-5 交易工作任务分解

图8-6 整合工作任务分解

四、责任分配矩阵

按照权责明确的原则对项目管理组成员进行合理的分工，每一项重要工作都明确安排负责人，以及参与人和执行人，做到每一件事都有人负责，每个人有具体负责的事情。责任分配矩阵见表8-1。

表 8－1　责任分配矩阵

编码	任务名称	并购交易组	并购整合组	项目负责人	备注
1110	可行性研究	F	C	S	－
1120	并购价格谈判	F	C	S	－
1130	并购交割	F	C	S	－
1210	人力资源整合	C	F	S	－
1220	业务整合	－	F	－	－
1230	管理整合	C	F	S	－

注：F 负责；C 参与；S 审批

五、并购项目进度计划

并购的进度安排可以通过甘特图计划和里程碑计划来直观展现。甘特图计划直观地标明每一项工作的开始时间、结束时间，以及持续的时间，见表 8－2。而里程碑计划标明项目的重要工作的完成时间节点，见表 8－3。

表 8－2　甘特图进度计划

工作任务	开始时间	结束时间	1 月份	2 月份	3 月份	4 月份	5 月份	6 月份
可行性研究	2013.1.1	2013.3.1	━━	━━				
并购价格谈判	2013.3.1	2013.4.1			━━			
并购交割	2013.4.1	2013.5.1				━━		
人力资源整合	2013.5.1	2013.5.10					━━	
业务整合	2013.5.1	2013.6.1					━━	━━
管理整合	2013.5.1	2013.6.1					━━	━━

表 8－3　里程碑计划

编码	里程碑名称	时间	备注
1	尽职调查完成	2013.2.1	－
2	并购方案设计完成	2013.3.1	咨询投资银行
3	并购交易合同签订	2013.4.1	－
4	并购整合完毕	2013.6.1	－
5	企业进入正常运行状态	2013.7.1	－

六、人力资源计划

人力资源包括并购项目管理整合团队的人力资源和新企业正常运行所需要的人力资源。并购项目管理整合团队是临时组成的、专业性较强的工作团队，可以从并购方企业里抽调合适人选，也可以从被并购企业里选择。整合完毕之后，整合团队的人员可以继续留在新公司里从事经营管理工作，也可以回到原来岗位。假设新企业属于制造类企业，需要的人力资源包括采购人员、销售人员、生产人员、售后服务人员、企业管理人员、后勤人员。这些人力资源是企业正常运营的保障，可优先从被并购企业里选拔，如不能满足需要，可以通过外部招聘来弥补。

七、资金预算与资金来源计划

并购资金计划是整个并购项目从并购到整合，再到局部建设及投产运营整个过程需要的投资资金总额。假设整个过程需要半年的时间，完成这个过程假设需要投资总额30 000万元，我们就认为投资总额是30 000万元。这里的投资总额一般大于并购方支付给被并购企业的资金额。假设需要支付给对方的资金是20 000万元，后续整合和投产运营需要追加的资金为10 000万元，该并购项目的投资总额就是30 000万元。在企业运营方面，需要向目标公司注入优质资产，为新企业打开市场注入大量资金。资金使用计划要保证资金在时间上和数量上可以满足需要，保证现金支付不会影响到企业正常的生产经营等。将预算成本按项目进度计划分解到项目的各个阶段，建立每一阶段的项目预算成本，并制定累计预算成本，以便在项目实施阶段利用其进行成本控制（见表8-4）。根据以上整个项目的每期预算成本及其累计预算成本数据，可以给出成本—时间累计曲线，以便动态监控资金使用情况。

表 8－4　资金预算和资金来源计划表（单位：万元）

序号	项目	合计	并购期间	整合期间	投产试运营期间	备注
			2013.1.1－4.1	2013.5.1－6.1	2013.6.1－7.1	
1	一、总投资额	30 000	–	–	–	
1.1	现金支付	20 000	20 000	–	–	
1.2	整合投入	2 000	–	2 000	–	
1.3	流动资金	8 000	–	–	8 000	
2	二、资金来源	30 000	–	–	–	
2.1	自有资金	13 000	13 000	–	–	
2.2	债务资金	15 000	7 000	–	8 000	
2.3	其他资金	2 000	–	2 000	–	

八、并购风险控制

并购是企业迅速成长的重要途径，但是事实证明，并购是一种风险较大的投资。无论是我国对外跨国并购还是国内并购，如果没有制定周密的计划，或者整合力度不够、经验不足、能力不强，就可能出现并购失败的结果。在并购交易阶段，并购风险主要体现在对目标企业投资价值评估不当，支付了过高的溢价；对并购成本的估算不足，没有促进新企业实现规模经济，甚至可能拖累原来企业集团的经营业绩。并购交易完成后，并购风险主要体现在整合不力，预期的协同效应没能及时出现。整合阶段主要任务是派员进驻，建立新的董事会和管理团队，进行业务整合、管理整合和人力资源整合等。如果预期的效果迟迟没有出现，并购风险开始出现。

针对并购前后的风险，应该制定风险控制计划。首先，做到快速整合，集中优势兵力打歼灭战。组建"跨职能工作团队"，对并购完成后的企业快速整合。其次，制定可靠的资金筹措计划。进行成本控制，保证注入资金及时到位。再次，运营团队提前做好准备，与整合团队相互衔接，保持连续性。提前做好管理运营模式的设置、销售渠道和模式的建立。整合完毕后，新企业迅速进入正常运营状态。

8.3 并购交易管理

并购交易包括尽职调查、并购方案设计、并购定价、合同签署和并购交割等内容。根据复杂程度或交易方式不同,并购交易在很多情况下需要外请咨询公司协助并购。涉及定向增发或换股并购,必须聘请投资银行帮助制定方案,才能报请政府主管部门审批或核准,实现并购交易。并购方与投资银行建立工作联系,把投资银行派遣的队员纳入整体并购项目团队进行管理,按照项目管理计划推进。

一、并购定价是并购交易的核心

并购定价的过程就是并购双方基于企业内在价值而进行的博弈过程。并购价格可以围绕目标企业的内在价值上下浮动。如果并购价格高于目标企业的内在价值,意味着并购方要支付一定的溢价。并购溢价是并购方支付的、高于目标企业资产价格的部分,是战略性并购的价值体现。并购价格等于内在价值加上并购溢价。多数情况下,并购方需要支付一定的溢价才能成功并购。国内外学者实证研究发现,在企业并购的过程中,多数情况下并购方都支付了一定的溢价(Alexander,1991)。对于战略性并购,企业愿意支付的溢价更高,因为并购实现战略意图带来的收益更加令人期待。如果并购价格等于目标企业的内在价值,可以称之为公平市值,是从财务角度出发,卖方可以接受的最低价格。目标企业的公平市值反映了日标企业的规模大小、产品和服务的深度和广度、市场份额和客户群、盈利水平和现金流状况等。公平市值是谈判的起始价格,没有考虑战略价值。马克·L·塞罗沃研究了1979—1990年间发生在美国上市公司的重大并购实例,结论认为,并购方在交易价格中支付了过高的溢价是并购失败的主要原因。

二、并购溢价是并购定价的决策重点

企业并购的目的是对外部资源的优化配置,而获得目标企业的资源是实现资源优化配置的前提。并购能否获得成功取决于多方面的因素,其中,愿意支付溢价的多少是决定并购交易成功的关键因素。愿意支付溢价的动因主要是战略性资源的取得和协同效应的预期。并购方支付溢价是在多种约束条件下追求自身效用最大化的结果,反映了企业的战略期望和预期。并购方愿意支付溢价,主要是因为并购方预期产生协同效应,获得额外收益。支付溢价是风险性较大的投资,因为并购溢价是预先支付的,而资产的优化配置是预期的。协同效应带来的未来收益是不确定的。麦肯锡公司研究发现,61%的并购战略没有使投入的资金产生足够的回报。所以,支付溢价是并购方管理层的一个风险性决策。波士顿顾问公司的马克·L·塞罗沃指出,在并购决策中,溢价可以作为衡量风险的事前标准。并购方支付的溢价越高,并购价格离内在价值越远,风险就越大。溢价高到一定的程度,对收购方来说,必须充分取得协同效应的预期,才能弥补支付的溢价,使并购方回旋的余地大大减少,增加了并购方的风险。

支付并购溢价是在不确定条件下的决策。在并购过程中,确定合理的溢价至关重要。合理的溢价既可以保证成功地实现并购,又可以把溢价风险控制在合理范围内。在并购定价的过程中,首先需要正确评估目标企业的内在价值,奠定并购溢价的基础。企业内在价值的评估方法具有多样性,既有传统的静态账面价值方法,又有基于未来发展潜力和现金流的方法,还有静态账面价值和未来发展潜力相结合的评估方法。被并购的企业可以是上市公司,也可以是非上市公司。在成熟股票市场,上市公司的内在价值表现为股票市值,市值基本可以反映企业的经营状况和未来的发展趋势。但在“弱式有效”的股票市场,上市公司的股票市值可能严重偏离企业的内在价值,不能作为企业内在价值的衡量标准。很多情况下,企业内部价值评估基于历史的静态账面价值,而对未来市场因素考虑不够。所以,企业内在价值评估方法需要改进。衡量一个企业的内在价值,需要考查历史静态的账面价值,但更应该关注未来市场发展潜力和现金流的状况。在对未来市场因素考虑的时候，特别要关注人力资源、研发能力和各种知识产权等价值分析。对于有发展潜力的企业，内在价值应该提升。其次，确定合理的溢价。以内在价值为基础，确定合理的溢价是并购成功与否的关键。企业支付溢价的能力与并购方企业的经济实力有关；而企业愿意支付的溢价大小与企业的战略性动机、协同效应预期有关。最终支付溢价的大小还与供求关系、竞争环境、双方谈判能力等因素有关。并购方应该事前审慎论证并购溢价的适度性，根据战略的需要程度和协同效应的预期，谨慎制定溢价上限。在并购过程中，如果双方谈判或多方竞购导致溢价超过上限，仍然不能获得交易成功，应该坚决放弃并购，全身而退。特别是在多家企业竞购一个目标企业的状况下，如果并购方没有事前考虑溢价上限，竞争环境很容易让并购方支付过高的溢价。并购完成后，如果并购方支付了过高的溢价，而战略意图和预期的协同效应没有实现，预期的协同效应不能按计划出现，支付溢价带来的压力迅速增加。支付的溢价越多，收购方协同效应的压力就越大。

三、并购溢价的影响因素

1. 并购溢价与战略性资源获取

并购方评估的是投资价值，是在特定环境和投资要求下的价值。投资价值是并购方愿意接受的交易价格，交易价格超过其内在价值的部分就是溢价。并购方认为某些资产是战略性资源，资产价值高于其账面价值，并购后预期会带来较大的协同效应，所以，愿意支付较高的溢价。企业资源是稀缺的，对企业来说，为了实现企业战略，需要更多的优质资源来支撑，而战略性并购是开发和引进外部资源的重要途径。通过并购可以为企业注入战略资源，为优化配置资源提供基础性条件。战略性资源是为实现战略意图而需要的关键性资源，包括供应链、先进的技术、熟练的工人、高技术的人才，还可能是销售渠道、知识产权和公众认可度等。战略性并购的目的是获得战略性资源，战略性并购的溢价与战略性资源带来的潜在价值具有很强的相关性。战略性资源给企业带来的预期收益越大，企业愿意支付的溢价也越多。

对并购方来说,为了降低搜寻成本,在与竞争对手竞价或与被并购方谈判时,企业可能会做出让步,愿意支付较高溢价,从而获取战略性资源。并购方并购了目标企业以后,获得了新的资源,包括厂房、设备、技术、人才、销售网络、无形资产等,可以给企业带来额外的收益和利润增长点,提升了企业的综合竞争力。并购方有良好的预期,相信获取战略性资源后,可以实现战略意图,可以提高企业运行效率,这里的效率就是优化资源配置,提高协同效应。并购方支付了并购溢价,取得竞购成功,得到了战略资源并获得对资源重新配置的机会。战略性资源是否得到优化配置,主要考察并购双方在并购以后的综合业绩改进状况,而不能单独考察目标企业或并购方的绩效改进。因为并购方企业可能把很多优质资产注入目标企业,单独一方的绩效不能反映并购绩效。对目标企业而言,资源在并购之前可能没有发挥作用;并购之后,同样的资源得到了优化配置,实现了资源的效用最大化。

2. 并购溢价与协同效应预期

并购方关注的是投资价值,投资价值是指收购方在特定环境与投资要求下的价值,这种价值包括了战略收购者期望由收购创造的协同效应或其他益处(弗兰克 C·埃文斯)。并购企业愿意支付溢价是因为投资价值超过企业的内在价值,愿意支付溢价的大小就是投资价值超过内在价值的部分。并购方最终支付的溢价可能受到多种因素的影响,但协同效应预期是主要因素。并购方愿意支付多少溢价,主要取决于并购方对未来协同效应的预期。预期越大,愿意支付的溢价也越高,反之,愿意支付的溢价就小。并购方对未来协同效应的预期具有特定性,不同企业对协同效应的预期是不同的,愿意支付的溢价也是不同的。并购溢价缺乏普遍性。并购溢价必须针对某一个具体的并购企业而言,不同的企业愿意支付的溢价是不同的。并购方的战略动机不同,同时,目标企业的资源对不同的企业来说投资价值是不同的,所以,并购方愿意支付的并购溢价存在差别。并购溢价没有正确的界限。支付该溢价是本企业愿意支付的,到底多少合适并没有统一的界限,与其他企业愿意支付的溢价也没有必然联系,没有必要寻求其他企业愿意支付的溢价数额作为参考标准。同一个目标企业,对于不同的战略并购方来说,战略价值和战略意义肯定存在很大的差异。如果对某个企业来说,该并购具有战略性意义,整合之后带来的协同效应可以创造巨大价值,实现该企业的飞跃,即使支付较多的溢价也是合理的,也是值得的。对另一个企业,战略意义不强,能否有效整合还不确定,这时支付同样的溢价就是不合理的。并购方在并购溢价决策的过程中,可以通过增加信息搜寻成本,获得目标企业的内部信息,从而减少获得协同效应与期望值的偏差。

企业在考虑协同效应预期的时候,要考查并购双方资源在多大程度上产生协同效应,能否带来预期的战略收益。进一步要考虑协同效应带来的价值如何分配,能给收购方多少,又能给被并购方多少。并购方支付的溢价其实就是买方把协同效应创造的价值提前转移给卖方,协同效应创造的价值在多大程度上进行转移是企业要把握的重点。另外,应该对支付溢价的风险进行评估。如果风险较大,应适当降低愿意支付的溢价水平,即使不能获得最终交易的成功,也不能超过这个溢价水平,否则就会陷入并购的协同效应陷阱。

3. 经理人因素和谈判能力影响溢价

对一个企业来说,确定并购价格是一个艰苦的谈判过程。在企业内在价值的基础上,双方就价格方面讨价还价,经理人的因素、谈判能力的高低在某种程度上决定了最后支付的溢价。并购方经理人的自利和自负因素也会在一定程度上影响溢价。Richard Roll(2007)把支付过高的溢价归因于经理人的过分自信或称为过度自负。如果缺乏相关激励或制约,作为理性人的经理可能出现委托代理问题,为了自己的权力范围更大,为了获得扩张的机会,为了实现自己的抱负等,宁愿支付较高的溢价,从而实现并购。经理人相信通过对资源的整合能获得协同效应,并且对协同效应的预期估计过高,所以愿意支付过高的溢价。能否管理好目标企业的资源,能否产生协同效应,单纯的自信是不能解决问题的。有些经理人过于自负,拍脑袋决策,结果预期的协同效应始终没有出现。在交易成功的时候,可能支付的溢价远远超过自己的预期,虽然获得竞价的成功,但支付了过高的溢价,事后会对自己的行为懊恼不已。这时虽然能获得较高的溢价,但协同效应最终不会发生,也不符合目标企业的战略意图。

对被并购者来说,应该积极寻找适合的购买者。被并购方应该清楚,不同的潜在收购者愿意出的溢价是不同的,关键在于对方愿意支付的溢价是否与其实力相符合。卖方可能考虑卖一个好价钱,但更重要的应该是找一个好买家。被并购可能是全部股权被并购,如果全部股权被并购,就选择支付溢价最高的企业。但多数情况下是部分股权被并购,在这种情况下,不一定要追求最高的溢价支付者,应该对对方企业的品质进行全面考虑。因为被并购就相当于找到一个战略投资者,对方的资信、实力和管理水平等是主要考虑因素。即使对方愿意支付的溢价较高,但对方的企业品质和管理能力很难达到预期的协同效应,这时也不能选择该企业。并购可能有几家公司同时竞购同一个目标公司,相互的攀比心理和获胜心态容易导致支付过高的溢价。

8.4 并购整合管理

并购整合是实现并购目标的重要环节,是并购工作成败的关键,是并购项目管理的重点。并购整合是一项复杂的系统工程,包括组织人员整合、业务整合和管理整合等,需要并购团队进行系统性思考。并购整合是一个创新和实践的决策过程,需要并购团队充分发挥团队的智慧,并付出艰苦卓绝的劳动,在短期内作出大量的决策。并购整合的成效决定了并购项目的成功与否,决定了预期的协同效应能否出现。

一、并购整合难题

并购给企业快速成长提供了机会和条件,但并购整合给并购双方企业带来了挑战和困惑。整合是并购中经常遇到的难题,很多企业缺乏并购整合经验,更多地关注并购的前期工作,而对后期整合重视不够。很多并购失败的主要原因是整合不及时,整合不得力,整合经验缺乏,对自身整合能力和可能出现的问题估计不足,导致整合效果不明显,不少并购企业因整合不力而陷入进退维谷的境地。

1. 并购方缺乏并购整合的理念、经验或能力

有些企业在并购时重视前期尽职调查,选择合适的企业进行并购,但对并购后的整合缺乏理念。这类企业认为,选择了合适的企业,通过反复谈判,找到了满意的价格,并购交易完成,并购工作也就结束了。并购方对并购整合缺乏充分的准备和详细的整合计划。这类企业主要是资本运营为主体的投资类企业,对于持续经营和发展缺乏深刻认识。有些企业在并购时既清楚并购前期尽职调查的重要性,又认识到并购整合的重要性,专门做好了整合的人员准备,并制定了并购后的整合计划。但是,如果并购方缺乏整合经验和整合能力,不能按照计划有效地对被并购方进行整合,并购方陷入无知性陷阱。后期整合的不力会导致企业并购的预期不能实现。因此,并购方要进行并购项目管理,把交易、整合和运营管理三个阶段都做好周密的安排,制定相应的工作计划和人员配置计划,根据并购目标进行有效的项目管理。

2. 并购整合导致关键人才流失,目标企业价值降低

并购导致股权结构调整或资产的转移。整合的过程就是资源重新配置的过程,包括业务整合、生产整合、营销整合、人员整合等。整合的过程伴随着人事调整;整合可能导致关键人才的流失,降低了被并购企业的未来价值。我国企业偏好现金收购,因为现金收购操作程序相对比较简单,速度快,也容易达到目标。被并购方也偏好现金支付,可以直接获取企业发展或股东套现的资金。现金收购很可能导致重大的资产转移和调整,原创始人团队很可能选择退出,目标企业的固有竞争优势可能就会减弱,目标企业的价值降低。所以,并购过程中应把握目标企业的决策机制,把握原有的优秀人才团队,通过利益均衡机制实现双赢。

3. 如整合结束预期的协同效应没有出现,需要持续的后期投资

协同效应是并购整合的目标。并购整合完成后,预期的协同效应没有出现,就需要并购方连续投入更多资金,否则企业难以生存,并购方陷入协同效应陷阱和延期性陷阱。并购过程中,在多家竞争对手同时接触目标企业的情况下,可能会出现非理性行为。参与并购的企业为了获取并购交易权,可能与竞争对手相互竞价,特别在多方竞购火热的情况下,如果企业没有设置最高限价,决策者会支付更高的溢价。支付过高溢价除了竞价因素外,还可能因为并购方企业决策者过高估计自己,对自己的优势刻意夸大,过于自信可以产生预期的协同效应,竞价成功者往往伴随的是胜利者的懊恼,导致决策性陷阱。并购企业支付了较高的溢价,而预期的协同效应并不是很容易出现。后期需要连续而且不断升级的投资,导致并购方陷入进退两难的困境。具体对策是:选择合适的规避方法,并购方要把握目标企业的真实价值,设置溢价的上限,防止决策人因竞价带来的非理性行为。并购方可以设置投资极限点,以此作为衡量继续或终止投资行为的最后节点。

二、并购整合的内容

首先是组织和人员整合。设置合适的组织结构可以提高企业的运行效率,可以最大化地发挥员工的潜力。同时,留住关键的人才可以实现并购的重要目的。靠并购快速成长的思科公司的约翰—钱伯斯指出,收购目标中最主要的是人才,而不是产品。人力资源整合是其他整合工作的基础,并购完成后要迅速进行人力资源整合,把合适的人才选配到适当的岗位上,可以稳定人才、稳定人心,有利于进一步整合,因为人在并购整合过程中表现出不安、猜疑、躁动,会直接影响其他整合工作的进行。合理的人力资源规划是人力资源整合成效的关键,人力资源整合要做到人尽其才,各施其能,为优秀的技术和管理人才提供充分的发展空间,同时要体现对弱势群体的人本关怀,实行待岗培训,发放基本工资。充满人情味的公司必定是一个有竞争力的新公司。人力资源整合的基本流程是根据生产需要确定岗位数量,并进行岗位描述。尽快确定高管团队,然后职工竞聘上岗。接下来进行高强度培训,接受文化理念导入培训、岗前培训和管理培训等,最后通过测评反馈,培训合格后定岗,不符合条件的继续待岗培训。

其次是业务整合。这里的业务整合是广义的概念,根据市场和产品战略定位,把并购方的业务和目标企业的业务相融合,包括业务本身整合、资产整合和财务整合。业务本身整合需要对目标企业的业务进行梳理,突出主业,剥离非主营业务。如果被并购的企业处于生产停滞状态,要从产品入手进行整合,调整企业产品结构,砍掉不盈利的产品线或品种,增加盈利产品线或品种的投入,形成具有竞争力的核心业务。资产整合主要是指对目标企业的资产进行分拆和优化组合，对长期不能产生效益的、不适合新设企业发展战略要求的和其他难以有效利用的资产，要及时剥离出售。财务整合主要是指并购双方财务系统的统一化管理，包括财务制度的统一、会计核算制度的统一、资金调配的统一、投融资管理的统一等。

再次是管理整合。并购方注入包括优秀管理团队在内的优良资产，接下来要进行管理整合，管理整合包括组织整合、流程设计和内控体系建设，以期获取协同效应。组织整合主要是设置合理的组织结构，保证组织运行效率，比如，采取集中采购、统一营销的组织管理框架，可以提升企业的盈利能力。流程设计表现在采购流程、财务流程、生产流程、销售流程、管理流程和研发流程等，还包括各个流程的子流程方面。合理的流程可以规范路径，控制风险，提高工作效率。内控体系建设主要是通过制度安排，控制可能出现的各种风险，保证并购后的企业可以安全运营。另外，管理整合的过程就是建立和传播运行规则的过程，在统一规则下，保证企业正常运行。

三、抓住促进整合成功的关键要素

1. 组建独立的“跨职能”整合团队，为整合提供组织保证

签订并购合同之后，整合从并购交易流程中分离，单独执行整合任务。从并购管理团队和未来企业运营团队中抽调强有力的人员，组成一支精干的新的整合团队。整合团队由经营管理方面的、设备技术方面的、营销管理方面的专家组成。建立快速反应的决策流程，整合团队可以定期或不定期地直接向集团总裁汇报工作，确保快速做出决策，并不断增强紧迫感。整合团队根据整合活动的性质和重要性，完善快速整合计划，并排定整合工作的具体进度表，包括里程碑计划。当然，项目管理组的整合团队并不是完成并购整合的全部工作，在企业后期经营的过程中，整合工作仍要延续。整合计划的深入贯彻要在日常经营活动中逐步实现，需要更多地依赖于新企业管理团队，这是与普通项目管理的区别所在。

2. 遵循并购整合的流程和路径,实行快速整合

成功整合的关键在于制定一份纪律严明的整合计划,探求整合的执行速度与深度的恰当平衡。"跨职能工作团队"自上而下设定了明确的目标,要迅速推进,大刀阔斧,否则贻误战机,可能带来更多麻烦。整合是从并购交易完成开始,到整合目标实现结束。在快速整合过程中,整合目标和整合信息要对客户、员工、供应商等及时通报,让利益相关群体了解项目进展情况,故意封锁消息只会扩散不确定气氛,造成人心不稳,可能导致优秀人才的流失。所以,并购整合应该制定周密计划,统一理念,创造价值,快速推进,整合过程中稳定人心,鼓舞士气。整合计划中特别要关注界定整合范围,应该从人力资源、生产制造、企业研发、市场营销、管理体系和企业文化等全方位构筑整合思路。并购方整合团队应该把握整合速度和整合深度之间的协调,并保持清醒的认识。

3. 明确并购的战略意图和并购后的企业定位

明确的战略目标和卓越的整合能力是并购成功的关键。在并购之前,企业要做充分论证,明确并购的战略意图,以及并购以后的企业定位。根据自身的资源特点和竞争优势制定战略目标,战略目标的制定需要深入分析企业面临的机会和威胁、自身与竞争对手的优势与劣势。在既定的战略经营领域内,根据对外部环境和资源状况进行的综合考虑,确定战略目标。战略目标拟定出来之后,要组织多方面的专家和有关人员对目标方案进行评价和论证。战略性目标为企业整合提供重要依据。在正式整合前,整合项目组要制定一份严密的整合方案和计划,规定整合周期,明确在时间、成本、质量约束条件下的整合项目目标。在整合计划中,要明确将要完成的重大任务、执行这些任务的人员、开展这些任务所需要的资源以及完成任务的时间节点和各个阶段所要达到的目标效果。

4. 实施"营销先行"的并购整合策略

并购整合过程中,还要考虑更深层次的因素,包括整合后企业的经营管理模式、内部风险控制和销售渠道等,特别是要把营销工作走在前头。整合过程中,适时召集客户、供应商和利益相关方,举行新公司"战略愿景"分享大会,展现美好前途。等到快速整合完毕,新公司进入正常运营阶段,市场开始全面回升,新的管理班子逐步稳固，经过一个经营管理上的磨合期，生产经营步入正轨。组建新的、强大的销售团队，提前对重要客户进行拜访，进行客户关系管理。稳定相关市场是重中之重。根据二八法则，80% 的利润来自于 20% 的客户，应当积极、迅速地对被收购企业 20% 的大客户和重要客户进行拜访，向客户传播新公司的战略规划，让客户获取最新信息，巩固原有的客户源。

5. 实现整合和生产的平衡

整合是一个独特的过渡期，是资源重新配置的过程，整合团队比较迷惑的是停产整合还是边生产边整合。应该说两者各有利弊，停产整合便于集中精力，迅速推进，但是停产带来损失，恢复生产需要一个恢复期。边生产边整合容易分散精力，不利于快速整合，但保持了生产的连续性。应该根据被并购企业的状况决定采取何种方式。停产整合的适用情况是：被并购企业濒临倒闭，还处于维持生产状态，可以暂时停产，集中精力快速整合。边生产边整合的适用情况是：整合不一定要影响生产，应该保持被并购企业运营的延续性，在生产过程中，逐步调整策略，实现整合。

★ 自测题

1. 什么是并购项目管理的价值和框架？

2. 如何理解整合在并购项目管理中的重要地位？

3. 并购整合的关键在于哪些方面？

第9章 研究开发项目管理

本章精要

企业面临的竞争日趋激烈,如何研发出适应市场和客户需求的产品或服务是每个企业面临的重大任务。能否通过研发满足市场需求是企业高层管理者应该重点关注的事情。建立快速响应市场需求的研发决策体系和项目管理体系是提升研发效果和研发能力的重要途径。研发管理关系到企业的生存和发展,从立项决策到研发项目的计划、组织、实施、控制,到最后的项目验收,都反映了企业的研发项目管理能力,间接地反映了企业对市场需求的反应敏感度。

9.1 研发项目的流程

企业研发(R&D)是企业竞争的主战场之一,企业研发的主要目的是开发适应市场需求的产品、服务或商业模式,从而提升企业在同行业中的竞争能力。对企业来讲,不断研发出适应市场和客户需求的成果是保持企业竞争优势、提高企业市场适应力的重要途径。企业研发是企业重要的活动,是企业研发人员对所掌握知识和事物认知的系统应用。研发需要较大的人、财、物投入,也期望获取较大的回报,基于此,这里把研发项目归结到投资类实务篇。

1. 研发组织和研发流程相互支撑

研发是一个比较独特的智力劳动过程,应该进行集中管理,保证研发效果。

研发应设定一定的流程，按照流程进行研发管理可以保证实现项目的预期目标。这里假设是一个集团公司，集团公司专门设置分管研发的职能部门，称之为研发管理部，或者为项目管理部，分管研发项目的立项、过程管理和最后的结题工作。集团公司各个子企业的研发项目都归口到研发管理部，属于部门控制式组织结构。假设组织结构如图9－1所示，该集团公司有若干个子公司，集团采取统一管理、分开实施的研发项目管理办法。研发管理部作为主管部门，负责各子公司的研发项目管理。研发项目管理流程与组织结构保持一致性，研发项目的流程见图9－2。研发项目采取规范的项目管理流程。研发项目的立项是项目的起点，子公司研发项目报到集团职能部门研发管理部，研发管理部进行审核，然后报请集团公司审批。集团公司项目决策委员会进行决策，如果通过审批，研发项目正式立项。根据项目申请书的批复文件，子公司研发团队制定研发项目执行计划，集团研发管理部进行过程管理和控制，最后，组织专家团队对研发项目进行验收和后评价。

2. 任何一个研发项目从项目决策开始

子公司提出研发项目立项申请，附有研发项目申请书，上报到研发管理部。研发管理部代表集团公司进行审核，审核内容包括形式的规范性和研发的可行性。可以组织公司内外部专家，充分考虑市场、营销、战略等因素，给出专业评价意见。如果审核专家团队认为研发项目不可行或论证不充分，可以发回子公司或补充可行性研究；如果审核专家团队认为研发项目可行，按照企业的组织设置，上报到项目决策委员会。集团项目决策委员会接到职能部门的审核意见之后，应及时召开项目决策委员或研发项目专题会，审核内容包括研发内容是否符合市场需要，是否符合公司战略等，最后给出最终的审批意见。决策的环节保证研发项目在做正确的事。

3. 研发项目执行计划是研发项目推进的依据

如果研发项目申请书审批通过，进入下一个环节，子公司需要制定详细的研发项目执行计划。根据项目申请书的内容，子公司深入进行计划安排，包括具体的进度计划、资金使用计划、质量保证计划、研发人力资源计划等，研发项目管理计划保证用正确的方法做事,保证找合适的人做合适的事。研发过程由子公司研发团队负责执行,集团研发管理部负责过程监管,及时获取研发进度信息,并给予指导和管理。

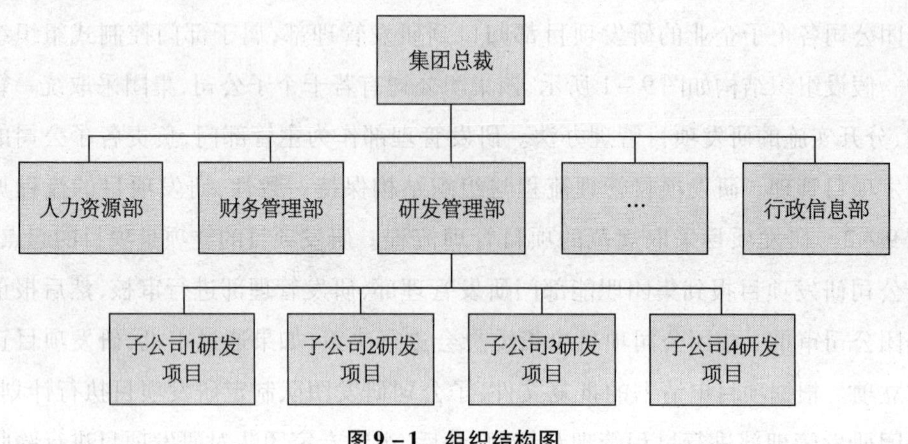

图 9-1 组织结构图

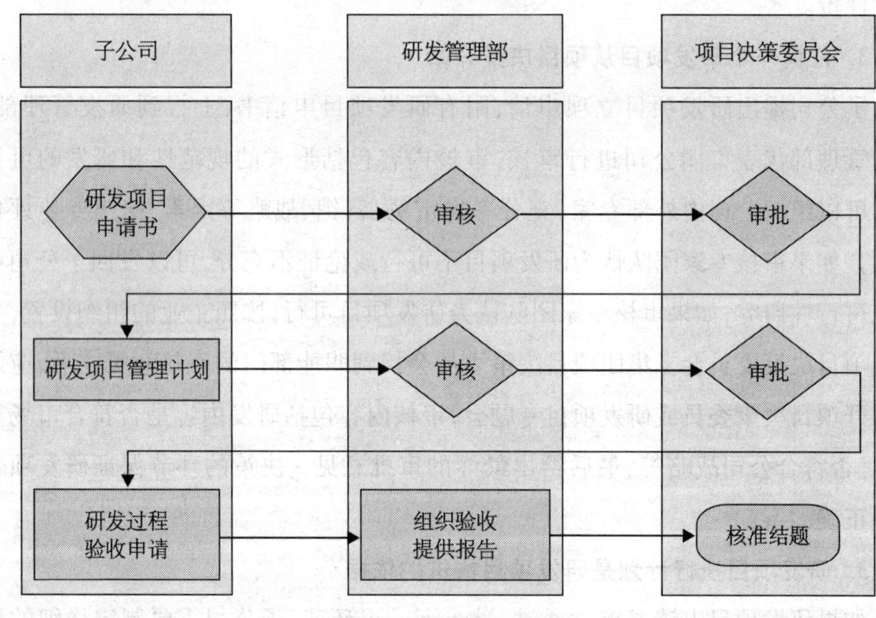

图 9-2 研发管理流程图

4. 验收和后评价是研发项目效果的判断

研发完成之后,进入项目验收环节,验收是项目管理的重要环节,是保证研发效果的控制点。研发管理部负责组织验收和管理，如果没有达到目标，可以给出验收不合格的意见，要求研发团队继续研发；如果研发验收合格，验收专家组给出验收意见，上报集团公司。集团决策委员会核准验收通过，研发项目结束，开始进入研发成果的使用阶段。一年以后对研发项目的效果进行后评价，看是否达到预期的效果。

9.2　研发项目的决策

企业研发的起点是研发项目的决策，决策是项目管理的一个关键环节。研发项目要基于市场和客户需求，保证做一件正确的事情。决策考验着企业管理团队决策者的智慧、知识和经验。

1. 研发项目的决策，要保证研发目的明确性

首先，明确研发目的是开发一种产品或服务、创造一种方法，还是创新一种商业模式。其次，明确项目的来源是产品的发展规划要求，还是市场和客户的需求再次，明确需要达到的研发效果是研发一种新产品和服务，先于竞争对手满足客户的需要，还是创造一种商业模式，通过该商业模式获取持续的收益。研发要了解竞争对手在哪些方面进行研发，了解同行竞争对手研究开发到何种程度，从而做到知己知彼。要弄清楚研发立项依据是否可靠，研发的成果是否能满足市场，技术上是否可行。这些事情明确之后，还要进行风险管理，既要对风险进行定性描述，又要进行定量度量，找到规避风险的措施。

2. 研发项目的决策，要保持研发和市场营销的协同性

在集团性组织框架下，研发的决策包括两个层面：一个层面是子公司层面的决策，第二个层面是集团层面的决策。其中，最关键的是子公司层面的决策，子公司直接面对市场和客户，非常明确市场的动态需求，子公司营销人员反馈的信息对研发决策起到重要作用。子公司决策时，应充分考虑研发和市场营销的协同性，保证公司提出的研发需求和市场需求的一致性。对企业来讲，不针对市场和客户的研发是不符合企业特征的研发，是企业无法承受的负担。子公司决策后，报到集团公司进行决策，集团层面考虑更多的是集团战略问题，以及研发领域的人力资源和研发设备资源的共享问题。通过整合资源，统筹安排，以最小的研发投入实现集团公司投资收益最大化。集团公司和下属子公司建立“以市场为导向”的高绩效研发组织体系，建立快速响应市场需求的联动机制，保证两个层面决策的科学性和有效性。

3. 研发项目的决策，要认真权衡资源投入和成果收益

研发是一个项目，也是一个投资行为，研发需要进行成本预算，要对研发成果带来的收益进行评价。通过财务评价和战略评价，衡量和判断投资是否合理，是否值得，从而给出合理的决策。研发成果给企业带来的收益是企业关注的指标，反映研发项目的经济效益状况。

4. 研发项目申请书是研发决策的主要依据

子公司是研发项目的提出者，对研发项目承担主要责任。立项的申请主体有义务提供项目申请书，相当于可行性研究报告。研发团队对研发项目要进行深入的可行性研究，进行技术评估和效益评估，通过观点的碰撞进行项目的反复论证，论证该研发项目的可行性。每一次论证都要有会议纪要，包括参加论证的成员、存在的不同观点和会议形成的阶段性意见。这些会议纪要是集体论证的成果，是项目决策的重要依据，可以作为附件附在项目申请书后面。研发决策的重要依据是研发项目申请书，研发项目申请书没有完全统一的格式和规范，但是，应包含以下基本内容：

- 研发目的
- 研发内容
- 拟突破的重点和难点
- 研发思路
- 研发方法
- 研发团队

- 计划进度
- 最终成果
- 成本预算
- 研发方案
- 市场的可行性
- 技术的可行性
- 竞争对手分析
- 经济效益分析
- 其他

9.3 研发项目的计划

研发项目决策完毕之后，研发项目团队开始进入制定项目计划阶段。按照项目管理的基本框架，细化项目目标，进行工作分解，人员责任分配，制定相关计划，展开研发活动，进行过程控制，直至项目验收和后评价。

1. 确立总目标

选择公司合适的研发员工，组建研发项目工作团队，从2013年1月1日到2013年5月31日，共用5个月的时间，投入300万元人民币的资金，保质保量地完成电机的新产品研发。确保在2012年5月31日后，新产品能投入市场，参与市场竞争，且能满足市场的需求。

2. 抽调合适人选，构建部门控制式组织形式

组织设置项目经理1人，负责整个项目的全面工作，下设5个小部门，组成项目工作团队。该项目团队归口到集团研发管理部，日常监管由研发管理部负责。

3. 针对研发项目，进行工作任务分解

工作任务分解包括两个部分，一个是产品研究开发的工作任务分解。图9－4

是研发工作任务分解。另一个是研发项目管理的工作任务分解。图 9－5 是项目管理工作任务分解。

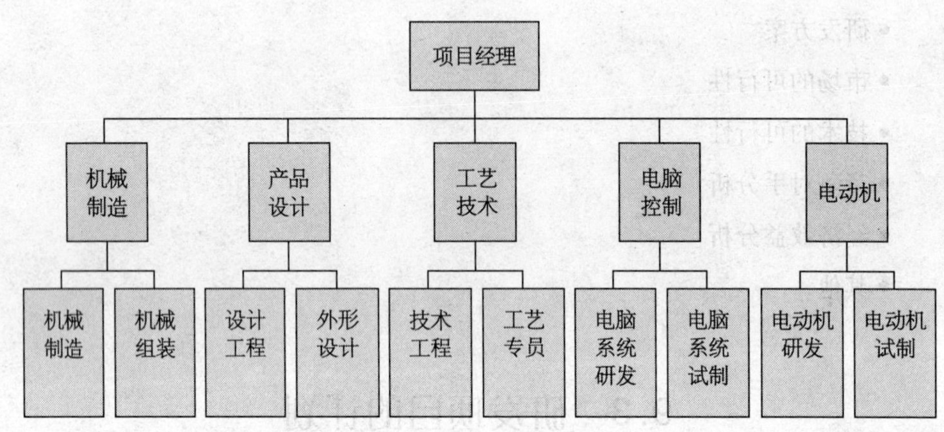

图 9－3　团队型组织结构

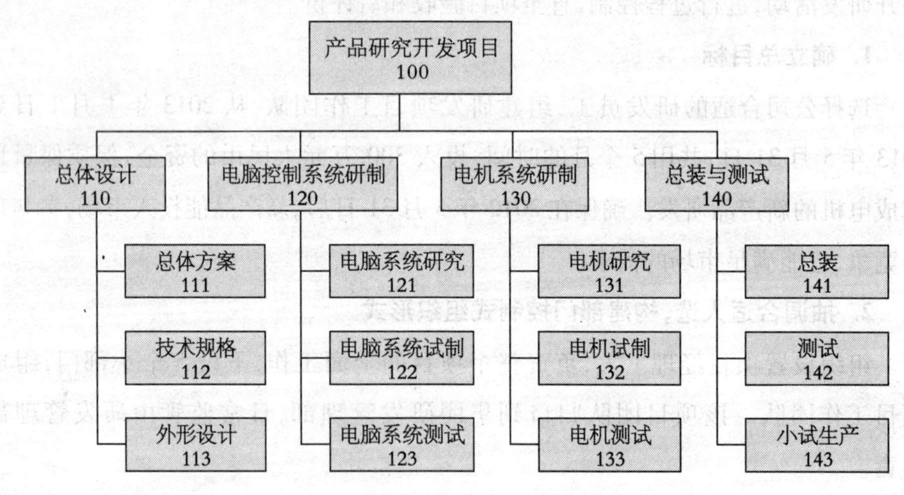

图 9－4　研发工作任务分解

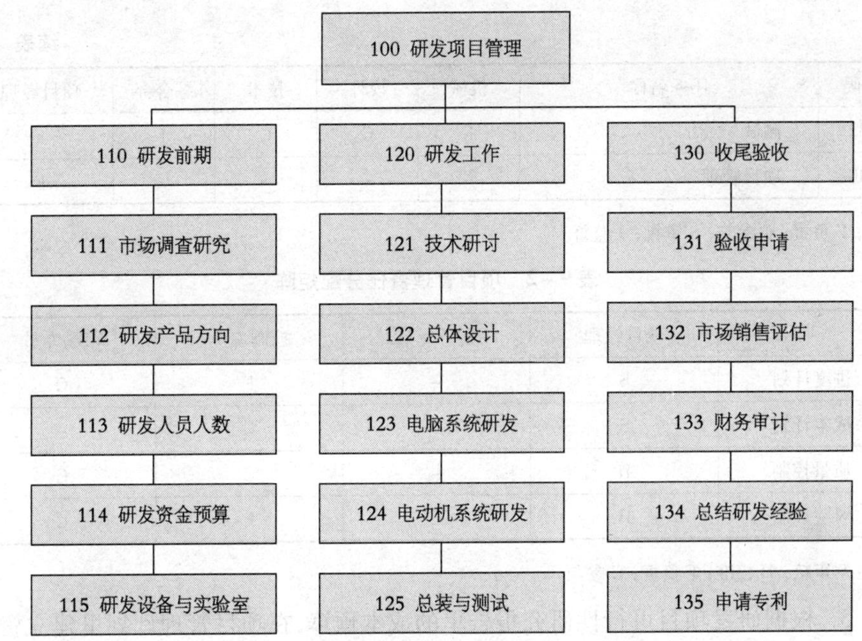

图 9－5　项目管理工作任务分解

4. 根据组织设置，对具体工作进行责任分配

建立责任分配矩阵，每一项工作有专门的部门或者专人负责。研发团队的队员之间明确自己的任务和责任，也清楚其他队友的任务和责任，促进彼此之间协调配合。研发本身的责任分配（见表 9－1）。研发项目管理的责任分配（见表 9－2）。财务专员、市场专员、控制专员属于综合部的岗位，项目管理的计划和控制由综合部门负责。

表 9－1　研发项目责任分配

编码	任务名称	机械	设计	技术	综合部	项目经理
111	总体方案	C	F	J	C	S
112	技术规格	C	F	J	C	S
113	外形设计	C	F	J	C	S
121	电机系统研究、试制	–	C	F	J	S
122	电脑系统研究、试制	–	C	F	J	S
123	整体系统测试	–	C	F	J	S
131	总装	F	C	C	J	S

续表

编码	任务名称	机械	设计	技术	综合部	项目经理
132	测试	F	C	C	J	S
140	项目管理	–	–	–	C	F

注：F 负责；C 参与；S 审批；J 监督

表 9－2　项目管理责任分配矩阵

	项目经理	财务专员	控制专员	市场专员
进度计划	S	–	F	C
成本计划	S	F	C	–
质量控制	H	–	C	C
风险控制	H	C	F	C

注：S 审核；H 核准；F 负责；C 参与

5. 根据研发项目可行性研究报告里的成本预算，在项目管理计划里建立资金使用计划（见表 9－3）。纵向是研发的科目，横向是月份，每个科目每月需要的资金一目了然。进度计划可以设立网络图计划、甘特图计划和里程碑计划，这里设定了里程碑计划（见表 9－4）。

表 9－3　资金使用计划

项目（单位：万元）		小计	1 月	2 月	3 月	4 月	5 月
研发期间	原料采购	100	10	30	40	10	10
	开发研究	20	0	5	10	5	0
	产品试制	60	0	10	40	5	5
	人力资源	30	6	6	6	6	6
研发后期	产品试用	20	0	0	10	5	5
	市场推介	10	0	0	5	3	2
	市场调查	5	0	2	2	1	0
	不可预见费用	55	11	11	11	11	11
	总　　计	300	27	64	124	46	39

表 9－4　研发里程碑计划

编码	里程碑任务名称	计划完成时间	备注
1	电机研制成功	2013－02－01	－
2	电脑控制系统研制成功	2013－02－28	－
3	电机试制完毕	2013－03－04	－
4	电脑控制系统试制完毕	2013－03－24	－
5	产品总装完成	2013－04－25	－
6	产品测试成功	2013－05－26	－

9.4　研发项目的验收和后评价

作为一个项目，研发成果的验收是项目管理的重要环节。验收主要是对研发成果的直接判断。凡是可以直接判断的事项都可以在验收环节进行，并给出阶段性的验收评价。研发项目验收的内容包括预期的研发成果是否实现、研发成果是否达到技术要求、研发的成本是否符合预算、进度是否符合进度计划等。在研发项目验收阶段，还要考查研发项目是否符合预定的基本流程；研发项目的主要流程包括研发立项流程、资金支付流程、材料采购流程等。验收内容包括是否有明确的流程、是否严格地执行了流程、是否留有责任人的意见等。

项目验收之后，需要通过后评价的方式对研发项目的有效性进行评价。企业研发的成果最终要经过市场的检验，面对市场竞争的压力，研发成果要善于平衡客户多变的需求。产品或服务研发成果最终能否适应市场，能够满足客户的需要，要经过一段时间的检验。研发成果使用以后，经过半年或一年之后，对研发项目进行后评价，回过头来看最初的目的是否实现。如果目的实现了，要积极总结经验，在以后的研发项目过程中加以推广；如果没有实现目的，要找到原因，总结教训，为后续研发项目提供前车之鉴。

★ 自测题

1. 研发为何可以看作一个项目?

2. 如何保证实现研发的质量效果?

第四篇　事务实务

第10章 培训项目管理

本章精要

企业内部培训是企业的一项重要工作，是学习型组织建设的重要体现，也是进行人力资源开发的重要途径。企业的内部培训很多，但是能否达到预期效果决定着培训项目的成败。决定培训项目效果的主要因素在于培训的组织者，项目的成功与失败取决于人力资源管理团队。如果把企业的内部培训工作严格按照项目管理的方式运作，明确目标，制定详细的计划，进行有效的过程控制，就可以达到预期的培训效果。

10.1 目标管理与持续学习

彼得·德鲁克(Peter F. Drucker,2002)在著作《下一个社会的管理》一书中指出，随着社会发展，知识工作者将成为主要劳动力，知识工作者拥有知识资源，他们的生产工具就是知识本身。知识工作者是拥有一技之长的特殊群体，主要靠知识创造价值，所以，知识工作者需要合适的工作环境和激励机制。如何对企业的知识进行管理，如何对知识工作者进行管理，这是摆在每一个企业管理者面前的问题。德鲁克明确指出，在某些方面越强的人，往往在另一些方面越弱。对于知识工作者来说，往往是专业技能方面越强，在社交和心理等方面越弱。知识工作者拥有独特的专业知识优势，但往往过于敏感自尊，缺乏沟通能力。企业应针对知识工作者的特点采取有效激励，通过企业内部培训，达到提升知识工作者绩效的效果。知识工作者的特点决定了知识工作者更倾向于自我控制和自我加压，不希望过多的外部干预，更愿意独立自主地运用所掌握的知识完成任务，实现目标。德鲁克在其著作《目标管理与自我控制》中提出的目标管理恰好符合知识工作者的特点。目标管理既强调目标，又强调自我控制，自我控制是实现目标和绩效的保证。知识工作者最主要的工作方式是通过自我控制发挥主观能动性，从而实现最终目标。德鲁克指出高层管理者的主要责任是发现并消除容易挫伤知识工作者工作积极性的因素，如期望不清、过度管理、随便改变规则、企业政治等，并设法消除这些对知识工作者不利的因素。德鲁克从最初提出知识工作者、知识管理和目标管理的概念，到促进该理论体系的形成和完善，做出了重要贡献。

一、知识工作者提升绩效的关键在于持续学习和自我激励

对企业来说，对员工进行绩效考评是一种手段，企业希望通过考评提高员工的工作绩效，企业管理者必须清醒认识到，员工的绩效不是通过“考评”提升的，而是通过“管理”获得的。在实际工作中，员工在多数情况下属于被动绩效考评，被动考核的假设条件认为，人都有惰性一面，必须通过外部考评施加压力才能提高绩效。在员工被动接受和被动应付的情况下，于知识工作者并没有获得主动提高工作绩效的直接激励和主观动机，激励效果不明显，企业要善于把对员工的被动考核转变为员工的主动自我控制和自我激励。

知识工作者掌握着生产工具——知识，工作的过程就是独立运用知识进行生产的过程。外部因素对知识工作者的绩效可能会产生一定的影响，但很难控制绩效的高低。知识工作者掌握的知识包括显性知识和隐性知识，运用这些知识的过程就是知识工作者的工作过程。知识工作者群体的自我控制却容易影响绩效，因为运用知识的过程不是机械性过程，而是具有一定创造性的过程，需要知识工作者发挥主观能动性。主观能动性的发挥程度取决于自我控制，自我控制的程度取决于多方面因素，关键因素是目标的可挑战性和成就感，另外就是物质回报，这些因素都是激励因素。知识工作者依靠自己掌握的知识技能进行工作，绩效源于员工自身的知识、能力及经验，但最终取决于知识工作者的自我控制能力。如果企

业制定合适的激励机制，营造合适的组织文化环境，通过组织、授权等方式，可以激发知识工作者的自我控制和自我激励的潜力，从而提高员工绩效。

二、持续学习恰好为知识工作者目标管理提供合适的环境和条件

目标管理强调目标与控制的统一，既要有明确的目标，又要有自我控制的能力。目标可以描述为用多少时间、花费多少成本、达到怎样的质量要求或实现何种功能等。而自我控制可以描述为员工进行自我激励，调动自身能动性和积极性，按照预定目标，运用自己的知识和经验，采取合适的方法和路径，促进实现最终的目标。一个切实可行的目标和一个论证充分的计划是企业管理成功的基础和保证。在执行过程中，离不开有效控制，通过控制及时纠偏，保持目标的可实现性。这个控制强调自我控制，在与组织目标一致的前提下，员工通过外部环境变化和自身条件的变化，对措施、方案、成本等因素进行调整，保证最终目标的实现。不少管理者轻视目标，忽视计划，认为制订计划耽误时间，凭感觉做事，走一步看一步，这是缺乏管理理念和系统思想的典型表现。没有明确目标、没有周密计划、没有严格控制、没有严格流程、没有风险意识的企业管理必定是失控的，最终会给企业带来巨大的损失。

目标管理与自我控制类似于项目管理的方法。目标管理与项目管理都需要充分掌握信息、制定周密的执行计划和关注过程监控。项目管理强调目标、计划和过程控制；而目标管理强调目标导向和自我控制，通过自我激励和自我管理提升绩效。在企业里，知识工作者可能是高层管理者，也可能是基层管理者，无论高层管理者还是基层管理者都需要激励。相比较而言，对基层管理者的物质激励效果显著，对高层管理者的精神激励效果更佳。对于基层管理者来说，物质激励和精神激励都有效。在物质生活不很宽裕的情况下，物质激励可以达到较好的效果。同样，组织的培养、关注、期待、信任、鼓励、授权等也会给基层知识工作者带来巨大的工作动力。对于高层管理者来说，在收入较高的情况下，物质激励的边际效用递减，尽管对于多数人来说，物质激励仍是比较重要的激励手段。相比较而言，高层管理者的精神激励变得更加重要，因为高层管理者有“自我实现”的高

层次需要,既然选择了这个组织来体现自我价值,企业应该授予高层管理者更大的舞台和更高的目标,提供给高层管理者运用知识、拓展思路、实现理念、展现才华的过程和机会,充分发挥高层知识工作者的才能和潜力。

三、持续学习促进知识工作者进行自我激励,保持提高绩效的能力

目标管理强调自我控制,而知识工作者恰好是自我控制的合适群体,所以,目标管理的方法本身对知识工作者来说就是一种有效的激励。对于知识工作者来说,物质激励固然重要,但更多需要的是精神激励。首先,有效激励表现为把合适的人放在合适的岗位上,通过组织管理,让每个知识工作者从事其所擅长且喜欢的工作,人尽其才,可以提高知识工作者的工作绩效。对于知识工作者来说,充分发挥他们的潜能就是最好的激励。不能发挥知识工作者潜能的组织缺乏吸引力,留不住优秀人才。对知识工作者的闲置、忽视,甚至漠视,是对知识工作者的最大伤害。其次,有效激励表现为通过充分授权,赋予员工责任,让员工感受价值感和成就感,这是提高知识工作者绩效的有效手段。第一,给知识工作者提出挑战性目标,通过设定挑战性目标来激发员工的工作潜力和工作热情。知识工作者的潜能是无限的,通过设置较高目标,挖掘知识工作者的潜能。第二,通过给予知识工作者自主性,让知识工作者选择自己认为有效的方法和做事方式。对知识工作者的管理主要是对工作流程的管理,而不是对知识工作者本身的管理。第三,赋予知识工作者较大的责任,让知识工作者自己拿方案,自己做决定,自己承担责任。责任感会让知识工作者更加发挥工作的积极性和主观能动性,更加关注自己的行动效果和绩效情况。对于知识工作者的成绩,企业应及时给予肯定,包括精神方面的鼓励和物质激励;对于知识工作者的失误,企业不必惩戒,而是提醒,以免再犯。一般来说,知识工作者的自我责备和自我反省带来的正面效果非常明显,而惩戒并不能带来正面效果,反而会带来很大的负面效果。

目标管理的激励作用与高层管理者的管理风格有一定的相关性。目标的确定可能是上下沟通的结果,也可能是上级直接给定的指标。独裁型管理者敢于做出决策并承担责任,独裁型管理风格的高层管理者倾向于员工严格执行最终决策

即可。独裁型管理者乐意直接给出目标,希望员工分别运用专业知识实现目标。对于知识工作者,被动接受明确的目标,运用专业知识和经验实现目标,也可以起到激励作用。独裁意味着高效,也蕴含着风险。独裁的基础是知识、经验和能力的积累,但错误的决策可能给企业带来严重的损失。大家执行得越充分,损失越大。对于民主型的管理风格,征求意见共同商定目标,效果更加明显。民主意味着沟通,民主意味着群策群力。上级与下级之间通过沟通共同制定的目标更加贴近现实,更加能发挥知识工作者的工作积极性,但是缺乏效果的沟通会变成无效率。每个人的管理和工作风格都有所不同,很难绝对地把某个人的风格归结为某一种,而且对于同一个人,在不同的阶段,可能管理和工作的风格还会有所变化,可能基于外部的驱动,也可能是自身的主动改变。在不同的外部环境条件下,各种管理风格各有其效。

10.2　企业知识转移

学者们把知识分为隐性知识和显性知识。显性知识一般以书籍、软件等作载体,用正式规范的语言来表述;而隐性知识源于个人的体验和感受,是个人的感悟和信念及价值观的体现。由于人的心智模式(Mental Model)各异,隐性知识具有较强的情境性、内隐性和复杂性。因为显性知识非常容易获取,而隐性知识则不容易获取和模仿,所以,人或企业的核心竞争力往往来源于隐性知识,这里描述的知识转移主要是指隐性知识的共享和转移。

一、知识创造、知识共享与知识转移

知识创造(Knowledge Creation)是知识共享和转移的源泉,也是知识管理的关键。Nonaka(1994)指出知识创造的起点开始于个人的隐性知识,通过社会化(Socialization)、外部化(Externalization)、组合化(Combination)和内部化(Internalization)四个阶段,隐性知识和显性知识交互转化而创造出新的组织知识,SECI 知识

创造螺旋模型阐释了知识创造的动态过程。

知识转移是指将一种情境下获取的知识应用于另一情境,知识转移的基本要素包括发送者、转移渠道、知识、接收者和情境,知识转移存在一定的路径依赖和情境依赖性。知识转移可以发生在企业内部,也可以发生在企业之间,具体表现为个人与个人之间、个人与群体之间、群体与群体之间。知识转移可以分为两个阶段,第一阶段是拥有知识者愿意把知识共享,第二阶段是接受知识方能够吸收消化并转化为自己可以理解的新知识,并可以在组织中运用。企业有效地进行知识转移和共享是企业存在的重要理由,对于企业提高竞争优势至关重要。

对于知识转移的影响因素,学者们认为知识转移主要受知识的因果模糊性、知识接收者的吸收能力,以及发送者和接受者之间整体的关系氛围影响。学习者的吸收能力(Absorption Capability)影响着知识吸收的效果,吸收能力的高低存在着自我强化机制。大多隐性知识具有粘滞特性(sticky),因此,知识转移必须要有通道和路径,空间集聚是隐性知识共享与转移的基本条件,只有面对面的互动交流,才能实现隐性知识的共享和转移。

二、企业系统内部隐性知识的运动状态

1. 企业组织内部的知识共享和转移的博弈演化

博弈演化是指通过博弈和动态演化相结合,实现群体动态均衡的过程。博弈演化首先是选择过程(Selection),是参与人寻找最优策略的过程;其次又要有突变过程(Mutation),是个体试错的行为或系统的随机干扰(Weibull,1995)。模仿者动态(Replicator Dynamic)和演化稳定策略(Evolutionary Stable Strategy)揭示了群体向某种稳定状态的动态收敛过程(Taylor & Jonker,1978)。均衡的实现不一定要参与人有很强的认知能力和全面的博弈知识,只要参与人能够从具有相对优势的纯策略中逐步进行策略的调整,也能达到均衡状态(Nash,1950)。博弈演化以有限理性和时间不可逆为基础,以群体为研究对象,研究群体达到一种相对稳定状态的过程。参与人通过彼此模仿、学习、试错和突变等过程寻找最优策略,使群体动态演进(黄凯南,2009)。

2. 各个子企业单元的隐性知识存量趋于稳定性动态平衡

在网络型组织内部满足约束条件的前提下，每一个子企业单元的隐性知识存量增长存在一个稳定性收敛，隐性知识存量与企业的规模、企业的边界和企业的竞争力水平保持动态平衡。企业保持核心竞争力的隐性知识存量可以描述为知识的动态吸收和扩散过程，借助微分方程模型（杨静化，2005）可以建立子企业单元隐性知识存量的微分方程：

$$\frac{dX_i(t)}{dt} = k_i - aX_i(t) \tag{10-1}$$

其中，a_i 为常数，界定为核心人员的流失比例系数；i 代表网络组织中的任何一个企业单元，$X_i(t)$ 表示 t 时间该企业已被吸收消化的、可以直接运用的、为企业带来竞争力的、为企业核心人员掌握的隐性知识存量；k_i 表示隐性知识存量的增长率，解微分方程（10－1）得：

$$X_i(t) = \frac{k_i}{a_i} + ce^{-a_i t} \tag{10-2}$$

企业隐性知识存量的初始条件为：$X(0) = \frac{k_i}{a_i} + c$，即 $c = X_i(0) - \frac{k_i}{a_i}$，所以，$X_i(t) = \frac{k_i}{a_i} + (X_i(0) - \frac{k_i}{a_i})e^{-a_i t}$，当 t 趋于无穷大时，$X_i(t)$ 趋于$\frac{k_i}{a_i}$。

从该模型可以推导出：子企业单元的隐性知识存量是动态发展的，处于约束条件下的子企业单元，其隐性知识存量与核心竞争力保持动态平衡和动态匹配。企业边界理论指出，企业的资本、市场、产品、技术、生产场地、管理能力及企业的目标共同限制着企业的规模和范围，决定了企业理论上存在边界（Coase，1937）。企业边界的存在使子企业单元的隐性知识存量受到制约。在企业边界的约束条件下，企业隐性知识存量的变化与企业的生存状态呈现较强的相关性。

对于网络组织中的每一个企业单元，关系到核心竞争力的隐性知识存量是一个动态的变化量。隐性知识存量的变化取决于企业吸收知识和知识创造的能力和核心人员的内、外流动状况。子企业单元通过对外部知识的吸收消化，实现知识向内部转移，同时，由于核心人员的流动，也会把子企业单元的隐性知识向外部转移，造成企业隐性知识的流失。子企业单元的隐性知识存量与企业的吸收知识能力和知识创造能力呈正相关关系，与核心人员的流失呈负相关关系。因此，企业要保持核心竞争力，必须不停地吸收外部知识，并进行知识创造，或者从外部引进新的核心人员，带来可以为本企业所用的隐性知识，同时减少本企业核心人员的流失，从而保持企业隐性知识存量的增长率。

3. 各个子企业单元之间网状联结和多方互动为知识创造和转移提供空间和路径

在企业集团的网络型组织中，把集团总部看作一个中心结点，而其子企业单元看作其他结点，彼此之间发生相互作用，共同构成一个网络型组织结构。网络结构适用于企业的集团化，也可以适用企业战略联盟。在企业集团网络治理结构下，如何促进网络组织内的知识共享和转移，从而持久地保持企业集团的竞争优势，内部学习和培训是有效途径。网络治理与传统的层级治理从结构到机制方面都存在差别。层级治理结构主要是自上而下的、层级式的联结，总部有一个发布命令的权威系统，是一点对多点或者多点对一点的上下分层联系，治理机制偏重于命令机制，体现权威与权力，强调传达和执行，当然也有自下而上的反馈。而网络治理结构是行为主体间的水平联结，其主要特点是强调行为主体之间的平等关系和行为主体的互动，是多点对多点的直接联系，治理机制偏重于协调机制，强调合作、协调和互动（Messner，2000）。在网络治理结构下，一定数量的结点构成了网络型组织，各个结点之间直接关联，复杂互动，以期协同效应。

把很多结点组成的网络型组织看作一个系统，网络型组织系统由很多要素组成，各要素之间的联系和排列组合决定了系统的结构，而系统的结构决定了系统的功能。把整个网络型组织系统的隐性知识存量设为 X，假设网络组织系统的隐性知识存量的变化既有自组织作用，又有外部作用。借助系统动力学的方法，可以表示为：

$$\frac{dX}{dt} = f(X, C) + F(t) \qquad (10-3)$$

其中，$\frac{dX}{dt}$ 表示动态向量，表示隐性知识存量的变化和更新，X 表示状态向量，这里代表系统的隐性知识存量，C 表示控制向量，这里代表环境参数。

根据微分方程（10－3）式进一步具体化，对于网络组织中的任意子企业单元的隐性知识存量随着时间的推进而保持动态变化，且不受外界作用的直接影响，可以描述为：

$$\frac{dX_i}{dt} = f_i(x_i, c_i) \qquad i = 1, 2, \cdots, n \tag{10-4}$$

其中，$\frac{dX_i}{dt}$ 表示每一个企业单元隐性知识存量的动态量，X_i 表示每一个企业单元隐性知识存量的状态量，c_i 表示环境参量。

网络治理结构下，各个结点之间相互联结，相互依托，相互配合，逐渐形成稳定的结构，实现组织的功能。各结点通过学习效应，从对方获取有价值的信息和知识，改善自身性能，实现自我完善。网络型组织内部，子企业单元之间进行随机配对或者任意组合，各子企业单元通过学习、模仿等方式，相互吸收和共享对方的隐性知识。任意子企业单元通过自学和模仿学习的方式获取知识和信息，通过强记、示范和类比的学习方法构建知识库，运用知识库可以解决各种问题。子企业单元不仅吸收外来技术和管理，还可以把吸收的知识与自己所处的情境相结合，进行知识创造，增加知识存量。接着，各子企业单元之间进入新一轮的知识转移和知识创造过程，整个网络组织呈螺旋式发展，集团系统的竞争能力得到提升。各个子企业单元之间在隐性知识方面出现耦合，微分方程（10－4）变为：

$$\frac{dX_i}{dt} = f_i(X_i, c_i) + P_i(X_1, X_2, \cdots, X_n) \tag{10-5}$$

其中，$P_i(X_1, X_2, \cdots, X_n)$，表示第 i 个子企业单元与其他子企业单元的耦合作用，耦合反映了两个或两个以上的实体紧密配合、相互影响、相互依赖的一个量度。从微分方程（10－4）开始，耦合到联立方程（10－5），最后出现相对稳定状态。这个方程很好地表述了结点之间通过交互联结进行知识创造和转移的过程。每一个子企业单元不仅有自身的知识演进，还通过与其他子企业单元之间的互动学习，达到共同提高隐性知识存量的效果。

模型（10－5）揭示了网络治理结构下知识共享和转移主体的多元性、独立性、平等性和交互性特征。网络型组织内部有多个主体之间可能会发生知识共享和转移,而且还有网络组织以外的外部主体,网络组织整体或子企业单元都可能直接与外部主体发生知识关联。网络组织内的主体具有相对独立性,可以获取企业所积累创造各个方面的隐性知识,建立自身的竞争优势。知识共享和转移主体的多元性和独立性促使子企业单元之间相互博弈,在博弈过程中,人的因素变得更加重要。人的认知能力、心理契约、羊群效应等心理因素往往起到关键作用。在网络型组织的内部,企业集团基本上有共同的理念或目标,在一定程度上,关系和认知方面具有相对优势,可能促进隐性知识的交流。但是,在不完全契约的条件下,知识工作者依靠心理契约进行隐性知识转移,知识发送方把有价值的隐性知识转移到对方,相信对方会给予回报,或者会得到组织的认可和肯定,但如果不能得到预期回报,心理契约遭到破坏,知识发送方就会调整自己的策略,知识转移就变得艰难。知识共享和转移主体的平等性主要针对传统的层级式组织结构而言,层级式组织的知识转移基本上按等级传递和反馈,上下传递过程中的过滤现象使知识损失量比较大,同等级并不共享和交流知识,越是下层获取的知识和信息越少。而在网络治理结构下,打破层级的藩篱,多方同时平等互动,知识可以在多个主体之间同时传递,而且机会均等,传递效率非常高,每个单元获取的知识量都可以很大,而独立性特征又促进企业把学到的经验知识迅速反映到行动中去。知识共享和转移主体的交互性主要是指子企业单元之间通过相互接触、平等交流、交互创新等途径,实现知识共享和转移。知识的共享和转移可以通过员工之间联系构成的非正式网络,也可以通过企业间业务互动形成的正式网络,学者们分别称之为社会网络(Social Network)和制度网络(Institutional Network)。网络型组织既可以是多边之间发生的"交互式"知识共享和转移,也可以是双边的相互学习和知识转移(见图 10 - 1)。知识共享和转移的交互性使网络组织内部的博弈演化特征更加明显。各子企业个体随机配对博弈,根据博弈对方或第三方的策略行为,博弈主体采取有利于自己的策略。子企业单元之间通过模仿、选择、调整等逐步寻优,整个网络组织趋于动态的演化稳定策略。

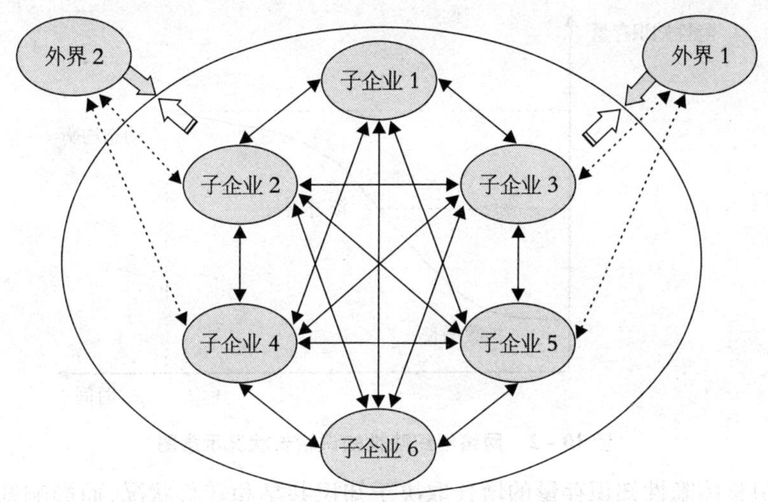

图 10－1　网络治理结构中企业单元相互作用的关系模型

4．企业组织系统的整体隐性知识存量增长呈现动态均衡趋势

在微分方程(10－3)中，$F(t)$ 表示外界强加给系统作用，若 $F(t)=0$，系统就是自由系统。借助一阶定常的自由系统来分析隐性知识存量状态曲线的趋势，一阶微分方程式可以记为：$\frac{dX}{dt}=f(X)$，按照泰勒级数展开，保留前两项，则 $\frac{dX}{dt}=a_1x+a_2x^2$，其解为：$x=\frac{a_1ce^{a_1t}}{1-a_2ce^{a_1t}}$，式中 c 为常数，当 $a_1\succ 0, a_2\succ 0$ 时，随着时间的推进，t 趋于无穷，其状态曲线呈 S 型增长特性，即 Sigmoid 曲线（王其藩，1995）。

在外界强加给系统的作用为零的条件下，系统通过自组织和自学习，隐性知识存量呈现先是指数增长，接着渐进增长，然后动态均衡的增长状态趋势。隐性知识存量在初始阶段呈指数增长特性，这个阶段，正反馈起主导作用，通过学习、模仿和核心人才引进，隐性知识存量快速增长。当网络组织隐性知识存量达到一定程度时，开始受到企业边界、人员存量动态调整等因素的负反馈，外界制约因素使组织的隐性知识增长出现拐点，开始进入渐进增长阶段。在一定阶段，学习能力、人员流动等因素决定着网络组织的隐性知识存量进入动态均衡状态。这个均衡是阶段性的，系统演进之后，在更高层阶将呈现新的 S 型增长特性（谭跃进，1996）。见图 10－2。

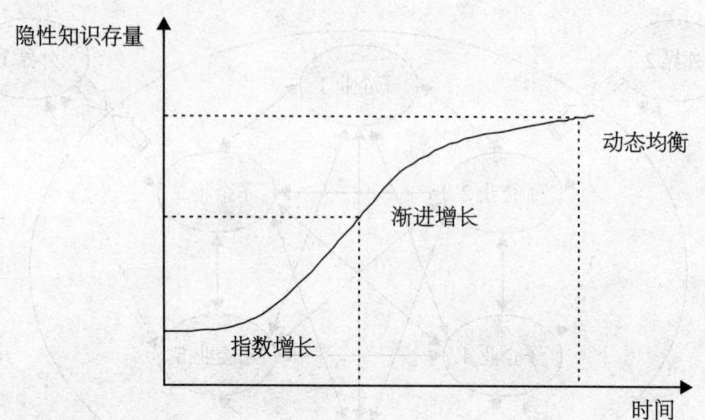

图 10－2　网络组织隐性知识增长状况示意图

组织整体隐性知识存量的增长取决于知识共享和转移状况,而影响知识共享和转移的因素也是影响整体隐性知识存量增长的因素。除了学者们研究较多的知识内隐性、情境依赖性、知识拥有方的转移意愿和知识接受方吸收能力的因素之外,对网络治理结构而言,网络组织的多方博弈演化方向、网络的平均路径长度和网络的集聚系数也影响着知识共享和转移。

(1) 企业组织的多方博弈演化方向决定了网络组织整体隐性知识存量增长与否。多个子系统构成的网络组织是非线性动态系统,在动态演化博弈过程中,参与方要认知博弈场景,建立博弈模型和博弈规则。群体的博弈是随机配对的,企业个体逐步寻找最优策略使群体逐步动态演进(黄凯南,2010)。在网络治理结构下,各个结点具有相对独立性,子企业单元随机配对发生相互关系,在有限理性的假设条件下,通过个体间的互动和模仿者的动态调整,群体向某种稳定状态进行动态演进。知识共享和转移主体的个人、团队或组织是知识共享和转移活动的承担者和发动者,每一个主体根据对方或第三方的行为,选择自己的最优策略,决定自己的行为。如果演化稳定策略有利于知识共享和转移,将对系统博弈演化有利的方向发展,如果某些主体有较强的自我保守倾向,不愿意与别人共享或转移其隐性知识,组织又没有制度或机制来保证,其他博弈主体就会通过模仿式动态调整,系统可能向阻碍隐性知识共享、转移和知识创造的方向发展,网络组织主体的独立性、平等性、交互性特征进一步阻碍网络组织整体隐性知识的增长。

（2）企业组织的网络平均路径长度和集聚系数（Clustering Coefficient）决定了网络组织整体隐性知识存量增长的速度。网络组织可以看作是一个既有一定规则性又有一定随机性的复杂网络，即 W－S 小世界网络。复杂网络拓扑结构具备规则网络的较大集聚系数和随机网络的较小平均路径长度的特征，网络组织的平均路径长度和集聚系数反映彼此交流水平和频数（Watts，1999）。较短的平均路径长度和较高的集聚系数可以促进知识在小世界网络内部大量、频繁、快速的交流（Robin Cowan，Nicolas Jonard，2004）。子企业单元结点之间的路径长度反映了结点之间共享和转移的外部条件，也反映了企业的交往范围和机会。子企业单元的集聚系数反映了结点之间的关系紧密程度和双方互动程度，也反映了网络型组织内部协同效应的基础。在企业集团的网络治理结构中，网络结构中的集团总部可以看作是网络结构的中心结点，中心结点与非中心结点的联结比非中心结点之间的联结显著增加，这时网络结构的集聚系数增大。较短的平均路径长度和较高的集聚系数促进隐性知识的共享和转移加快，加上双方营造良好的情境和氛围，整个网络组织的隐性知识创造和隐性知识的再转移加快，整体隐性知识存量的增长速度也增大。

三、促进隐性知识共享和转移的制度安排

针对网络治理结构下系统内部隐性知识的运动状态，要充分考虑网络治理结构下知识共享和知识转移的特点，设置合理的机制可以促进子企业单元之间进行知识共享和转移。知识的共享和转移主要涉及知识发送方、知识接受方和知识传递过程三个方面。通过机制设置，满足激励相容，激励知识拥有者愿意与他人分享隐性知识，激励知识接受者主动吸收和创造知识，激励各个结点之间相互协作；通过对接机制的设置，增加网络组织的集聚系数和关系强度，搭建相互交流的共同平台，开辟多种交流渠道，建立新的知识共享和转移的路径，降低知识共享和传递的交易成本。通过学习机制的设置，提高学习能力和吸收能力，促进网络治理结构下的企业集团知识共享和转移，提升整个集团的竞争力。知识共享和转移机制示意图见图 10－3。

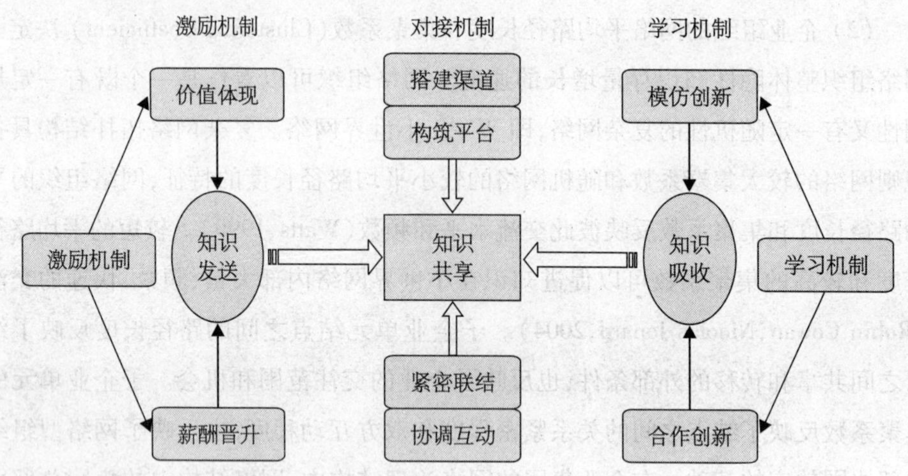

图 10－3　知识共享和转移机制模型示意图

1. 隐性知识共享和知识转移的激励相容

知识工作者都有特殊的技能和经验,这些隐性的知识如何共享和转移对提高企业竞争优势显得越发重要。网络治理结构下,每一个子企业既是知识的发送方,也是知识的接受方。激励相容主要在满足个人理性的基础上,实现机制设置所要达到的隐性知识内部共享和转移的效果。知识工作者个人为了维护自己的地位和价值,一般倾向于独占技能或经验而不情愿共享。同时,知识工作者是企业隐性知识的主要载体,企业为了保持优势能力,对于传播企业的隐性知识也很审慎,这是理性的、正常的现象。关键是设置合理的机制,在网络组织大范围内,满足多方互利共赢,促进隐性知识的共享和转移,实现网络组织的整体能力提升。

(1) 网络型组织通过任务设置,给员工创造更多的当众倾吐自己观点和经验的机会,愿意传播隐性知识的员工及其所代表的子企业可以获得巨大的价值感和荣誉感,让员工感受到倾吐隐性知识是自我价值的重要体现,这种激励属于内在激励,主要体现在精神方面的满足感。第一步,通过情境的设计和思想的碰撞,让员工发现与同事分享自己的隐性知识带来的满足感远远大于存放于头脑中。第二步,定期提供类似机会,通过反复学习强化,逐渐形成知识传播的习惯性路径,一旦这种知识传播路径建立,以后就会出现路径依赖效应,只要有表达自我的机会,员工就会积极响应。第三步,让隐性知识的价值得到充分体现和宣扬。对于合理化建议和有重要价值的经验、感悟等隐性知识给予公布和褒扬，采取的形式可以是在企业走廊建立荣誉墙，对每阶段知识共享者的知识精华进行展示。定期把本企业员工的隐性知识归纳成文，通过内部刊物传播共享，同时，建立企业内部知识库。通过示范效应，其他员工竞相模仿，形成观点、思想碰撞的氛围，在相互交融过程中，知识共享和转移得以实现。

(2) 网络型组织关注的是有独特知识技能的核心员工所在团队的整体绩效，而淡化个人主义倾向，但知识创造者的知识产权受到充分保障，愿意传播隐性知识的个人能得到更多的知识回报和资源回报。传统的观念和现实的做法都是重视和重用有独特知识、技能和经验的员工，重视有独特竞争力的子企业。这种观念和做法合乎常理，但是这就为知识共享和转移埋下了障碍。因为员工或企业为了保持这种优越感和独特竞争力，就倾向于保持隐性知识的垄断性。通过机制设置，可以改变这种状况。有独特知识、技能和经验的员工和有独特竞争力的子企业固然受到重视，但是知识共享和转移的员工和企业可以获取更多的知识回报和资源支持。首先，知识共享和转移者的知识产权要得到充分保障、认可和知识回报。企业明确界定知识的原创人，同时跟踪知识的再创造和再转移，对再创造者给予认可，但最关键的是再创造的知识反馈到原创人，形成知识创造闭环，让知识原创人得到知识创造的回报。其次，建立知识共享和转移的记分制，在绩效考评时赋予该种分值较高的权重，考评结果与个人晋升、奖金挂钩。集团建立资源分配模型，资源包括资金支持、人力资源等，子企业的知识共享和转移的记分与集团的资源分配挂钩，凡是获取较高分数的企业，都可以获取更多的资源。

2. 建立隐性知识共享和转移的对接机制，实现知识资源的合理配置

在网络组织内部，基于空间集聚而设置机制，促进多层次知识交流和互动的平台和渠道，建立知识共享和转移的路径，激发个人层面、子企业层面和子企业之间层面的知识互动和交流。机制的设置采取归纳法，由个别性前提推导出一般性结论。

(1) 就个人层面来说，让环境安静的"企业午后咖啡茶座"成为个人层面获取隐性知识的理想场所，让定期正式的"绩效反馈面谈"成为个人层面隐性知识转移的重要环节,这是促进个人层面隐性知识转移的具有可操作性的机制。例如,企业办公区域设立咖啡茶座制度,每天设置两个时段的茶歇,为员工之间提供宽松的讨论空间。员工在深入交流过程中,针对感悟、体会等隐性知识在个人之间交流。企业设定绩效反馈面谈体制,每个月、每季度、每半年和每年度都安排工作时间进行一次正式的、上级与下级之间绩效反馈面谈,上级对直接下级的工作给予评价,最重要的是给予工作指导,帮助下属解决存在的问题。同时,下属也可以向上级反映自己的感受和体会,在这个过程中,双方都可以获取宝贵的隐性知识,实现个人层面隐性知识转移。

(2) 在子企业层面,设置定期的"专题讨论会"和"管理经验沙龙",让参与者获取丰厚的知识回报,让未参与者感到遭到严重的损失,这是促进子企业层面隐性知识转移的简单机制。在一个企业层面,专题讨论会和管理经验沙龙都可以实现一对多的传输模式,可以进行经验、技能、诀窍的介绍,在互动式交谈环境中促进隐性知识的交流与融合。专题讨论会按固定日期召开,比较适当的时间是每月一次。首先确定专题讨论的议题,大家分头提前充分思考和准备,专题讨论会上,针对议题参会者即席发言,表述自己的经验和观点,并给出依据。然后,对研讨成果进行纪要整理,以月报的方式整理成文,内部刊物登出,或以文件方式下发,供大家仔细领会。管理经验沙龙也应该定期举行,并做好前期的准备工作。在发言人表述自己的管理经验时,安排参会人针对这些经验提问,挖掘发言人深层次的感悟和体会,因为经验有时要具体到某个情境才会被表述出来。每个人的管理角色不同,经验当然也不一样,不同层面的员工传播自己的管理经验和体会,甚至是教训,可以收到传播隐性知识的效果。

(3) 在子企业之间的层面,设置"核心管理人员的适时轮岗制"和"面向任务的跨职能临时工作团队",这两者是促进子企业之间隐性知识转移的重要机制。在网络组织内部,核心人员在各子企业单元之间进行适时轮换。首先,要通过评估确定哪些属于核心人员,建立核心人员数据库。接着,进行核心人员在本系统内的工作岗位规划,包括未来岗位的先后次序和大概时间,并与核心人员进行充分交流。然后,按计划进行岗位轮换。在新的重要岗位,核心员工有机会发挥原有经验等隐性知识的优势，把隐性知识和新的情境结合起来，隐性知识在各子企业单元之间有效地实现共享和转移。所以，对企业核心人员应该动态的调整，阶段性地赋予有挑战性的新岗位，而尽量避免长期在同一个岗位工作。这与德鲁克的思想相符，即内部的优秀人才要安排去做新的工作领域，而引进新的人员去做已经相对稳定、成熟的工作。基于具体任务而组建的"跨职能临时工作团队"包括管理团队、新产品开发团队、特别任务组等。团队成员从每一个子企业单元选拔，每个队员在某领域都有自己的专长，同时都拥有丰富的隐性知识，对解决问题拥有独特的经验、感悟、诀窍和灵感等。团队的工作方式是"头脑风暴研讨会"。采取研讨会的方式进行工作，这本身就是一个沟通机制，通过队员的观点、经验、感悟等隐性知识的交流、碰撞和互动，逐步形成共性的、有利于完成任务的规范和依据。因此，在实施任务的过程中，嵌入在个人认知中的经验、技巧和诀窍等，使隐性知识转变成队员之间行动的依据，实现隐性知识的共享和转移。

3. 隐性知识共享和转移的学习机制

学习型组织中，没有持续学习意识的员工被逐步边缘化，没有持续学习能力的子企业很快就会被淘汰出局，如果建立这种机制，员工和组织都会关注学习，主动吸收外部知识，同时关注学习效果。网络治理结构下，学习的对象是网络结构中的每一个结点，在与其他子企业单元交流互动的过程中，通过模仿或合作，吸收有价值的知识，对于获取的经验知识及时记录整理，进行知识创造，并落实到行动中去。

把企业每次的重大行动安排看作是一次学习体验，事后要进行专门的、以学习为导向的讨论会，主要研究通过这次活动企业获取了哪些经验知识，企业的方案哪些需要改进，如何避免方案中的弊端等，把经验成果结构化和条理化，形成专门的知识记录。在此基础上，进一步探讨把学到的经验知识转化为知识模型，用以指导未来的行动，并提高行动力。这样，学习变成了行动导向，而非单纯的分析导向。每个结点的知识成果在自身内部传播，同时，进入网络组织的知识共享和转移的大循环中。

是否真正建立起学习的机制，关键看学习的效果及个人或企业获取的隐性知识是否转化为行动力。在个人层面,员工对所获取的隐性知识及时进行归纳总结,并结合自身情况进行知识的再创造。在企业层面,及时将隐性知识进行归类,形成知识模型。集中时间和人员持续学习某一同类知识,学习效果会大大提升。由学习曲线法则可知,集中时间和精力处理性质相同的事务,在外部环境无变化的情况下,工作进度会逐渐加快,可以降低成本,提高工作效率。如果有知识共享和转移的机会,但缺乏学习归纳的机制,没有做好吸收消化并转化、升华的准备,仍然达不到获取隐性知识的效果。

通过设置简单易行的且运行成本较低的机制,让员工逐渐发现共享自己的经验、感悟、技能、体会和灵感会给自己带来额外的收益,共享隐性知识逐步成为员工们的占优策略选择,随着时间的推移,员工们逐渐习惯于共享隐性知识,达到某一个动态均衡状态。通过多个细小的机制设计,可以满足激励相容,使组织的嵌入员工的隐性知识资源得到有效配置,通过共享和转移提升整体竞争优势,促进隐性知识在网络组织内部有效共享和转移。各子企业间的隐性知识共享和转移具有直接性、机会均等、多方互动、传递成本低、传递效率高、知识损失小等优点,组织系统内部通过交互竞合,实现隐性知识的共享和转移,但系统必须与外界保持密切联系,邀请外部讲师培训是保持与外部联系的重要途径。

10.3 培训学习的计划

培训提供一个相互交流和学习的平台,能否达到预期效果,需要组织方精心准备,合理安排,反映了培训组织者的水平和能力。培训项目需要一个系统性的考虑,可以按照项目管理的方法进行安排。应该充分考虑可能发生的事项,进行工作任务分解,每一项工作和每一个细节都要充分考虑,既要保证过程的通畅性,又要保证培训的有效性。企业内部培训的师资可以来源于内部,大家搭建一个培训交流的平台,相互传授知识、经验或者自己的感悟,通过内部隐性知识转移,实现资源共享;培训讲师也可以从外部邀请,如果是从外部邀请的讲师,应该对讲师进行认真筛选，保证选择最合适的讲师，“合适”意味着讲师的知识、经验符合培训主题，可以给被培训者带来新的启发和信息。内部培训是一个持续性的过程，这里以一次培训为例，描述培训项目的管理过程。

1. 明确培训项目的目标

在2012年10月1日至10月7日7天时间内，预算32万元，聘请外部专家讲师，以讲课的形式完成集团公司中层干部以上管理团队有关《项目管理》的培训，确保培训过程中的讲课效果。通过培训，让参加培训的员工接受项目管理的理念，掌握项目管理的工作方法，认识项目管理的各项工具，最终使他们的管理能力和工作效率明显提高。

2. 培训项目的组织设置

培训项目工作量比较大，应该建立组织结构，因为组织的力量是非常强大的，可以产生一定的推动力，促进实现培训效果。培训项目的组织结构见图10－4。该项目的组织可以从属于人力资源部，适于部门控制式组织结构，也可以是矩阵型组织结构，组成跨职能工作团队，集中多个职能部门的员工资源，做好培训工作。

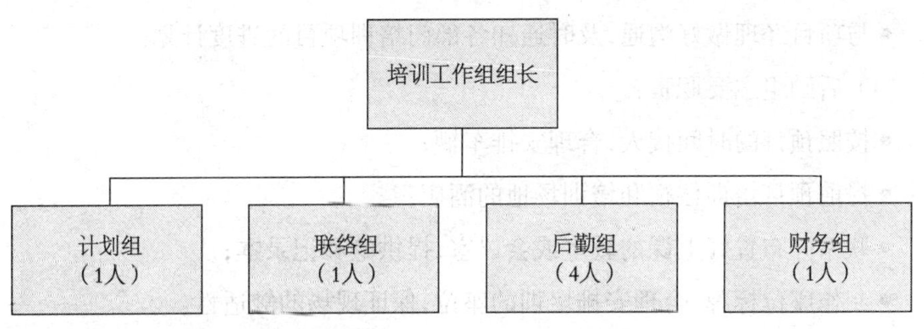

图10－4　培训组织结构图

对于组织结构进行职责界定，各个部门乃至各个队员职责明确，但又要求相互配合，相互协调，共同完成培训任务，达到培训效果。内部培训的效果和培训工作小组服务水平的好坏，需要参加培训的全体员工给出评价，通过填写培训效果和培训工作小组服务水平评估表，反映真实的情况。如果最终的评价良好，给予全体工作小组成员奖励，荣誉属于团队；如果最终评价不好，培训工作团队要找到原因，加以改进，下次提高服务水平。

（1）工作小组组长职责：

- 明确培训主题，保证培训效果；
- 协调好整个团队，使其能高效运作；
- 及时解决突发事件。

（2）计划组主要职责：

- 制定出本项目具体的资金预算及资金使用计划；
- 制定本项目详细的项目推进时间表，做好适当合理；
- 对整个项目推进做好协调和控制，严格按照计划进行。

（3）联络组主要职责：

- 联系并确认参加培训人员，在培训开始前15天发出培训通知；
- 选择聘请合适的具有实践经验的讲师，并安排接送事宜；
- 准备好培训资料，并及时发给参加培训的员工；
- 了解参加培训人员的文化背景及生活习惯和特殊的需求；
- 确认所有参与培训的人员时间及路线，将相关信息通知后勤部；
- 与项目经理做好沟通，及时通知各部门培训项目的进度计划。

（4）后勤组主要职责：

- 按照预订的时间接人，合理安排车辆；
- 提前预订培训住宿和培训场地的酒店；
- 联系并布置好上课的教室或会议室，提供笔和记录本；
- 制作座位标牌，合理安排培训的座位，保证现场的舒适性。

（5）财务组主要职责：

- 做好资金安排；
- 及时进行资金支付。

3. 明确责任分配

项目团队在工作任务分解的基础上，每一项工作都找到合适的部门来负责，形成培训项目的责任分配矩阵（见表10－1）。

表10－1　责任分配矩阵

	工作组	计划组	联络组	后勤组	财务组
项目目标	F	C	C	C	C
进度计划	S	F	C	Z	–
成本计划	S	F	–	Z	C
过程控制	F	C	Z	C	C
风险管理	F	C	C	C	C

注：F负责；Z执行；C参与；S审批

4. 培训项目的工作分解

培训项目可以分为培训前期、培训过程和培训后三个阶段，每个阶段的工作任务都可以进行进一步分解，直到分解为具体的可操作任务为止。培训前期的工作任务分解见图10－5。

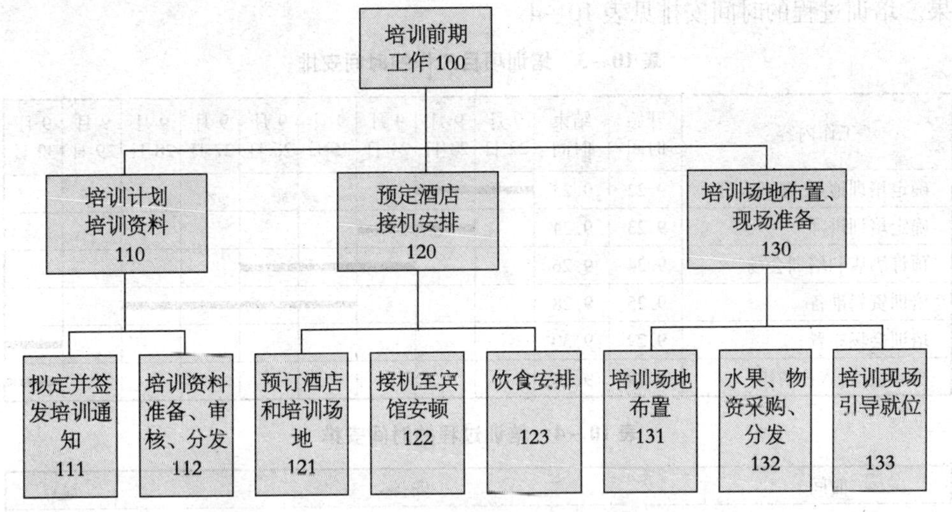

图10－5　培训前工作任务分解

5. 资金预算

资金预算是成本控制的基础和依据，也是资金准备的参照。一个合理的资金预算为成功的项目管理提供基础。资金预算见表10－2。

表 10－2　资金预算表

科目	费用(单位:元)
讲师费用	10 000 × 5 = 50 000
住宿饮食	800 × 40 × 6 = 192 000
会场费用	5 000 × 7 = 35 000
设备费用	1 000 × 7 = 7 000
员工补助	5 000 × 7 = 35 000
其他	1 000
总计	320 000

6. 时间计划

时间计划包括培训项目工作的时间安排和培训过程的时间安排。培训项目工作的时间安排可以用甘特图计划表,见表 10－3。培训过程的时间安排要有明确的时间进度安排,具体到每一分钟的安排,保证在有限的时间内,达到培训效果。培训过程的时间安排见表 10－4。

表 10－3　培训项目工作的时间安排

工作内容	开始时间	结束时间	9月22日	9月23日	9月24日	9月25日	9月26日	9月27日	9月28日	9月29日	9月30日
确定培训地点、参训人员	9.22	9.23									
确定培训讲师	9.23	9.24									
预订酒店和培训会场	9.24	9.26									
培训资料准备	9.25	9.28									
培训会场布置	9.29	9.30									
机场接待,入住酒店	9.29	9.30									

表 10－4　培训过程的时间安排

时间		安排	地点
9.30	14:30—17:30	准备工作确认	
10.1	7:30—8:10	早餐	酒店 A
	8:30—8:40	签到入场	会场
	9:00—12:00	培训:项目管理基础知识(中间休息一次)	会场
	12:30—13:45	午餐	酒店 A
	14:00—14:10	签到入场	会场
	14:30—17:30	培训:案例分析、角色扮演(每小时休息一次)	会场
	18:10—19:30	晚餐	酒店 B

续表

时间		安排	地点
10.2	7:30—8:10	早餐	酒店 A
	8:30—8:40	签到入场	会场
	9:00—12:00	培训:项目管理理念(中间休息一次)	会场
	12:30—13:45	午餐	酒店 A
	14:00—14:10	签到入场	会场
	14:30—17:30	培训:案例分析、角色扮演(每小时休息一次)	会场
	18:10—19:30	晚餐	酒店 C
10.3	7:30—8:10	早餐	酒店 A
	8:30—8:40	签到入场	会场
	9:00—12:00	培训:项目管理方法和工具(中间休息一次)	会场
	12:30—13:45	午餐	酒店 A
	14:00—14:10	签到入场	会场
	14:30—17:30	培训:案例分析、角色扮演(每小时休息一次)	会场
	18:10—19:30	晚餐	酒店 D
10.4	7:30—8:10	早餐	酒店 A
	8:30—8:40	签到入场	会场
	9:00—12:00	培训:项目管理计划(中间休息一次)	会场
	12:30—13:45	午餐	酒店 A
	14:00—14:10	签到入场	会场
	14:30—17:30	培训:案例分析、角色扮演(每小时休息一次)	会场
	18:10—19:30	晚餐	酒店 C
10.5	7:30—8:10	早餐	酒店 A
	8:30—8:40	签到入场	会场
	9:00—12:00	培训:项目管理组织(中间休息一次)	会场
	12:30—13:45	午餐	酒店 A
	14:00—14:10	签到入场	会场
	14:30—17:30	培训:案例分析、角色扮演(每小时休息一次)	会场
	18:10—19:30	晚餐	酒店 D
10.6	7:30—8:10	早餐	酒店 A
	8:30—8:40	签到入场	会场
	9:00—12:00	培训:项目管理实施与控制(中间休息一次)	会场
	12:30—13:45	午餐	酒店 A
	14:00—14:10	签到入场	会场
	14:30—17:30	培训:考核	会场
	18:10—19:30	晚餐	酒店 C

7. 质量保证计划

(1) 精心选择讲师。要达到培训效果,必须转变思维方式,明确讲师的作用,选择能胜任的讲师。讲师应该能旁征博引,用事实诠释某些问题,引起或激发学员的共鸣和感悟。企业内部培训的对象是具有工作经验的管理团队,单纯的讲授对于有知识、有经验的管理者进行培训并不适合,所以要保证达到预期效果,必须转变讲师的思维方式,要求讲师必须从传统的讲授者转变为引导者和互动平台的搭建者。为此,应提前一个月与讲师沟通,明确企业方要求的讲授方式,要求讲师不能用传统的讲授式教学,而应该是引导激发式教学。在与讲师沟通时,明确此次培训的主要功能是设置一个平台,把有各种知识和经验的企业管理者集中在一起,讲师的主要作用是维护好这个互动平台,设置情境和案例,激发学员们对一些事情的讨论,通过让各个学员角色扮演和相互启发,让各个参与者的分散的、内隐的知识和经验挖掘出来,让学员们分享经验和心得体会,相互吸收知识,从而得到深刻的感悟,讲师做好引导、评估和指导。

(2) 选择精良的培训设施和良好的教学环境。细节决定成败,要保证培训质量,培训组织者应该把各个方面的细节考虑周全,慎之又慎。选择酒店时,首先要考察培训场地的状况,场地大小是否适合,场地是否相对封闭和安静,保证培训不会受到外部干扰;要保证座位之间比较宽敞,大家坐在教室里非常舒适,让员工以愉悦的心情来学习,绝对不能拥挤;特别要关注音响设备状况,保证声音效果,这对培训效果起到非常重要的作用;PPT 投影屏幕要是大号的,如果是小号的投影屏幕,一定要换投影屏幕,否则就要换场地,保证参会人员能清楚地看到屏幕上的内容;培训前一天,工作组成员要再次检查设备和材料准备情况,保证会场设备处于正常状态。

10.4 培训过程控制

培训过程中,要合理安排时间,把握培训强度和培训节奏。首先,做好培训人员到场签到工作,安排专人负责监管,保证参加培训人员提前 5 分钟到位,不得出现迟到情况；其次，培训过程中，培训组织者要亲身感受培训学习的环境，关注讲师和学员的思想动态和情绪变化，及时把握培训进展情况，必要时予以提醒和调整，确保培训工作高效开展。在全天性培训过程中，要注意时间的灵活调整，在上午，学员精力充沛，精神状态比较好，可以按照计划中间休息一次。在下午，特别是午饭之后容易疲劳，可以安排每小时休息一次，使参训者保持良好的状态，这样可以提高学习效率。再次，培训即将完毕之时，要求讲师对培训人员进行统一考核，检查培训效果，及时进行成果巩固和梳理，对学习优胜者给予分析与表彰。

对于企业培训来说，参训学员大部分都有丰富的经验，而且还有较高的学历，对讲师的授课方式有特殊的要求。企业学员对单纯的知识传授容易产生疲劳感，而对讲师引导并搭建交流平台乐于接受。通过分组制定方案并上台分享交流的方式，可以发掘学员们的经验，激发学员们的感悟，实现参训学员的共同提高。如果讲师采取角色扮演，或者要求学员分组制定方案并上台交流分享，可以激发学员的参与热情，调动他们的主观能动性，达到较好的效果。培训组织者需要与讲师充分沟通，根据学员的精力状况，选择合适时机穿插“讨论分享”内容，保证培训的有效性。这是培训质量过程控制的重要方面，与质量保证计划相呼应。培训中工作任务分解见图 10－6。

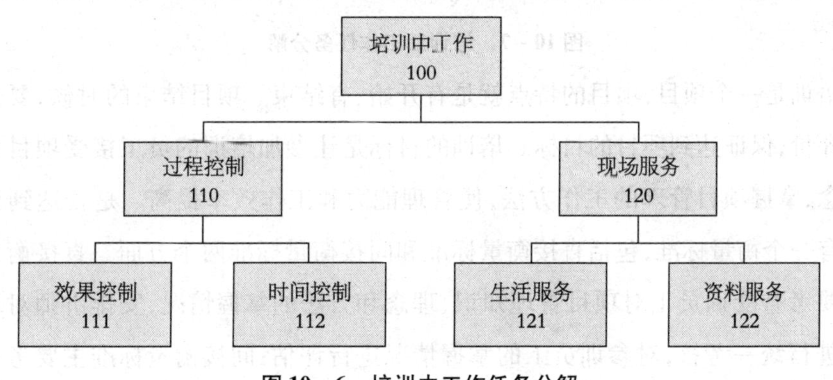

图 10－6　培训中工作任务分解

10.5 培训成果管理

培训的目的是让员工学习知识,提升技能,是否达到预期效果,应该进行培训成果管理。从企业方来说,培训结束后,应针对培训内容留出一个小时的时间,进行培训心得交流,谈谈学习体会,鼓励员工进行思考,及时巩固培训成果。另外,布置作业,安排每位学员回去后进行学习心得总结,并另外专门召开会议,进行学习心得反馈,相互交流学习体会和实践感受,进行隐形知识的共享和转移。同时,做好结账、送机、决算工作。培训后工作分解(见图 10－7)。

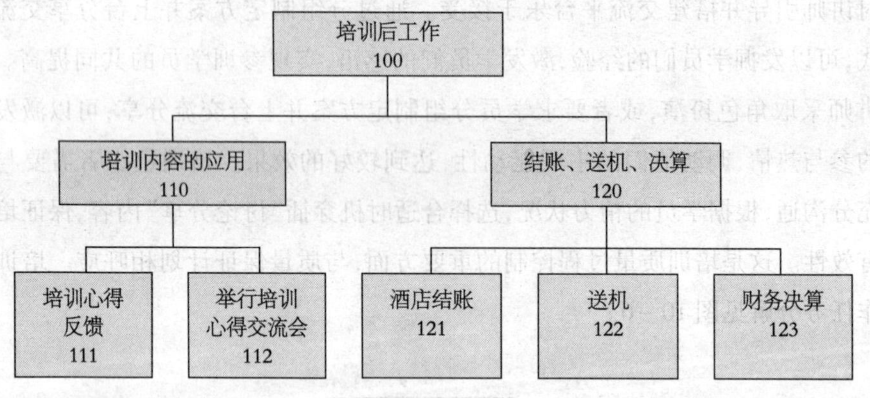

图 10－7 培训后工作任务分解

培训是一个项目,项目的特点就是有开始、有结束。项目结束的时候,要进行验收评价,保证达到项目的目标。培训的目标是让参加培训的员工接受项目管理的理念,掌握项目管理的工作方法,使管理能力和工作效率提高。是否达到该目标要有一个衡量标准,包括直接衡量标准和间接衡量标准两个方面。直接衡量标准主要考查受训员工对项目管理知识、理念和方法的掌握情况,安排讲师对培训人员进行统一考核,对参训员工的掌握情况进行评估;间接衡量标准主要考查受训学员学习到的项目管理理念和方法在工作中的应用情况,更多的是后评价,即培训后的一段时间,受训员工能否自觉地运用项目管理的方法和理念指导自己的工作,真正提高了工作绩效,这反映培训的真正效果。

★ 自测题

1. 为什么企业内部培训是学习型组织的重要表现?

2. 为什么企业内部培训的过程控制是保证培训效果的关键?

3. 为什么企业内部培训的成效评估是后评价的主要内容?

第 11 章　会议项目管理

本章精要

企业会议是工作汇报、讨论决策、信息交流和工作布置的重要平台，有效的会议促进企业运营效率提升。只有经过思想和观点的交流碰撞，才能产生出智慧的火花，而会议恰好提供了交流碰撞的平台。很多情况下，会议不能达到预期效果，主要原因是会议准备不充分，会议管理方法不得当，会议精神没有真正落实。按照项目管理的方式管理会议，确定目标，进行会议前、会议中、会议后的工作任务分解，制定进度、质量保证计划，认真总结落实会议精神，及时进行后评价，可以提高会议效果。

11.1　认识会议价值

不少人怕开会，一提到开会，马上想到长时间甚至整天坐在封闭的会议室里，由于单方面的缺乏响应的说教，或者是没有结果的争执，会议变得很没有成效。很多人认为会议就是耽误时间、影响正常工作。这种认识的形成主要基于一个事实，即现实中企业里的很多会议是无效的，会议耽误了时间，引起员工的心理抗拒。因此，这里引申出两个问题：第一，企业需要不需要很多会议；第二，如何提升会议的效率和效果，这是企业有效管理的重要内容。这两个问题看似简单，很容易得到答案，但实际操作起来很难，需要会议组织者精心准备，有效推进。

从理论和实践角度来看，企业确实需要会议。科学、合理、高效的会议能确保大家及时、准确、全面地了解掌握公司工作动态，及时布置分配工作任务，促进企业重点工作有序、高效运转；有效的会议通过交流、辩论，甚至争吵，进行观点的碰撞和思想的交流，达到传播信息创造价值的作用。企业的会议包括总裁办公会、月度经营工作会、季度经营工作会、半年经营工作会、年度经营工作会、各种专题会议等。会议形式可以是集中会议形式，也可以是电话会议形式，或者视频会议形式。企业管理的基础应该是会议管理，因为战略、预算、营销、生产、采购和其他职能管理都离不开会议，都需要通过会议来交流和决策。

企业需要提升会议管理水平，保证所召开的会议是有效的。首先，明确一个理念。会议管理不是行政部门的事情，而是企业一把手的事情，企业的最高负责人对会议的有效性承担最后的责任。企业领导人要亲自关注会议的效率和效果，通过制度、组织、合适的方法，进行会议前、会议中和会议后三阶段管理。其次，把会议看作一个项目，提升会议管理效果的重要途径就是按照项目管理的方式进行会议管理。把每次开会看作一个项目，明确本次会议的目标，目标可以指明工作的方向，也是衡量工作效果的标准，应该仔细考虑，确定一个合理的目标，制定详细的计划，严格按计划推进，进行过程控制，最后及时总结归纳，逐步提升会议的管理水平。再次，企业会议也是一种文化。对于会议前期准备、会议过程控制、会议评价总结和会议决议的执行都要严格把关。第一，明确会议的功能就是解决问题和沟通信息的平台；第二，让参会者形成一种观念，开会要强化时间管理，简明扼要，杜绝啰唆；第三，会议要么提出需要解决的问题，要么提出建设性的建议，达到碰撞产生思想火花的效果；第四，会议要讲究实际效用，杜绝套话，所有问题最好当场协调解决。

企业需要建立会议制度，并严格执行会议制度，保证会议的有效性。首先，明确会议的功能：首要功能是解决问题。协调各方，协同推进，解决出现的问题。次要功能是情况通报和信息交流。其次，确定各种会议的举行形式：采取讨论式的会议形式或问答式的会议形式，打破沉闷的会场气氛。再次，界定会议的内容：发言人摆出部门本期存在的、需要解决的问题；针对存在的问题，给出解决问题的途径；同时，汇报重要事项的进展情况。接下来，确定会议的成果：体现在会议纪要上面，包括各种事项和问题的最终决策意见，以及接下来的行动计划和工作安排。会议纪要具有工作指令的效用,需要 CEO 最终签发。最后,提出会议要求:缩短会议时间,提高会议效率;会议期间,不允许做任何与会议无关的事项;发言人不允许摆流水账,对于单独可以解决的细小问题和日常性工作不必在会上提出,只对重要问题上会并讨论。

11.2 制订会议计划

一、明确会议项目的目标

精心组织,合理安排,举办集团公司为期 3 天的 2012 半年度经营工作会议。会议主题是总结上半年预算完成情况,探索下半年经营工作思路,保证实现营销突破的目标,完成年度预算。会议项目的具体目标是 2012 年 7 月 5 日—7 月 7 日,预算为 15 万人民币,接待并安排好来自全国各地子公司 50 名参会人员的住宿和饮食,围绕会议主题,根据会议议程,达到会议效果;会后,跟踪会议精神的落实情况,保证会议决议的落地实施。

二、组织安排和人员配备

组建会议项目工作团队,明确会议项目的负责人,设置合理的工作部门和岗位,包括业务资料组、行政接待组、行政会场组和财务组,并进行人员配备。会议项目工作团队见图 11 – 1。

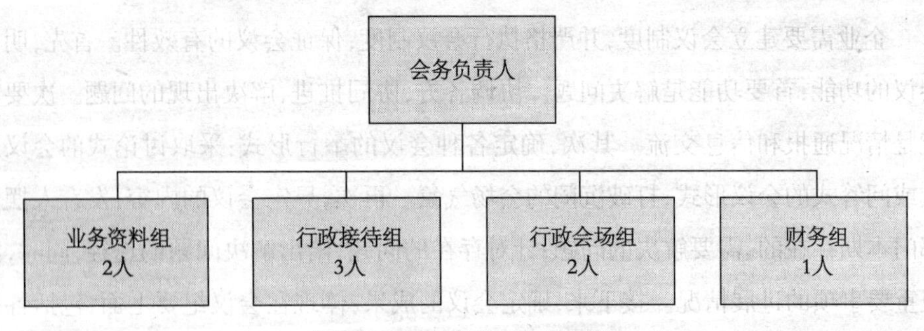

图 11 – 1　会议项目工作团队

三、会议前工作任务分解

会议项目可以分为会议前期、会议过程和会议后三个阶段，每个阶段的工作任务都可以分解为具体的可操作任务。会议前期的工作任务分解(见图 11－2)。

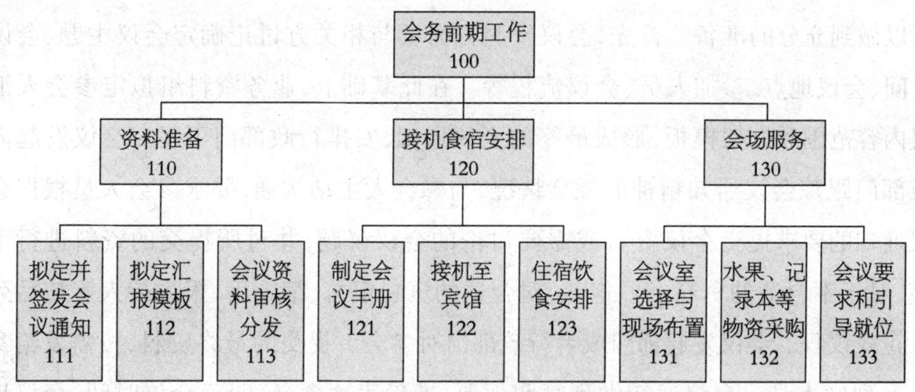

图 11－2　会议前工作任务分解

四、会前工作的责任分配矩阵

根据工作任务分解，每一项任务都有专门的部门负责，同时指定其他部门配合，形成了会前项目的责任分配矩阵(见表 11－1)。

表 11－1　责任分配矩阵

编码	任务名称	业务资料组	行政接待组	行政会场组	财务组	会务负责人
111	拟定签发会议通知	F	C	–	–	S
112	拟定发言模板	F	C	–	–	S
113	会议资料审核分发	F	C	–	–	S
121	会议手册	C	F	–	–	S
122	接机	–	F	–	–	–
123	食宿安排	C	F	–	–	S
131	会议室选择与布置	C	–	F	–	S
132	水果、记录本、笔等采购	C	–	F	–	S
133	会议要求和引导就位	–	–	F	–	–

注：F 负责；C 参与；S 审批；J 监督

1. 精心计划，做好会议资料准备工作，实现资料的精细化管理

会议资料的准备是达到会议效果的基础，责任部门是业务资料组。会议发起人或部门留出足够多的时间，供参会人和会议发起部门进行会议准备。会议的无效性多是双方准备不充分造成的。根据会议的大小、性质、种类不同，考虑提前准备会议的时间，这个时间的长短，各个公司可以根据经验而定，要遵循一个原则，可以做到充分的准备。首先，会议发起方需要与相关方讨论确定会议主题、会议时间、会议地点、参加人员、会议流程等。在此基础上，业务资料组拟定参会人汇报内容范围和框架模板，形成最终的会议通知，安排行政部门下发。会议发起人或部门跟踪会议通知精神的领会情况，与参会人主动沟通，要求参会人员根据会议通知的要求提交会议资料或需要讨论的会议议题，并对所提交的资料进行审核，对于不合适的资料发回修改，对合适的资料汇总、编辑后，报主持人审核后列入正式议程。会议发起部门或者行政部门对参会者提交的最终资料，按需发给参会及列席人员。会议通知做到简明扼要，准确表达含义，明确会议时间、会议地点、参会人员名单、会议主题、会议议程、发言人、发言模板、会场要求、资料要求和联系途径。

2. 周密安排，做好接待住宿工作，细微处体现人文关怀

接待工作的好坏影响到会议的质量，反映管理者的管理水平。接待工作的责任部门是行政接待组，提前印制会务手册和会议证件，包括出席证、列席证、工作证；在酒店大堂处设置接待点，在接待日全天有人现场接待。把参会人员从机场或车站接到酒店大堂处，提供事前准备好的文件袋，包含房卡、会务手册、会议资料和会议证件；其中，会务手册包括日程安排、行程安排、议程安排、注意事项等，参会者想获取的所有信息都应该体现。根据与会人员的人数，分配入住房间，并及时将酒店名称和个人的入住房间等消息传达到个人，包括手机短信和电子邮件方式。在餐饮方面，确定餐饮时间、地点、价位，及时了解参会人员的食物禁忌信息，尽可能提供适当的后勤服务。手机短信是会务有效的联络工具，会务组把可能对参会者有价值的信息，通过短信迅速传导给参会者，保持会议主办方与参会人交流，会收到非常好的效果。

3. 会场准备要细致入微,营造宽松、适宜、和谐的氛围

会场是会议的直接场所,对会议的成功召开起到重要作用。责任部门是行政会场组。住宿和会场放在同一个酒店里,提前摆放好参会人员的台标,精心设置灯光和通风,自备电脑功能要齐全,可以播放多媒体,保证麦克风、投影仪、音响设备效果。同时,根据会议需要,准备演示板、电子白板、放映设备、音像设备、录音机等。另外还需鲜花,营造一种舒适的氛围,营造适合会议主题的效果。准备水果和茶水等,供茶歇使用。会中组织管理协调,会议语言定为汉语,如有外籍人士,应安排适当的翻译人员。根据职务等安排座位。参会人员必须于会议开始前10 分钟在指定地点签到,每天早晨,安排工作人员在与会人员从房间到会议厅的必经之路上指引方向,保证会议的准时召开。在会议厅门口安排工作人员,对参加会议者进行签到,安排人员作为座位引领,帮助参会人快速找到自己的座位。如发现未到者可及时进行电话联系通知。会议记录者需提前半个小时到达会场,提前做好准备,检查所要用到的工具是否齐全。提醒与会人员应将手机关闭或设置为振动状态。

五、资金预算周全,为会议提供合理的资金保证

资金预算要考虑周全,尽量做到不漏项,每项支出要尽可能做到准确,最终的资金结算如果在预算范围内,说明预算做得很精细。反过来,如果结算时与预算相差太远,说明预算出了问题。简单的会议费用预算见表 11 - 2。

表 11 - 2 会议费用预算

编号	科目	费用(单位:元)	备注
1	资料费用	3 000	-
2	住宿饮食	800 × 50 × 3 = 120 000	-
3	会场费用	5 000 × 3 = 15 000	-
4	设备费用	1 000 × 3 = 3 000	-
5	其他	1 000	-
6	总计	142 000	-

11.3 会议过程管理

一、会议过程的精心设计是保证会议效果的基础

会议前期准备工作完成之后,开始进行会议过程的工作准备,会议过程也要进行工作任务分解(见图 11-3)。并且,会议过程也要建立责任分配矩阵(见表 11-3)。制定完毕,开始进入会议召开阶段,在会议过程中要进行合理的过程控制,保障按计划推进,保障会议效果。

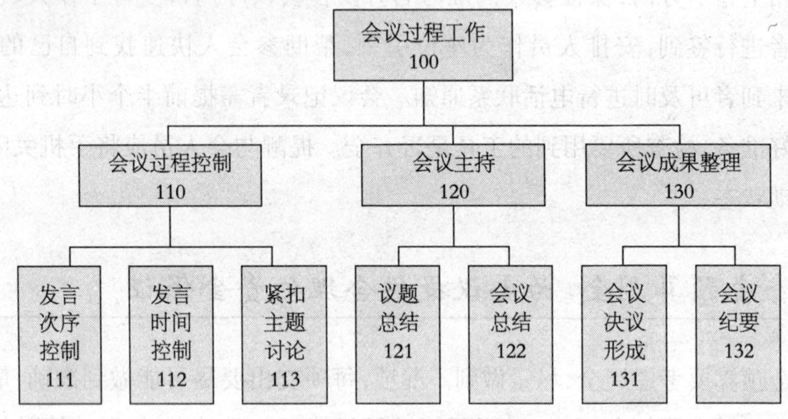

图 11-3 会议过程工作分解

表 11-3 会议过程责任分配

编码	任务名称	业务资料组	行政接待组	行政会场组	财务组	会务负责人
111	发言次序	–	–	–	–	F
112	发言时间提醒	–	–	F	–	–
113	紧扣主题、有效讨论	–	–	–	–	F
121	议题总结	–	–	–	–	F
122	会议总结	–	–	–	–	F
131	会议决议形成	–	–	–	–	F
132	会议纪要	F	–	–	–	–

注:F 负责;C 参与;S 审批;J 监督

二、主持人的过程控制是提高会议效果的关键

主持人是会议进程控制的关键人物，主持人的把控能力是保证会议效果的关键。对采取讨论方式的会议，要注意采取有效的方法并借助合适的工具，做好充分的准备。对需要讨论的会议议题，大家要做好资料准备。把需要讨论的问题分解成多个具体的子问题，对于每个子问题，所有参会人员都要给出书面的意见和建议。在集中讨论环节，所有参会人员给出自己的意见，最后对所有观点进行归纳、提炼并集中，就形成了整体的会议整体意见。会议主持人要把握进程和节奏，围绕会议主题，展开有效讨论。如果事先设定议程的会议，主持人要提前重申会议要求，按照给定参会人员的发言时间执行。参会人员必须严格按预定议程进行，围绕既定主题，在给定的时间范围内把该说的事情说清楚。参会人员应充分表述自己的观点和意见，尽量避免随意延时。会务管理人员安排专人进行时间提醒，还剩下三分钟时提醒一下，时间到了，可以中断发言。某个具体议题讨论结束后，主持人应加以概括，以便决策或形成结论。整个会议结束时，主持人应对讨论结果及会议进行概括和总结。

三、会议精神的准确领会和完整记录是落实会议效果的保证

会议的成果主要体现在会议纪要上，业务资料组安排专人负责会议纪要，同时准备好录音装备，保证会议纪要的准确性和完整性。现实工作中，会议纪要并不能满足其固有的功能需要，有些会议纪要非常啰唆，是发言人的发言堆积，而有些会议纪要过于简单，不能完整体现会议精神。简明扼要且能反映会议实质精神的会议纪要显得至关重要，提升会议纪要的水平是会议管理的基本要求。在实际工作中，很多企业安排会议纪要的人员是不合格的，他们犯了同一个错误，即没有认识到会议纪要对会议效果的重要性。很多人认为，会议纪要安排一个人就行了，只要能录音记下来就可以了。其实不然，会议纪要需要很高的素养，既要有专业的业务水平，又要有很强的综合归纳能力，还要有很强文字表述能力，需要本科

毕业且工作两年以上的员工才可以胜任，与这个要求相比，很多会议纪要人员根本不能胜任会议纪要工作。

11.4 会议成果管理

一、会议成果管理的工作任务分解和责任分配

会议是平台、是手段，而不是最终目的。会议是传播信息或进行决策的平台，会议决议和会议精神是会议的成果。如何进行成果管理，如何把成果落在实处，这是会议成功与否的主要表现。所以，会后成果管理应该是会议管理的重要内容。会议成果管理也可以看作是一个小项目，可以按项目化方法来管理。需要进行工作任务分解并建立责任分配矩阵（见图11－4、表11－4）。

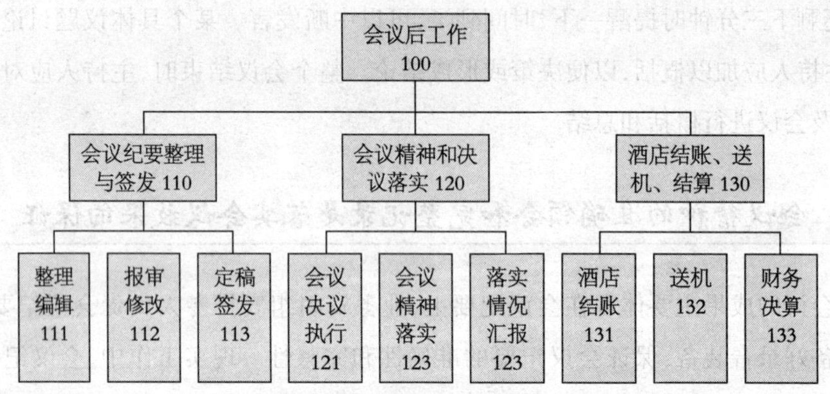

图11－4　会议后工作任务分解

表11－4　会后责任分配矩阵

编码	任务名称	业务部门	行政接待组	行政会场组	财务组	会务主持
111	会议纪要整理编辑	C	–	F	–	–
112	会议纪要报审修改	C	–	F	–	–
113	会议纪要定稿签发	C	–	F	–	S
121	会议决议执行	F	–	–	–	J
122	会议精神落实	F	–	–	–	J

续表

编码	任务名称	业务部门	行政接待组	行政会场组	财务组	会务主持
123	会议落实情况汇报	F	–	–	–	–
131	酒店结账	–	C	–	F	–
132	送机	–	F	C	–	–
133	财务决算	–	C	C	F	S

注：F 负责；C 参与；S 审批；J 监督

二、项目总结和后评价是成果管理的重要环节

会议结束后，应该及时总结，通过会议纪要，提炼会议精要，形成可以指导后续工作的决议。会议由相应部门指定专人负责记录并整理会议纪要，如果单纯的会议纪要太单调，可以通过会议简报的形式，以生动活泼的方式传递信息。会议简报包括会议总结、主要与会领导的工作思路、重要观点、重要要求等。会议纪要或会议简报报请会议主持人审阅，一般在会议后的 4 天内签发。会议记录方式根据具体情况确定，主要集中为录音、录像或文字记录，会议纪要一般采取文字记录方式。所有原始资料的保留按公司档案管理制度执行，如需查阅会议记录原始材料，需报请分管领导批准。

三、会议精神的落实是会议成果管理的重点

每次会议之后，高管团队要组织下属子公司和职能部门根据会议精神，制定后续工作计划和执行计划，包括责任人、落实时间和要达到的目标。集团公司的业务管理部门根据预定计划，跟踪落实会议精神，及时巩固会议成果。根据会议要求，主管职能部门或其他指定部门及人员应对会议安排的工作进展情况进行跟踪、监督、检查和催办，并及时向会议主持人及公司相关领导反馈。

表 11－5　会议精神落实的行动计划

编号	主要任务	责任人	时间节点	达到的效果	备注
1	增加 2 位客服人员，分驻华南和华东区	张华	2013.8.2	通过内部选择，增加 2 名客服人员，满足客服的需要	
2	加强品保可视化管理，责任落实到个人	李巷	2013.8.8	通过质检和品保，保证不合格产品绝不出厂	
3	相关部门做好项目管理培训准备工作	王恺	2013.8.19	确定培训时间、参会人员、酒店	
4	确定 8 月份经营工作会议的讨论主题	武军	2013.8.24	职能部门交流论证，明确讨论主题	
5	关键岗位的人才梯队问题	宋开来	2013.8.29	内部选拔，关键岗位都有人才储备	

★ 自测题

1. 企业的工作会议如何当作项目来管理？

2. 企业会议成果管理为何非常重要？

3. 会议成果的落实情况要进行跟踪的依据是什么？

参考文献

1. Eric. G. Flamholtz & Yvonne Randle.《企业成长之痛》[M]. 北京:清华大学出版社,2004.
2. W·钱·金、勒妮·莫博涅.《蓝海战略》[M]. 北京:商务印书馆,2007.
3. 彼得·德鲁克.《知识管理精粹译丛》[M]. 北京:中国人民大学出版社,1999.
4. 彼得·德鲁克.《下一个社会的管理》[M]. 北京:机械工业出版社,2009.
5. 彼得·德鲁克.《21世纪的管理挑战》[M]. 北京:机械工业出版社,2006.
6. 彼得·德鲁克.《成果管理》[M]. 北京:机械工业出版社,2006.
7. 彼得·德鲁克.《创新与企业家精神》[M]. 北京:机械工业出版社,2009.
8. 彼得·德鲁克.《德鲁克管理思想精要》[M]. 北京:机械工业出版社,2008.
9. 彼得·德鲁克.《管理的实践》[M]. 北京:机械工业出版社,2009.
10. 彼得·德鲁克.《管理使命、责任、实务(实务篇)》[M]. 北京:机械工业出版社,2009.
11. 彼得·德鲁克.《管理使命、责任、实务(使命篇)》[M]. 北京:机械工业出版社,2009.
12. 彼得·德鲁克.《管理使命、责任、实务(责任篇)》[M]. 北京:机械工业出版社,2009.
13. 彼得·德鲁克.《巨变时代的管理》[M]. 北京:机械工业出版社,2009.
14. 彼得·德鲁克.《卓有成效的管理者》[M]. 北京:机械工业出版社,2011.
15. 丹尼斯·洛克.《项目管理要素》[M]. 北京:东方出版社,2007.
16. 多米尼克 - 萨尔瓦多.《国际经济学基础》[M]. 北京:清华大学出版社,2007.
17. 范里安.《微观经济学:现代观点》[M]. 上海:上海三联书店、上海人民出版社,1994.

18. 国家发展改革委员会、建设部.《建设项目经济评价方法与参数(第三版)》[M].北京:中国计划出版社,2006.

19. 黄凯南.演化博弈与演化经济学[J].经济研究,2009(2):132—144.

20. 黄凯南.主观博弈论与制度内生演化[J].经济研究,2010(4):134—146.

21. 金润圭.《国际企业经营与管理》[M].上海:华东师范大学出版社,1999.

22. 李维安、周建.网络治理:内涵、结构、机制与价值创造[J].天津社会科学,2005(5):59—63.

23. 梁启华、何晓红.空间集聚:隐性知识转移与共享机理与途径[J].管理世界,2006(3):146—147.

24. 马克·L·塞罗沃.《协同效应的陷阱》[M].上海:上海远东出版社,2001.

25. 迈克尔·C·杰克逊.《系统思考—适于管理者的创造性整体论》[M],北京:中国人民大学出版社,2005.

26. 迈克尔·波特.《国家竞争优势》[M].北京:华夏出版社,2002.

27. 迈克尔·波特.《竞争优势》[M].北京:中国财政经济出版社,1998.

28. 迈克尔·波特.《竞争战略》[M].北京:中国财政经济出版社,1998.

29. 曼昆.《经济学原理》[M](上、下册),北京:三联书店、北京大学出版社,1999.

30. 平狄克等.《微观经济学》[M].北京:中国人民大学出版社,1997.

31. 乔治·T·盖斯、乔治·S·盖斯.《并购成长》[M].北京:中国财政经济出版社,2002.

32. 切奥尔 S·尤恩.《国际财务管理》[M].北京:机械出版社,2007.

33. 饶扬德等.复杂科学管理的视角:企业创新机理研究[J].《中国科技论坛》,2005(16):37—41.

34. 史蒂芬·柯维.《高绩效人士的七个习惯》[M].北京:中国青年出版社,2010.

35. 萨克斯等.《全球视角的宏观经济学》[M].上海:上海三联书店、上海人民出版社,1997.

36. 孙国强.关系、互动与协同网络组织的治理逻辑[J].中国工业经济,2003(11):14—20.

37. 孙国强. 网络组织前沿领域研究脉络梳理[J]. 外国经济与管理,2007(1):19—23.

38. 谭跃进等.《系统学原理》[M]. 长沙:国防科技大学出版社,1996.

39. 田国强. 经济机制理论:信息效率与激励机制设计[J].《经济学(季刊)》,2003(2).

40. 投资建设项目管理师委员会.《投资建设项目实施》[M]. 北京:中国计划出版社,2007.

41. 王其藩.《高级系统动力学》[M]. 北京:清华大学出版社,1995.

42. 谢识予.《经济博弈论》[M]. 上海:复旦大学出版社,1997.

43. 熊彼特.《经济发展理论》[M]. 北京:商务印书馆,1990.

44. 郑维敏.《正反馈》[M]. 北京:清华大学出版社,1998.

45. 张志勇,刘益. 企业间知识转移的双网络模型[J]. 科学学与科学技术管理,2007(9):94—97.

46. 注册咨询工程师资格考试参考教材编委会.《工程项目组织与管理》[M]. 北京:中国计划出版社,2008.

47. 注册咨询工程师资格考试参考教材编委会.《项目决策分析与评价》[M]. 北京:中国计划出版社,2008.

48. 祝波.《投资项目管理》[M]. 上海:复旦大学出版社,2009.

49. Barney J. B, Firm resourcc and sustained competitive advantage. *Journal of Management* ,1991(17),pp:99-120.

50. Birger Wernerfelt. A resource-based view of the firm. *Strategic Management Journal*. 1984(2),pp:171-180.

51. Choi,J. J. ,Prasad,A. M. , Exchange risk sensitivity and its determinants: a firm and industry analysis of U. S. multinationals. *Financial Management* 1995. 24(3),pp: 77-88.

52. Clarida,R. ,The real exchange rate and U. S. manufacturing profits: a theoretical framework with some empirical support. *International Journal of Finance and*

Economics 1997(2),pp: 177-187.

53. Cohen W. ,Levinthal D. Innovation and learning: The two faces of R&D. *Journal of Economics* . 1989,(99), pp:569-596.

54. Cowan R. , Jonard N. Network structure and the diffusion of knowledge. *Journal of Economic Dynamics & Control* . 2004, 28(8), pp: 1557-1575.

55. Flood Jr. , E. , Lessard, D. R. , On the measurement of operating exposure to exchange rates: a conceptual approach. *Financial Management* . 1986 (15), pp: 25-37.

56. Jarillo J. C. Strategic networks: Creating the borderless organization. *Oxford: Butterworth Heinemann* . 1993.

57. Jones C, Hesterly S. W. , Borgatti P. S. A General Theory of Network Governance: Exchange Conditions and Social Mechanism. *Academy of Management Review.* 1997, 22(4),pp: 911-945.

58. Maynard Smith. J. and Price, G. R. The logic of animal conflict. *Nature* . 1973 (246) ,pp:15-18.

59. Messner,Dirk. The network society: economic development and international competitiveness as problems of social governance. *Frank Cass*, *London* . 1997.

60. Nihat Aktas, Eric de Bodt and RichardRoll. Is European M&A Regulation Protectionist? *The Economic Journal* . 2007.

61. Nonaka I. A dynamic theory of organizational knowledge creation. *Organization Science* . 1994,5(1):14-37.

62. Ray Reagans. Bill McEvily. Network Structure and Knowledge Transfer: The Effects of Cohesion and Range. *Administrative Science Quarterly* . 2003(48),pp: 240-267.

63. Szulanski G. The process of knowledge transfer: A diachronic analysis of stickiness . *Organizational Behavior and Human Decision Process* . 2000,82(1):9-27.

64. Teece D. J, Pisano G, Shuen A: Dynamic Capabilities and Strategy Management,

Strategy Management Journal ,1997,18(7),pp:509-533.

65. Tsai W. , Ghoshal S. Social capital and value creation: the role of intra—firm networks. *Academy of Management Journal* . 1998 (41):464-476.

66. Watts D. J. Small worlds. New Jersey: *Princeton University Press* . 1999.

后 记

管理实践大师德鲁克指出,管理是一种实践,其本质不在于“知”,而在于“行”,其验证不在于“逻辑”,而在于“成果”,其唯一权威就是成就。2009年,我有机会参加了彼得·德鲁克管理学院举办的EDP班,经过半年的系统学习,聆听了多个国内外专家学者的精彩讲课,通过情境讨论、角色扮演、案例分享,细细感知德鲁克的管理思想。德鲁克思想博大精深,非短期能全面把握。虽然系统学习了德鲁克的理论体系,但仍然不敢说读懂了德鲁克的管理思想和理论。2011年,再次有机会参加德鲁克管理学院和韩国新范式学院(New Paradigm Institute,NPI)联合组织的企业新范式系统培训,有幸聆听了柳韩—金佰利(Yuhan—Kimberly)公司前CEO文国现(Kook Hyun Moon)的精彩演讲,并赴韩国进行现场访问和交流。在首尔,参观了实施新范式的柳韩—金佰利的两家现代化工厂及早安医院,感受到德鲁克管理思想在世界各地企业中产生的巨大影响,对德鲁克管理思想的应用和实践效果有了更加直观的认识。

从理论学习到现实感受,实现了对德鲁克理论及其运用效果的碰撞体验,开始对德鲁克思想有了更加深刻的体会。德鲁克鲜明耀眼的思想让我静下心思考、感受、感悟,似乎理解了大师不偏不倚的处世态度和社会生态学家的胸怀。但最重要的还是领会了大师提出的“知行合一”的重要性,决定开始长时间深入企业管理第一线,体会“管理是一种实践”的真理,认真品味企业管理的内涵。实践是一个长期的过程,短期的实践不能真正理解管理的真谛,也无法感知大师考虑问题的视角和缜密独到的思维方式。但实践却让我体会到了企业管理中的酸甜苦辣,感受到企业竞争过程中的荣辱纷争。我相信德鲁克思想的践行者决不孤独,参与管理实践是一件幸运的事,充满了新奇,又可以经历很多磨炼。在企业实践的过程中,一份执著,一份坚持,管理的实践使我深切感知到:人们的学习节奏和强度正在改变,人们的理念也在转变,人们的思维方式也在转变。在这个快速变革的时代,企业的危机随时随地都可能出现。作为管理者,应该不断吸收符合时代发展的理念和思想,并转化为下一步行动的指南;作为管理者,应该转变思维方式,寻找到另一条通往成功的路径;作为管理者,要具备快速学习的能力,提升学习节奏和学习强度。

企业是一个组织,是一个系统,进入企业实践,就要进行系统性的思考。最初开始思考的是"德鲁克的事业理论",我们的事业是什么,我们的事业应该是什么,我们的事业将来应该是什么。我相信,只有明白自己的事业是什么,才能保证在做一件正确的事。在管理企业的过程中,既要保持传承,又要坚持变革,努力在连续性和变革中间保持平衡。我试图成为卓越的管理者。卓有成效的管理者首先要管理好自己,明确我是谁,我的优势是什么。要真正体会到德鲁克的告诫,不要把更多时间花费在改正缺点和弥补缺陷方面,而是要基于自己的优势建设自己的事业大厦。要集中精力做最重要的事,因为管理者可工作的时间是有限的;要做到知己知彼,清楚自己的优势,明确我能为组织贡献什么;要知晓如何学习,如何保持持续学习的能力。同时,按照德鲁克的思想,培养企业家精神,成为知识工作者,进行时间管理,进行系统性思考。其次,卓有成效的管理者善于管理团队、管理组织、管理未来。管理好团队,要学会用人所长,每个人都有擅长之处,也有缺点和短板,如何发挥队员的长处是管理者的责任。管理未来更是对战略的思考。我们需要明白,企业的机会在哪里,企业的目标市场在哪里,企业的目标客户是谁,这是一个动态的实践过程。企业需要根据客户认知价值的变化和竞争对手等外部环境的变化,以及企业内部条件的变化,通过"微调"修正战略,实现为客户创造价值的目标。未来要做的事充满挑战,需要更多的资源,包括更高层面的人才和更多的资本支撑,如何获取这些资源并且有效发挥资源的效用,这是一个实践过程。所以,为了满足未来战略需要,企业需要关注下一步能为客户做些什么,能为客户创造怎样的价值,为客户创造价值的过程,就是创新的过程,创新是企业家精神的重要表现。作为管理者,特别是高层管理者,要进行战略性思考,要进行有效决策,进行领导变革,进行目标管理和自我控制,强调用人所长,学会有效沟通,为未来做好打算;同时还要追求生活与工作、事业与家庭的平衡,勇担社会责任,深刻感知和感受大师的处世态度和思想境界。

在社会分工理论(亚当·斯密,1776)的基础上,经济学主要研究资源配置问题,而管理学主要研究企业组织与人的问题。企业的力量来源于组织的协同,而组织的协同来自于组织的管理行为。德鲁克提出基于优势的管理、基于知识的管理、基于信任的管理,都增强了管理行为的有效性,而有效的管理提升了企业创造物质财富的能力。在与企业密切接触的日子里,逐渐接触到战略规划问题、组织结构问题、组织变革问题、全面预算问题、绿地投资问题、兼并收购问题等。试图把各种管理思想、管理框架和管理方法应用于企业,曾经几多兴奋,感受到知识的价值和管理的神奇,也相信管理可以提升企业效率,可以给企业带来的活力和生机。在这过程中,项目管理的思想和方法开始灵活运用到企业管理中来。项目管理的精髓在于确定目标,做好计划,考虑风险,按计划执行,及时检查和控制,及时纠偏补差,要进行验收和后评价。从最初的、传统的绿地投资、兼并收购项目,推广到战略规划、全面预算、组织变革,甚至推广到培训管理、会议管理等。传统项目管理与企业管理相结合,形成独特的企业项目管理理论框架体系,可以实现企业在分工基础上的组织协同,可以提高企业的效率。至此,真正开始"企业项目管理"的体系构建,及时整理工作实践中的感悟,及时总结升华有价值的经验,期望未来与同行者分享。实践中,也有几多困惑。人的问题是如此微妙,充满玄机,无论多么好的管理框架,只要人不愿支持或配合,理论运用成功的可能性几乎为零;无论多么好的管理理论、理念和方法,在管理实践中,只要有一点关键性问题没处理好,理论上的效果就会大打折扣,这是理论上无法表达的管理软肋。同时也感受到知识如此浩瀚,原来我们知晓的知识如此微不足道;无论身居何处,位居何方,都要坚持读书,汲取营养,支撑我们的事业。我虽愚钝,却也执著,经过几年的探索和积累,经验和懊恼渐渐沉淀下来,逐步形成一个相对完整的企业项目管理实务体系,我感觉对企业管理者可能有一定的可借鉴之处,所以拿来与需要者分享,盼望能给企业管理者带来一种方法和理念,期望企业管理者能形成项目管理的思维方式。

在此,特别感谢润物控股董事局主席陈远先生,与智者同行是一种幸运,也是一种鞭策。志同道合的同行者内心世界是如此强大,以及精神力量带来的巨大意志力,深深地感染了我,让我保持了持续学习的动力。感谢彼得·德鲁克管理学院提供的交流平台和课程,让同道者有静心研讨管理感受和体会的机会。

此书出版之际,感谢我的四位导师给予我的知识和教诲,他们是金润圭教授、薛求知教授、孙元欣教授、顾钰民教授。感谢北美精算师王修文博士的指导和帮助,感谢唐豪教授、朱连庆教授、赵贞玉博士的鼓励和支持。

企业项目管理是在现有知识和实践条件下的阶段性研究成果,当然我会继续求索和实践,也会在空闲的时候,不忘采撷一些果实与同行者分享。

祝波

2013 年 2 月于上海

图书在版编目(CIP)数据

企业项目管理:框架与实务/祝波著. —上海:复旦大学出版社,2013.4
ISBN 978-7-309-09538-8

Ⅰ. 企… Ⅱ. 祝… Ⅲ. 企业管理-项目管理 Ⅳ. F270

中国版本图书馆 CIP 数据核字(2013)第 037164 号

企业项目管理:框架与实务
祝 波 著
责任编辑/王联合 张咏梅

复旦大学出版社有限公司出版发行
上海市国权路 579 号 邮编:200433
网址:fupnet@fudanpress.com http://www.fudanpress.com
门市零售:86-21-65642857 团体订购:86-21-65118853
外埠邮购:86-21-65109143
浙江省临安市曙光印务有限公司

开本 787×960 1/16 印张 20.75 字数 298 千
2013 年 4 月第 1 版第 1 次印刷
印数 1—4 100

ISBN 978-7-309-09538-8/F·1910
定价: 38.00 元